景気循環の理論

非線型動学アプローチ

<small>Hiroyuki Yoshida</small>
吉田博之 著

名古屋大学出版会

本書は，財団法人名古屋大学出版会
学術図書刊行助成により出版された

自然は曲線を創り，人間は直線を創る．

湯川秀樹 『素粒子の謎』

To J.Y. and C.Y.

はじめに

本書は景気循環論に対する非線型動学の理論の適用可能性について考察したものである．非線型動学を経済学に適用するという初期の試みは，Kaldor [1940, *Economic Journal*] 論文や Leontief [1934, *Zeitshrift für Nationalökonomie*] 論文などが挙げられるだろう．ただ，彼らの洞察は経済学的観点からは本質的であるけれども，その当時は数学分野における非線型動学の理論が未発達であったため，これらの論文において，現代であるならば当然なされるであろう数学的議論を見ることができない（なお，Hamburger [1931, *De Economist*; 1934, *Econometrica*] や工学者である Le Corbeiller [1933, *Econometrica*] は，具体的な経済モデルを構築していないけれども，van der Pol の方程式を例に景気循環理論における非線型動学の重要性について指摘している）．したがって，数学的に洗練された研究は，Goodwin [1951, *Econometrica*], Goodwin [1967, *Socialism, Capitalism, and Economic Growth*], Rose [1967, *Review of Economic Studies*], Chang & Smyth [1971, *Review of Economic Studies*] などを待たなければならなかった．

本書では，景気循環理論の巨視的方法論について着目し，できるだけ現代的な動学理論を体系的に援用することによって，景気循環もしくは成長循環の理論的分析を確立することが主題である．

第1章から第5章までを含む第I部は景気循環理論の基礎的事項と景気循環理論の数学的側面に焦点を当てる．まず，第1章では，景気循環を考察するための基礎的事項をまとめる．具体的には，景気循環の定義，景気循環の局面，景気循環の指標，景気循環の種類などについて整理する．また，決定論と確率論，さらに，微分方程式と差分方程式など，動学理論に関する基礎的論考についても触れる．そして，以後の議論展開に必要な動学理論に関する数学的知識について整理する．

第2章では，Kaldor [1940] の景気循環について言及する．この論文は図式的分析ではあるが，景気循環の発生に関して本質的な考察がなされている．Kaldor論文は，景気循環の発生の主要な原因が関数の非線型性にあることを見抜いており，このような意味で，今なお古びない景気循環の理論的文献である．この章では，工学分野における振動論を用いることにより，Kaldorモデルを再解釈した論文を整理する．代表的な例として，安井 [1953, 季刊理論経済学] が挙げられるだろう．また，構造安定性やPoincaré–Bendixonの定理についても紹介し，Poincaré–Bendixonの定理を利用してKaldorモデルを再定式化したChang & Smyth [1971] 論文を取り上げる．

第3章では，Goodwinの成長循環論とその拡張モデルについて解説する．Kaldor論文が数学的に展開されていなかったのに対し，Goodwinの成長循環モデルは当初から数学的に精緻に構成されていた．Goodwin [1967] の拡張モデルとして，特に，Medio [1980], Pohjola [1981] について紹介する．これらのモデルは，数理生物学モデルとの関連が深い．具体的には，Goodwinのモデルは Lotka–Volterra方程式と同系であり，経済の動学過程は閉軌道（極限周期軌道ではないことに注意）を描くことになる．また，MedioモデルはKolmogorovモデルと同じ構造を有する．このとき，経済の動学過程が極限周期軌道に収束する可能性について指摘することができる．さらに，Pohjolaモデルは，May [1976] において考察された差分型ロジスティック方程式に還元されることから，経済がカオス的循環軌道をたどる可能性について議論できる．

第4章では，分岐理論を概説する．具体的には，鞍点－結節点分岐，安定性交替分岐，熊手型分岐，そして，Hopf分岐について提示する．Hopf分岐の定理は周期軌道の存在を保証する定理であり，景気循環を説明する最も重要なツールの1つである．しかしながら，Hopf分岐の定理に掲げられている条件は，特性方程式の解そのものに関する条件であり，応用における操作性に難点がある．このことを考慮して，Hopf分岐の定理に掲げられている特性方程式の解の条件を特性方程式の係数条件に同値変形する．この同値変形により，操作性のよいHopf分岐の判定基準が得られるが，この判定条件は応用上，非常に有用である．特に，4次元Hopf分岐に関する係数条件は新しい結果である．

第5章では，微分方程式体系に関するカオス動学についてまとめる．ここでは，ストレンジ・アトラクターを生み出す3次元の Lorenz 方程式と Rössler 方程式を紹介する．どちらの3次元微分方程式も単純な構造を有するが，動学経路は非常に複雑である．さらに，Mackey & Glass [1977], an der Heiden & Mackey [1982], そして，Shibata & Saitô [1980] を題材にして，差分－微分方程式においてカオスが発生することを紹介する．差分－微分方程式は，連続時間において離散的なタイムラグを考慮する微分方程式である．差分－微分方程式体系を援用する理由は，我々の提示する経済モデルで政策ラグを積極的に分析項目とすることに起因する．安定化政策の有効性を考察する上で，政策ラグの重要性は周知の事実ではあるが，これを明示的に取り上げた分析は数少ない．具体的には，Kaldor 的景気循環モデルに対して，政策ラグを導入して分析を行なう．

第 II 部は第6章から第8章で構成される．これらの章では，順に Harrod, Goodwin, そして，Keynes を取り上げる．

第6章では，Harrod のナイフ・エッジ不安定性（不均衡の累積過程）を再考する．Harrod の不均衡の累積過程に関する論考は資本制経済の本来的な性質を明らかにしたという点で，非常にすばらしい業績である．しかしながら，現実経済においては，経済成長の実現経路は，単調な発散過程ではなく，循環的過程をたどる．この点に鑑み，我々は，技術選択の安定性効果を考慮して，Harrod モデルを再構築する．そして，Hopf 分岐を用いることにより，現実の成長経路が循環的過程をたどることについて論証する．さらに，数値計算を行ない，景気循環の周期などの定量的分析について考察する．

第7章では，Goodwin の成長循環モデルに有効需要の原理を取り込み，さらに，裁量的財政政策を実行する政府を導入し，モデル構築を行なう．そして，Hopf 分岐の定理を用いることによって解析的に成長循環の存在を証明する．さらに，政策ラグを考慮した差分－微分方程式モデルを数値計算の手法により分析し，周期倍化分岐の発生によるカオス的成長循環の可能性についても述べる．

第8章では，動学的最適化理論を援用して，有効需要を重視した貨幣経済モデルを構築する．ここで展開されるモデルは，第6章と第7章の分析に比較して，やや異質な印象を与えるかもしれないが，近年ではマクロ経済学において

も主体行動のミクロ的基礎や異時点間の最適行動を重視することが多くなりつつある事情を反映している．完全予見のもとで異時点間の最適化理論を採用することは，その性質上，市場経済の最適性や効率性に対して肯定的な結論を導き出すことが多い．しかしながら，本章では，異時点間の最適化理論を用いつつも，有効需要の原理を考慮したモデルにおいて，景気循環や長期的不況が発生する可能性があることについて論じる．特に，貨幣の超中立性に関する議論に焦点を当て，貨幣成長率が実物経済に与える影響を考察する．このとき，貨幣成長率の大きさによって，経済が景気循環を経験したり，不況経路や恐慌経路に陥ってしまうことが示される．

第II部では，異なる3つの景気循環モデルを提示しているが，これらのモデルでは，「有効需要の原理」を共通要素にして，統一的な観点から分析がなされていることを強調しておきたい．一般的に言って，資本制経済での経済活動は無政府主義的に実行されるので，財市場において事前的に需要計画と供給計画が一致する必然性は皆無である．このような財市場の不均衡は，伝統的経済学においては，瞬時的な価格調整によって是正されることを想定することが通常である．これに対して，第II部における3つのモデルでは，財市場の不均衡を解消する機構として，「数量調整」を想定する．企業が需要水準に対応して数量調整を行ない，供給量を変動させることを明示的に想定することによって，我々のモデルに有効需要の原理を導入するのである．

上で示した3つの章では，有効需要の変動が景気変動の大きな要因となることを理論的に論証していることに共通の特徴があるが，多くの場面において，数量調整メカニズムとして，特に，「稼働率」の調整を重視する．さらに，設備稼働率が景気動向の重要な指標の1つであることを考慮して，設備稼働率の水準が経済状態に影響を与えるメカニズムも明示的に取り扱う．具体的には，Harrod－置塩型投資関数を通じての蓄積率の変動（第6章），Franke & Asada型のPhillips曲線を経由しての賃金上昇率の変動（第7-5節），そして，インフレPhillips曲線を経路とする物価上昇率の変動（第8章）である．このような稼働率をめぐる経済的連関が景気循環のダイナミックスの源泉となり得るのである．景気循環を分析する際に，稼働率を重視する理論的フレームワークは，「置

塩経済学」を学ぶことによって得られた知見の反映であり，本書の重要な基調を形成するものである．

本書は神戸大学大学院経済学研究科の博士学位論文を下敷きにして，大幅に書き改めたものである．ただし，第 3-2 節と第 3-3 節は「経済学における Lotka–Volterra 方程式の応用」，数理解析研究所講究録 1128 [2000a]（京都大学数理解析研究所）を，第 6 章は，"Harrod's "knife-edge" reconsidered: An application of the Hopf bifurcation theorem and numerical simulations," *Journal of Macroeconomics* [1999] を，第 7-2 節–第 7-4 節は「裁量的財政政策における政策ラグと内生的景気循環：「成長循環」モデル」，六甲台論集 [1997]，また，第 8-4 節は，「貨幣経済学における動学的特性：流動性の罠と有効需要」，名古屋学院大学論集（社会科学篇）[2000c] をもとに，加筆修正を施したものである．さらに，以下に提示する部分は浅田統一郎教授（中央大学）との共同研究に基づいている．これらの内容を本書で使用することを許可して下さった浅田教授に記して感謝の意を表する．

- 第 4-5 節　命題 4.3："Coefficient criterion for four-dimensional Hopf bifurcations: A complete mathematical characterization and applications to economic dynamics," *Chaos, Solitons, and Fractals* [2003] (in press)
- 第 5-5 節："Stability, instability and complex behavior in macrodynamic models with policy lag," *Discrete Dynamics in Nature and Society* [2001]
- 第 7-5 節："Dynamic analysis of policy lag in a Keynes-Goodwin model: Stability, instability, cycles, and chaos," NGU Discussion Paper No.53, 2001（なお，最新版は http://www.wiwi.uni-bielefeld.de/~semmler/cem/ において，Center for Empirical Macroeconomics Working Paper No.21 [Department of Economics, University of Bielefeld] として公開中．）

また，第 8-2 節は，"A monetary optimizing model with sticky prices: Indeterminacy and fluctuations," presented at *The Third International Conference on Discrete Chaotic Dynamics in Nature and Society*, September 2002 [山下賢二専任講師（岡山商科大学）との共著] に基づき，大幅な加筆修正を施した．本書で

の採録に快諾してくれた山下氏にも感謝申し上げたい．もちろん，有り得る誤謬はすべて筆者の責に帰すべきものである．

*

　本書の作成にあたり，多くの方々のご厚情のお世話になった．学部時代から大学院時代にかけては恩師中谷武先生（神戸大学）に，また，大学院時代には足立英之先生（神戸大学）にも御指導を頂いた．また，名古屋学院大学経済学部に赴任した後には，浅田統一郎先生（中央大学），稲葉敏夫先生（早稲田大学），小野崎保先生（旭川大学），笹倉和幸先生（早稲田大学），高増明先生（大阪産業大学），堂谷昌孝先生（富山大学），野崎道哉先生（岩手県立大学），松本昭夫先生（中央大学），Michael Sonis 先生（Bar-Ilan University）から，研究の各段階において御指導を頂いた．以上の方々のご援助がなければ，本書を完成することは不可能であった．心より感謝する次第である．

　そして，ここ名古屋において筆者が研究生活を送ることができたのは，逐一お名前を挙げることはしないが，本務校である名古屋学院大学の先生方の研究・教育面から生活面に至るまでのきめこまかなご配慮があってのことである．ここに記して感謝申し上げたい．

　さらに，本書の刊行にあたって，匿名の査読者から有益かつ建設的なコメントを数多く頂いた．特に，査読者から指摘された最新の文献や経済制度に関する論評は本書の内容を充実させる上で非常に大きな役割を果たしている．一流の研究者による丁寧で詳細なレポートを拝読することができたことは，このうえない幸せであった．査読者の学問に対する真摯な姿勢に対して，また同時に，貴重な研究時間を割いて頂いたご尽力に対して心より敬服する次第である．

　また，名古屋大学出版会の橘宗吾氏と神舘健司氏には，多大なお世話になった．編集者として，また，読者として，両氏から数多くの助言を頂いた．両氏の適切な助言がなければ，このようなかたちで本書が完成されることはなかったであろう．心より感謝申し上げたい．

目　次

はじめに　　　　　　　　　　　　　　　　　　　　　　　　　　　　　iii

第I部　景気循環理論と動学理論

第1章　景気循環理論への序論　　　　　　　　　　　　　　　　2
- 1-1　景気循環とは何か 2
- 1-2　非線型動学理論の必要性 6
- 1-3　決定論か確率論か 13
- 1-4　微分方程式か差分方程式か 16
- 1-5　動学的体系における定常点の局所安定条件 19

第2章　Kaldor モデルとその展開　　　　　　　　　　　　　　23
- 2-1　はじめに 23
- 2-2　Kaldor [1940] の景気循環論 24
- 2-3　平面における微分方程式：振動論の立場から 27
- 2-4　安井 [1953] モデル 32
- 2-5　平面における微分方程式の定性的理論 35
- 2-6　Chang & Smyth [1971] モデル 43

第3章　Goodwin の成長循環とその展開　　　　　　　　　　48
- 3-1　はじめに 48
- 3-2　生物学における変動理論1 49
- 3-3　Goodwin [1967] モデル 52

3-4	生物学における変動理論 2	55
3-5	Medio [1980] モデル	57
3-6	差分方程式における 1 次元カオス	60
3-7	カオスの適用：Pohjola [1981] モデル	66

第 4 章　分岐理論　　　　　　　　　　　　　　　　　　　　　69

4-1	はじめに	69
4-2	鞍点－結節点（saddle–node）分岐	71
4-3	安定性交替（transcritical）分岐	72
4-4	熊手型（pitchfork）分岐	74
4-5	Hopf 分岐	76

第 5 章　連続時間におけるカオス経済動学　　　　　　　　　　86

5-1	はじめに	86
5-2	カオスに至る道筋とストレンジ・アトラクター	87
5-3	微分方程式とカオス	88
5-4	差分－微分方程式とカオス	94
5-5	マクロ動学モデルにおける政策ラグ：Kaldor モデル	100
5-6	まとめ	109

第 II 部　景気循環に関する 3 つのモデル

第 6 章　Harrod の不安定性原理再考　　　　　　　　　　　　112

6-1	はじめに	112
6-2	生産関数と稼働関数	115
6-3	基本モデル	118
6-4	Robinson 的要素を含んだ Harrod －置塩型投資関数	121
6-5	数値計算	127
6-6	まとめ	131

Appendix A: 命題 6.1 の証明 132
　　　Appendix B: 命題 6.4 の証明 132

第 7 章　裁量的財政政策における政策ラグと「成長循環」モデル　135
　7-1　はじめに 135
　7-2　モデル 137
　7-3　モデル分析 141
　7-4　財政政策におけるタイムラグ 147
　7-5　資本蓄積を考慮した Keynes–Goodwin モデル 168
　7-6　まとめ 170

第 8 章　貨幣経済における異時点間の最適化モデル　172
　8-1　はじめに 172
　8-2　モデルの設定 174
　8-3　モデルの分析 180
　8-4　モデルの修正：持続的不況と恐慌の発生 186
　8-5　まとめ 195

おわりに　　　　　　　　　　　　　　　　　　　　　　　　　199
参考文献　　　　　　　　　　　　　　　　　　　　　　　　　203
索　　引　　　　　　　　　　　　　　　　　　　　　　　　　219

第Ⅰ部
景気循環理論と動学理論

第1章
景気循環理論への序論

1-1 景気循環とは何か

　景気循環は現実経済において非常に重要な問題であり，日常生活において大きな関心事である．洋の東西を問わず，資本制経済もしくは高度な産業社会が，幾度となく大きな循環に見舞われてきたことは疑いのない史的事実である．特に，長期にわたる不況は，巨大な設備を抱える現代企業に対して遊休設備を強要して経営を圧迫し，同時に，多くの人々から労働の機会を縮小・抹消してしまうという点で大きな社会問題である．それ故に，経済学が景気循環理論を純粋理論として構築し，その要因を解明することが要求されていると言える．

　まず，景気循環の定義，景気循環の局面，景気の指標，景気循環の種類について簡単に触れることからはじめよう．

景気循環の定義　景気循環について理論的分析を行なうときに，現実における景気循環がいかなる性格を保持しているかを検討することは第一義的な重要性を持つ．景気循環の定義について，経済学者の意見の一致を見ることは非常に困難ではあるが，景気循環について綿密な実証分析を行なっている Burns & Mitchell [1947] が次のように明確に述べている．特に，景気循環が「反復的」であるが，「周期的」ではないことが明示的に指摘されているという事実は，ここで強調しておいてもよいであろう．

> 景気循環とは，主に私的企業によってその活動を構成する国における集計的経済活動に見られる一種の変動である．1つの循環は，

ほぼ同時に多くの経済活動で発生する拡張，それに続く，同様の一般的な景気後退，収縮，そして，次の循環の拡張期へと合流する回復から成る．この一連の変化は反復的であるが周期的ではない．景気循環の期間は1年以上から10もしくは12年までとさまざまである．景気循環は，その特有の性質を近似する振幅を用いて，同じ性質を持つより短い循環に分割されることはない．（Burns & Mitchell [1947, p.3]）

ただし，このような定義にすべての経済学者が賛同するわけでない．例えば，Burns & Mitchell とは異なる立場を取る経済学者として Schumpeter がいる．ここでは，2つの論点について述べておこう．まず第1点目は，景気循環の局面の分類の方法についてである．Schumpeter [1939] は景気循環を均衡状態もしくは正常状態という概念を中心に好況期と不況期を分類する．景気循環を考察するときに時間軸に着目する Burns & Mitchell の認識とは異なり，この Schumpeter の方法は，景気指標の正常値からの乖離（変動幅）を重視するものである．この両者の好況・不況の定義の違いは景気循環の局面の捕捉に微細ではあるが，ずれを生じさせる（この点に関しては，以下で図解する）．

第2番目の論点は，上に引用した定義から明らかなように，Burns & Mitchell は単一循環仮説を採用している．しかしながら，これに対して，Schumpeter [1939, Chap. 4] は多数循環説を提唱している．彼は Kondratiev 循環，Juglar 循環，そして Kitchin 循環という3種類の循環（これについては後に触れる）が共存していることを述べ，さらに，1つの Kondratiev 循環に対して6つの Juglar 循環が，また，1つの Juglar 循環に対して3つの Kitchin 循環が含まれることを歴史的・統計的観点から主張している．

景気の局面 景気循環とは時間を通じての経済活動の拡張と収縮の反復現象のことを言う．景気循環の局面の分類については，Burns & Mitchell の分類と Schumpeter の分類が代表的である．これについては図 1.1 に示されている．Burns & Mitchell は景気の谷と山を基準におき，谷から山までを拡張局面とし，山から谷

4　第 I 部　景気循環理論と動学理論

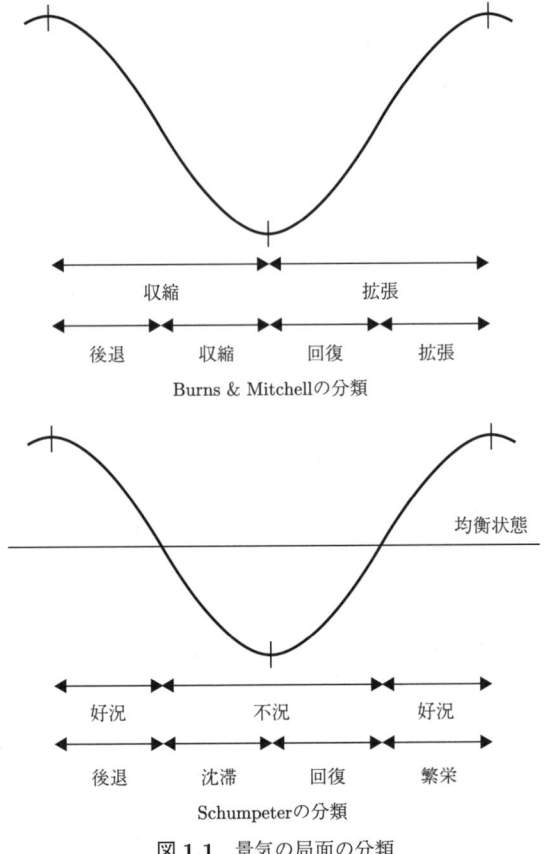

図 1.1　景気の局面の分類

までを収縮局面とする．さらに細分化すれば，景気循環は回復期 (revival) から拡張期 (expansion) までの拡張局面と後退期 (recession) から収縮期 (contraction) までの収縮局面に分類できるのである．他方，Schumpeter は景気の基準を均衡点に置き，均衡点以上の水準にあるときには，好況期とし，それ以下を不況期として分類する．そして，好況局面を繁栄期 (prosperity) と後退期 (recession) とに分割し，不況局面を沈滞期 (depression) と回復期 (revival) に分けるのである．これが，Schumpeter の 4 局面区分である．このような定義の相違から，

景気循環の好況局面と不況局面の把握に4分の1のずれが生ずるのである（この点については田原 [1983] が指摘している）．

景気の指標　景気指標は，先行系列・一致系列・遅行系列の3つに分類される．先行系列としては最終需要財在庫率指数・マネーサプライ（$M_2 + CD$）など，一致系列としては，生産指数（鉱工業）・稼働率指数（製造業）など，そして，遅行系列としては家計消費支出（全国勤労者世帯）・完全失業率などが採択されている．経済企画庁が，これらをもとに景気動向指数（Diffusion Index, DI）を作成し，景気基準日付の決定の主要な要素として利用しているのである．稼働率指数と完全失業率の時系列データについて図1.2に提示する．これらは，1973年1月から1999年12月までの月次データをもとに作成されている（データの出所は経済企画庁ホームページ）．これから，景気の拡張期には稼働率の上昇と完全失業率の下落を，また収縮期には稼働率の下落と完全失業率の上昇を大略的に観察することができるだろう．

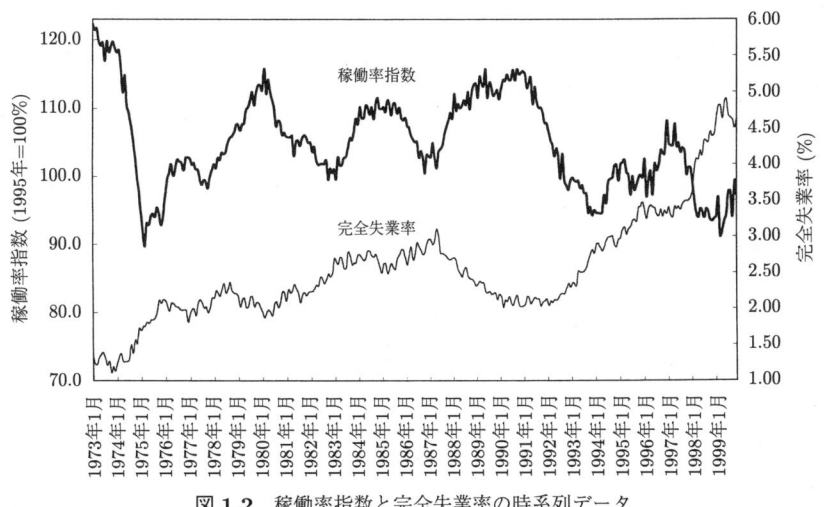

図 **1.2**　稼働率指数と完全失業率の時系列データ

景気循環の種類　景気循環は Kondratiev 循環，Juglar 循環，そして Kitchin 循環の 3 つに分類されることが多い．Kondratiev 循環は約 50 年の長期波動である．その原因としては，戦争の多発や金鉱の発見といったものがあげられる．また，綿工業の機械化，製鉄業の近代化，鉄道の発達といった技術革新にその源泉を求める議論もある．これは，Schumpeter の新機軸（技術革新）に対応するものである．第 2 番目に挙げた Juglar 循環は平均して 8 年から 10 年の循環期間を有するといわれる．これは中期循環もしくは主循環と呼ばれる．また，設備投資の変動にその要因を求めることが多いことを反映して，設備投資循環ともいわれる．最後に挙げた Kitchin 循環はおよそ 3–4 年の周期を持ち，小循環と呼称される．これは，在庫の変動による循環とみなされ，在庫循環とも呼ばれる．

1-2　非線型動学理論の必要性

　次に，景気循環理論を分析するときに，非線型動学理論を用いることの有用性について述べる．非線型動学は，数学的に技術的な側面を持っているが，景気循環を理論的に解明するためには，非常に有益で強力な分析装置である．
　経済変動を数学的理論モデルとして展開した先駆的モデルとしては Samuelson [1939] が挙げられる．これは，乗数理論と加速度原理を統合して，諸種のパラメーターの値の組み合わせに対して，様々な国民所得の変動経路が生ずることについて考察したものである．
　Y を国民所得，C を消費，I を投資とすれば，財市場の需給一致として，

$$Y(t) = C(t) + I(t) \tag{1.1}$$

が得られる．さらに，消費関数として，1 期のタイムラグの存在するものとして，

$$C(t) = cY(t-1) + C_0, \ 0 < c < 1, C_0 > 0 \tag{1.2}$$

を想定する．ただし，c は限界消費性向であり，C_0 は基礎消費を示す．
　また，投資は誘発投資 $I^{ind}(t)$ と独立投資 $A(t)$ から構成されるとする．独立

投資は簡単化のために一定値 $A(>0)$ をとるとする．他方，誘発投資は国民所得の増分に比例してなされるとする．ただし，ここでも，投資が実行される場合に，タイムラグを考える．つまり，今期の投資を計画する企業にとって，今期の国民所得は未知であるから，前期と前々期の国民所得を基準にして国民所得の変化を評価することをもっともらしい投資態度に関する想定として採用する．

$$I(t) = I^{ind}(t) + A(t) = v(Y(t-1) - Y(t-2)) + A, \, v > 0. \tag{1.3}$$

ここで，v は加速度係数と呼ばれる．

以上の3つの式を整理することにより，線型の2階差分方程式

$$Y(t) = (c+v)Y(t-1) - vY(t-2) + C_0 + A \tag{1.4}$$

が導出できる．定常解は

$$Y_* = \frac{C_0 + A}{1-c} \tag{1.5}$$

と求められる．また，この定常解の安定性については，特性方程式

$$\lambda^2 - (c+v)\lambda + v = 0 \tag{1.6}$$

の特性根 λ について調べればよい．その特性根の絶対値が1より小さければ，定常解は安定である．特性根の絶対値が1より小さい条件（必要十分条件）は，特性方程式の係数によって表現できる．具体的には，定常解の安定のための必要十分条件は

$$|c+v| - 1 < v < 1 \tag{1.7}$$

である．$0 < c < 1$ と $v > 0$ に注意して，この条件を整理すれば，

$$v < 1 \tag{1.8}$$

に還元できる．

さて，数値計算により，$Y(t)$ の時間経路を見てみよう．次の2つの数値例を考える．

数値例 1：$c = 0.8, v = 0.9, C_0 = 20, A = 20$
数値例 2：$c = 0.8, v = 1.2, C_0 = 20, A = 20$

　数値例 1 では解の挙動は安定な定常解 $Y_* = 200$ に対して循環を伴いながら収束することになる．この状況は，図 1.3 において確認できる（初期値を $Y(0) = 200, Y(1) = 330$ に設定した）．また，図1.4 においては，初期値を $Y(0) = 200, Y(1) = 200.1$ に設定して，数値例 2 を数値計算し，$Y(t)$ の時系列が提示されている．このとき，定常解は不安定であり，それをめぐる発散運動をしていることが観察できる（発散してしまうので，数値計算を中断している）．なお，この 2 つの数値例でともに循環解が出現している理由は，$(c+v)^2 - 4v < 0$ が成立しているので，特性根が虚数解を持つことに起因する．

　Samuelson モデルは線型差分方程式であることから，時間が十分経過した後には，ほとんどあらゆるパラメーターの組合せに対して，定常点に落ち着く変動経路か，そうでなければ，発散してしまう変動経路が現れる．ここで，「ほとんどあらゆるパラメーターの組合せ」という表現は，$v = 1$ という非常に限定された条件の下でのみ，循環が持続するということを意味する．したがって，このような分析装置では，景気循環に関して理論的に豊かな分析は期待できない．そこで，現実経済の景気循環における持続的循環をモデルで表現できるようにするために，何か他の機構をモデルに導入することが必要である．ここでは，2 つの代表的方法について考えてみよう．1 つは，Frisch [1933] と同様に不規則衝撃を考慮することであり，もう 1 つは，Hicks [1950] の制約循環の枠組みを取り入れることである．

　まず，Frisch モデルについて述べよう．彼は経済動学の過程を本来的に安定であると考える．したがって，経済の振動は弱まっていき，最終的にその循環は消滅するのである．そして，この欠点を克服するために，その経済体系に不規則な衝撃を与えることによって，経済変数の持続的な変動の可能性を考察するのである．多くの文献において，彼が景気循環の要因として不規則衝撃について着目したことが指摘される．しかしながら，急いで付け加えなければならないのだが，実際には，経済学的観点から判断して，不規則衝撃の理論的限界について彼自身も十分認識していたということである．実際，Frisch は，景気

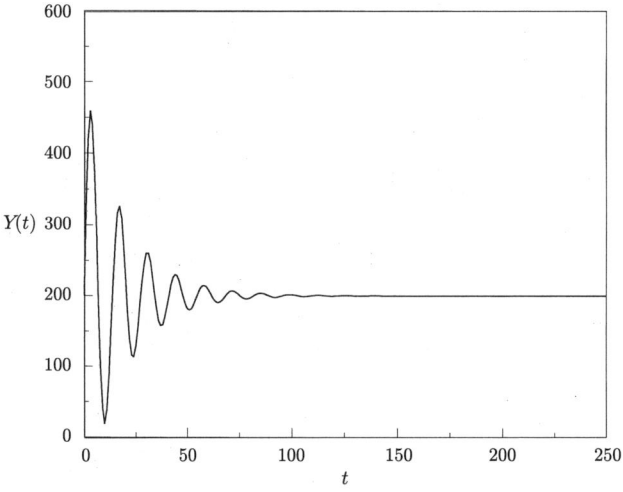

図 1.3　安定な定常解：数値例 1

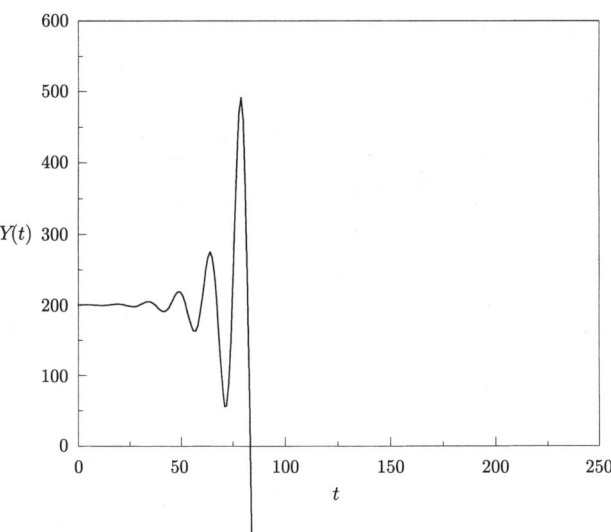

図 1.4　不安定な定常解：数値例 2

循環の要因として不規則衝撃を記述した後で，節を改めて，その代替的要因として技術革新を取り上げている．技術革新をめぐる企業行動を景気循環の原因として重視する Schumpeter の議論を意識して，彼はこれについて言及しているのである．彼は Keynes 的有効需要を明確に考慮したモデルを展開しているわけではないが，ここでは，定常状態が安定な Samuelson モデルに不規則衝撃を導入してみよう．つまり，

$$Y(t) = (c+v)Y(t-1) - vY(t-2) + C_0 + A + u(t) \tag{1.9}$$

を考察する．ここで，$u(t)$ は確率変数である．

このモデルを数値計算してみた結果が図 1.5 に表される．ただし，パラメーター値は数値例 1 と同一であり，$u(t)$ は区間 $[-20, 20]$ の一様分布に従うことを仮定している．また，初期値は $Y(0) = 200, Y(1) = 350$ に設定している．確率項が存在しない場合（数値例 1）には，定常点 Y_* は安定であったが，確率項を導入することにより，図 1.5 で確認できるように，不規則な循環運動が出現している．

次に，Hicks モデルについて考察しよう．彼は，Frisch とは対称的に経済の定常状態は不安定なものであることを認識している．この考え方は，不況の恒常的存在について理論的解明を行なった Keynes の『一般理論』に影響を受けている．そして，Keynes の理論的関心が静学理論に限定されていることに Hicks は不満を持ち，それを拡張することを試みたのである．彼は資本制経済が不安定な動学的性質を持つことを主張すると同時に，その不均衡の累積過程を反転させるために，景気循環の天井 Y_{max} と景気循環の床 Y_{min} を外生的に導入した．上方への不均衡の累積過程は完全雇用の制約などの天井にぶつかり反転し，下方への不均衡の累積過程は独立投資の下支えなどにより，終局的には，上方への不均衡の累積過程に転換するのである．このような理論構成により，Hicks の理論は玉突き台理論もしくは制約循環の理論と呼ばれる．ここでは，最も無理のない仮定として，景気循環の床として，

$$Y_{min} = C_0 + A \tag{1.10}$$

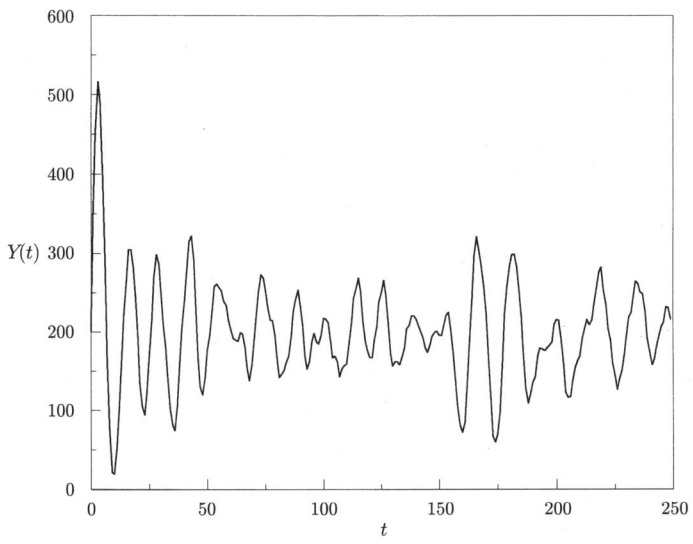

図 1.5 不規則衝撃を導入した Samuelson モデル

を導入しよう.このとき経済の動学方程式は

$$Y(t) = \max\{(c+v)Y(t-1) - vY(t-2) + C_0 + A, Y_{min}\} \quad (1.11)$$

で与えられる.これを $c = 0.8, v = 1.2, Y_{min} = C_0 + A = 40, Y(0) = 200, Y(1) = 201$ と特定化して,数値計算したものが図 1.6 で表される.これは,数値例 2 に対して,景気循環の床を導入したものである.図からだけでは判別しにくいが,25 周期の循環が得られている.なお,Hicks の景気循環理論については,例えば,Hommes [1995] に詳細な展開がある.

以上,線型モデルを単純に拡張することにより,循環的変動を生み出す方法,つまり,不規則衝撃による景気循環モデルと制約循環のモデルを概観してきた.ここで,それぞれのモデルについて,いくつかの点について注意点を挙げておく.まず,このような Frisch モデルについて.外部衝撃とその伝達機構が現実経済において景気循環が発生する要因の 1 つであることを本書では否定しない.不規則衝撃による理論構築の現実妥当性は十分に認められるものである.Frisch

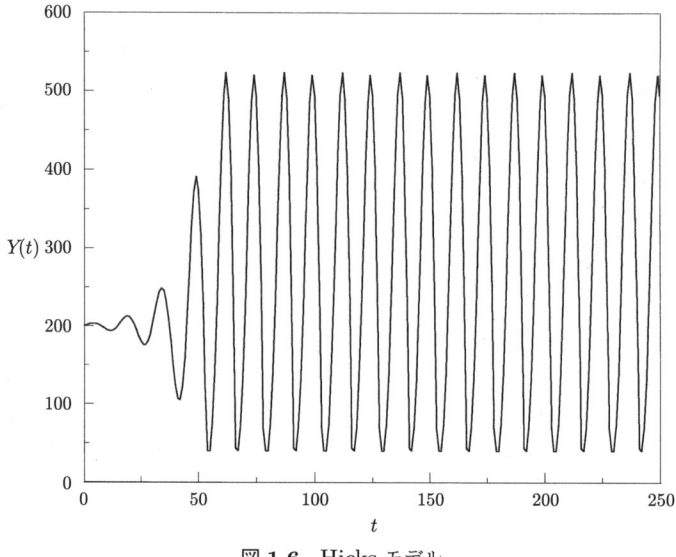

図 1.6 Hicks モデル

の理論の欠陥であると考えられる点は外部衝撃の仮定ではなく，経済システムにおける定常状態が本来的に安定であることを前提にしているところであろう．このような意味で，資本制経済の不安定性を分析の中心点とする Hicks モデルの方が優れているのである．ただし，現実の経済において，観察される経済変数が無限に発散することは皆無に等しいだろう．したがって，いろいろな変動に見舞われている資本制経済においても，何がしかの安定装置が働いていると考えるのが妥当である．Hicks モデルは，安定化機構として，完全雇用の天井と粗投資ゼロの床を想定する．しかしながら，このような分析枠組も本書の目的から判断して不十分であり，拡張すべき論点であると考える．なぜなら，Hicks の制約循環の理論は究極的な景気循環を分析しているのに過ぎないからである．現実の景気循環は，常に，完全雇用の天井にぶつかってはじめて景気の収縮を開始するような非常に厳しい循環ばかりではない．したがって，現実の景気循環を分析しようと試みるときには，Hicks モデルとは別の理論構成が必要になるのである．

このような問題意識に対応して，資本制経済における景気循環の発生要因を解明する手段として，非線型動学理論を用いることを本書では試みる．特に，非線型動学理論として，工学分野における振動論，分岐理論，カオス理論に重点をおいて議論を構成する．

1-3 決定論か確率論か

次に，節を改めて，景気循環モデルに関する決定論と確率論について述べておこう．これに対しては，カオス理論と極限周期軌道モデルという2つの論題を手がかりに議論を進める．

まず，カオス理論にとって重要な点は，決定論的な法則に従っているけれども，予測しがたい結果が生み出されてしまうということを確認しておこう．カオス理論の発展以前には，決定論はその必然性（法則性）により単純な振舞いを示し，他方で，確率論はその偶然性により予測不可能な振舞いを見せるという固定観念があった．しかしながら，カオス理論は，このような固定観念を見事に粉砕し，必然性と偶然性の垣根を取り払ったのである．例えば，差分方程式 $x_{t+1} = 4x_t(1-x_t)$ の構造は決定論的であり，かつ，非常に単純であるが，その動学過程は非常に複雑である．このことにより，確率論的モデルに頼ることなく，決定論的モデルによって乱雑な動学過程を分析する新たな可能性が開けたのである．これを経済学的観点から評価すれば，カオス理論を援用することにより，Frisch モデルなどに代表される不規則衝撃による景気循環の説明原理と代替可能な新しいパラダイムを提示できる可能性が広がったのである．したがって，極端な議論では，確率論不要論が出てくる．

しかしながら，我々は，Frisch 流の景気循環理論における外部衝撃の重要性について否定しない．経済の定常状態について単純な安定性，特に，労働の完全雇用均衡もしくは資本の完全稼働均衡の安定性の仮定の非現実性について異議を唱えるだけである．この視点は以降の議論すべてに共通する基盤である．

また，最近の研究においては，非線型動学にノイズ効果（確率項）を積極的

に取り入れることによって，経済学的議論が行なわれている．例えば，Asada, Misawa, & Inaba [2000], Asada, Inaba, & Misawa [2000] などである．ノイズの導入によって，モデルの構造が不明瞭になるのではなく，モデルの隠された構造が暴露されるということをこれらの文献は示している．これは，常識的考察とは異なった興味深い議論である．更なる理論的進展が必要とされる分野であろう．

次に，極限周期軌道を用いた景気循環モデル（極限周期軌道モデル）との関連で，決定論と確率論について述べておこう．この論点について議論する理由は，景気循環の説明原理として，極限周期軌道という概念を本書で用いるのであるが，これを景気循環理論として採用することに対して疑義を唱える論者が存在するからである．例えば，Medio [1991] は，規則的な循環を示す極限周期運動を用いた景気循環モデルの欠点を次のような論理で主張する．すなわち，規則的な景気循環が観察されるとき，このような循環は，最も用心深くて慎重な経済主体によってさえ，完全に予見されるようになり，先物取引が行なわれ，早晩，決定論的な体系から産み出される規則的な循環は消滅してしまうだろうと述べている．つまり，極限周期軌道は無生物的な現象を扱う物理学の分野では適切な概念であるけれども，極限周期軌道を（際限のない欲望を持つ）合理的主体を想定する経済学の分野に無批判に適用するのは問題があることを Medio は主張しているのである．

景気循環の説明原理としての極限周期軌道モデルの利用を否定的に捉える論点に関しては，2 つの段階において議論を行なうべきであろう．まず 1 つは，極限周期軌道モデルが必ずしも将来の事象に関して完全予見を行なう主体を想定していないモデルであることが挙げられるだろう．したがって，完全予見を行なう主体を改めて明示的に導入したモデルを構築してはじめて，Medio の議論が正しいかどうかを検討できるのである．これに対しては，Sethi & Franke [1995] の議論がある．そこでは，費用のかからない適応的期待を行なう単純な主体（naive agent）と最適化のために必要な（情報収集と分析の）費用を負担して自己実現的予想を行なう合理的主体（sophisticated agent）を区別し，2 集団間の収益の差の存在により，その人口比率が変動するという進化論的モデルが

提出されている．この論文の注目すべき点は，単純な予想形成しかしない経済主体が，駆逐されることなしに，多くの場合，生き残るということである．つまり，完全予見を行なう合理的経済主体が終局的には支配的になることを述べた Medio の推論が必ずしも正しくないことが，Sethi & Franke によって明らかにされているのである（Sethi & Franke 論文において，Medio 論文が直接言及されているわけではないことを付加しておく）．

　また，極限周期軌道モデルが，確率的要因や外生的要因を考慮していない純粋な理論モデルであるということも付け加えておいてよいだろう．現実の経済において景気循環が発生する要因として，予測できない外生的なショックも1つの大きな要因であることは誰も否定できない事実である．決定論的な動学体系を想定することで導き出された極限周期軌道は，「規則的」であるがゆえに否定的な評価を受けることもあるが，予期できない経済外的な衝撃をモデルに組み込むことによってこの種の批判は避けることができるのである．例えば，Kosobud & O'neill [1972], Grasman & Wentzel [1994], Dohtani, Misawa, Inaba, Yokoo, & Owase [1996] が好例であろう．これらの論文は，規則的循環が生じる Kaldor [1940] モデルに対して，確率的要素を考慮したモデルを展開している．決定論的体系に確率的ショックを導入することで，モデルの運動が単純ではない変動を示すであろうことは，これらの論文で示されるまでもなく，直観的に明らかであろう．決定論的体系における極限周期軌道モデルも，外生的要因を考慮することにより，Medio の指摘は回避できるのである．現実の経済が外的要因に絶えずさらされていることは明白な事実である．

　以上述べた点をまとめれば，カオス理論の出現によって確率論的モデルの重要性が薄れたわけでもなく，また，単純な極限周期軌道モデルも理論的意義がなくなったわけでもない．カオス理論にも，ときとして確率論を導入することが必要であり，極限周期軌道モデルは確率論的要因を考察することで十分現実的な理論になり得る．つまり，決定論的モデルが優れているとか，確率論的モデルが優れているとかという問題ではなく，決定論と確率論は相互に補完しあいながら，モデルを構成していくことが望ましいのである．

1-4 微分方程式か差分方程式か

数理的モデルを構築する際には，連続時間を基礎にした微分方程式体系を採用するか，離散時間を前提にして差分方程式体系を活用するかという問題が非常に重要である．なぜなら，その選択はモデルの結論に大きな影響を与えることがあるからである．この問題を考えるために，典型的な例を2つ取り上げよう．まず，生物学におけるロジスティック方程式を考察する．微分型ロジスティック方程式は

$$\dot{x}(t) = 4x(t)(1-x(t)) \tag{1.12}$$

となる．また，これに対応する差分型ロジスティック方程式は，微細な誤差を無視するならば，

$$x(t+1) = 4x(t)(1-x(t)) \tag{1.13}$$

と表現してもよいだろう．微分型ロジスティック方程式の解の経路は初期値が $0 < x(0) < 1$ にあれば，定常点 $x_* = 1$ に向かって単調増加によって，漸近していく（図1.7参照のこと）．他方，$1 < x(0)$ であれば，単調減少を伴いながら，定常点へと収束していくのである．しかしながら，差分型ロジスティック方程式では，よく知られているように，カオスが発生し，不規則な変動が観察できる．これは，図1.8において示される．

このように，同じ方程式でも，微分方程式と差分方程式とでは，全く異なる動学経路が出現してしまうのである．これは，非線型方程式を考察の対象としていることにより，離散化によるカオスの発生という現象がおきているのである．これについての詳細は山口 [1996] を参照のこと．また，Yamaguti & Matano の定理に直接言及して，経済学に応用した文献として，Kaizouji [1994] がある．

程度に差はあるが，先に提示した Samuelson モデルにおいても，微分方程式と差分方程式の選択によって，動学的に異なる性質が生ずる．差分 Samuelson モデルを微分方程式体系に翻案してみよう．財市場の均衡条件に関しては変更

図 **1.7** 微分型ロジスティック方程式の解の時系列：$x(0) = 0.01$

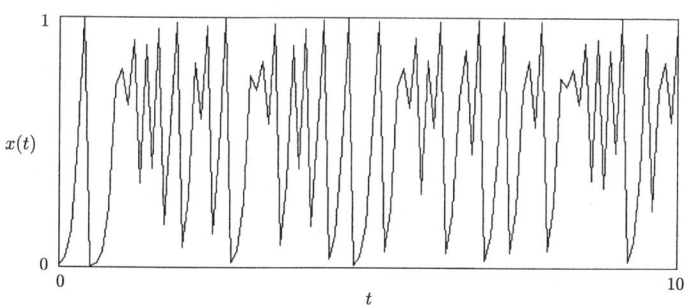

図 **1.8** 差分型ロジスティック方程式の解の時系列：$x(0) = 0.01$

点がないが，微分方程式をできるだけ単純に適用することを考慮して，消費関数と投資関数について，それぞれ，

$$C(t) = cY(t) + C_0 \tag{1.14}$$

と

$$I(t) = I^{ind}(t) + A(t) = v(\dot{Y}(t)) + A \tag{1.15}$$

のように変更する．これらを集約することにより，

$$\dot{Y}(t) = \frac{1}{v}[(1-c)Y(t) - C_0 - A] \tag{1.16}$$

を得る．この微分方程式は線型1階の微分方程式である．定常点は

$$Y_* = \frac{C_0 + A}{1 - c} \tag{1.17}$$

で与えられ，国民所得の定常値は差分方程式のSamuelsonモデルと同一である．しかしながら，動学的特性は全く異なる．まず，1階の微分方程式であることから，振動的動学経路は現れない．また，定常点は必ず不安定であり，定常点以外に初期値が存在する場合には，経済は単調に発散運動を行なうのである．このような帰結が生まれる理由は，差分方程式で定式化したモデルを微分方程式で再構築するときに，特に，式(1.14)と式(1.15)において，タイムラグの構造が明確に反映されないことに尽きる．

同種の経済的メカニズムからモデルを構築しても，分析手法として差分方程式を選択するか，微分方程式を選択するかということによって，全く異なる動学経路が得られてしまうということは，熟考すべき問題である．差分方程式モデルもしくは離散モデルを期間分析モデルと呼ぶのは経済学固有の理由であろう．また，安定性問題とは別の観点からも，マクロ的に集計化されたモデルにおいて期間分析と連続分析のどちらが適切かという議論もよく知られた話題である．経済モデルを構築する際に，微分方程式の有用性を主張するものとして，Lorenz [1992]，May [1970]，Medio [1991] もしくは Turnovsky [1977] などがあり，差分方程式の適切性を強調するものに，置塩 [1982] や Samuelson [1983, Chapter 10] がある．特に，微分方程式の時間微分に関して，$h > 0$ として，右微分 $dx(t)/dt = \lim_{h \to 0}[x(t+h)-x(t)]/h$ と左微分 $dx(t)/dt = \lim_{h \to 0}[x(t)-x(t-h)]/h$ の区別が塗りつぶされてしまうという置塩の主張は本質的である（この点は，式(1.2)と式(1.3)の連続時間モデルへの変換に如実に表されている）．

微分方程式の有用性を主張する論者が述べているように，たとえ，個々の経済主体が離散的時間視野で行動しているとしても，異質的な経済主体さらに多数の財が存在する経済を集計的・統計的に取り扱うとき，経済変数の動きを微分方程式体系で近似できるということは妥当な議論であろう．しかしながら，このことを考慮したとしても，経済動学モデルの構築の際に微分方程式の使用が絶対的優位性を持つと結論づけることはできない．なぜなら，現実経済における

政府の存在を無視することはできないからである．政府は，経済厚生を上げるために，様々な経済政策を計画・実行している．例えば，マクロ経済学において大きな課題である経済の安定化を実現するために，さまざまな経済政策を策定・実行している．このとき，政府が経済において特殊的・巨大な経済主体であり，さらに，政策ラグが存在することを考慮するならば，必ずしも微分方程式の優位性の議論は成立せず，政府行動に関して離散時間を取り扱うことが必要になるだろう．これを数学的に表現すれば，差分－微分方程式もしくは，時間遅れ微分方程式による経済分析の重要性ということである．しかしながら，時間遅れ微分方程式に関する議論は，Kalecki [1935] など経済学の分野でもその重要性が早くから認識されていたにもかかわらず，数学的な処理の困難さによって分析の発展が限定されてきたのが実状である（ただし，Gandolfo [1997, Chapter 27] は例外的文献である）．

このような状況から一歩前進することを試みたのが，Goodwin の成長循環を取り扱う本書第 7 章である．この章では，明示的に差分－微分方程式を詳しく分析する．ただし，差分－微分方程式に，定性的な一般理論はないので，コンピューターによる数値計算という手法を援用する．それによって，政府行動に関するタイムラグが安定化政策に非常に大きな影響を与えることが確認される．

1-5 動学的体系における定常点の局所安定条件

この節では，動学体系における定常点の局所的安定条件について述べておく．本書では，循環的変動やカオス的変動を分析することが主題であるが，この目的のためには，まず，定常点の局所的安定性を正確に調べることが必要である．微分方程式体系と差分方程式体系に分けて考察する．

1-5-1 微分方程式体系における定常点の安定条件

以下の n 元 1 階微分方程式体系を考察しよう．

$$\dot{x} = f(x) \tag{1.18}$$

ただし，$x \in R^n$ である．ここで，$f(x_*) = 0$ となる定常点の存在を仮定しよう．この定常点の安定性を分析するためには，定常点で評価された Jacobi 行列をもとにして，特性方程式における特性根の値を調べればよい．そのとき，すべての特性根の実数部分が負であれば，その定常点 x_* は漸近安定である．

すべての特性根の実数部分が負となるか否かを判定するためには，Routh–Hurwitz 条件を調べればよい．

Routh–Hurwitz の条件 実数係数を持つ多項式

$$\lambda^n + b_1 \lambda^{n-1} + b_2 \lambda^{n-2} + \cdots + b_{n-1}\lambda + b_n = 0$$

のすべての解の実数部分が負となる必要十分条件は

$$\Delta_1 = b_1 > 0, \ \Delta_2 = \begin{vmatrix} b_1 & b_3 \\ 1 & b_2 \end{vmatrix} > 0, \ \Delta_3 = \begin{vmatrix} b_1 & b_3 & b_5 \\ 1 & b_2 & b_4 \\ 0 & b_1 & b_3 \end{vmatrix} > 0, \cdots,$$

$$\Delta_n = \begin{vmatrix} b_1 & b_3 & b_5 & b_7 & b_9 & \cdots & 0 \\ 1 & b_2 & b_4 & b_6 & b_8 & \cdots & 0 \\ 0 & b_1 & b_3 & b_5 & b_7 & \cdots & 0 \\ 0 & 1 & b_2 & b_4 & b_6 & \cdots & 0 \\ 0 & 0 & b_1 & b_3 & b_5 & \cdots & 0 \\ \vdots & \vdots & \vdots & \vdots & \vdots & \ddots & \vdots \\ 0 & 0 & 0 & 0 & 0 & \cdots & b_n \end{vmatrix} > 0$$

が成立することである．

この条件を特定の n の場合に適用してみよう．$n = 2$ のとき，$b_1 > 0, b_2 > 0$，$n = 3$ のとき，$b_1 > 0, b_3 > 0, \Delta_2 > 0$，そして，$n = 4$ のとき $b_1 > 0, b_2 >$

$0, b_4 > 0, \Delta_3 > 0$ となる．なお，Routh–Hurwitz の条件については，Gandolfo [1997, pp.221–223] などを参照のこと．

1-5-2　差分方程式体系における定常点の安定条件

以下の n 元 1 階差分方程式体系を考察しよう．

$$x_{t+1} = f(x_t) \tag{1.19}$$

ただし，$x \in R^n$ である．ここで，$x_* = f(x_*)$ となる定常点の存在を仮定しよう．この定常点の安定性を分析するためには，微分方程式体系と同様にして，定常点で評価された Jacobi 行列をもとに，特性方程式における特性根の値を調べればよい．そのとき，すべての特性根の絶対値が 1 より小さいならば，その定常点 x_* は漸近安定である．

すべての特性根の絶対値が 1 より小さいか否かを判定するためには，Schur の条件を調べればよい．

Schur の条件　実数係数を持つ多項式

$$\lambda^n + b_1 \lambda^{n-1} + b_2 \lambda^{n-2} + \cdots + b_{n-1}\lambda + b_n = 0$$

のすべての解の絶対値が 1 より小となる必要十分条件は

$$\Delta_1 = \begin{vmatrix} 1 & b_n \\ b_n & 1 \end{vmatrix} > 0,\ \Delta_2 = \begin{vmatrix} \begin{array}{cc|cc} 1 & 0 & b_n & b_{n-1} \\ b_1 & 1 & 0 & b_n \\ \hline b_n & 0 & 1 & b_1 \\ b_{n-1} & b_n & 0 & 1 \end{array} \end{vmatrix} > 0, \cdots,$$

$$\Delta_n = \left| \begin{array}{c|c} \begin{matrix} 1 & 0 & \cdots & 0 \\ b_1 & 1 & \cdots & 0 \\ \vdots & \vdots & \ddots & \vdots \\ b_{n-1} & b_{n-2} & \cdots & 1 \end{matrix} & \begin{matrix} b_n & b_{n-1} & \cdots & b_1 \\ 0 & b_n & \cdots & b_2 \\ \vdots & \vdots & \ddots & \vdots \\ 0 & 0 & \cdots & b_n \end{matrix} \\ \hline \begin{matrix} b_n & 0 & \cdots & 0 \\ b_{n-1} & b_n & \cdots & 0 \\ \vdots & \vdots & \ddots & \vdots \\ b_1 & b_2 & \cdots & b_n \end{matrix} & \begin{matrix} 1 & b_1 & \cdots & b_{n-1} \\ 0 & 1 & \cdots & b_{n-2} \\ \vdots & \vdots & \ddots & \vdots \\ 0 & 0 & \cdots & 1 \end{matrix} \end{array} \right| > 0$$

が成立することである.

ここで,行列式の構造を明確にするために,便宜的に行列の要素を四角形で囲んでいることに注意しよう.対角に位置する四角形は転置行列の関係にある.$n=2$ のときには,$1 + b_1 + b_2 > 0, 1 - b_1 + b_2 > 0, -1 < b_2 < 1$ を得る.なお,Schur の条件の詳細については,Gandolfo [1997, pp.89–91] などを参照のこと.

第2章

Kaldor モデルとその展開

2-1 はじめに

　Kaldor [1940] は Harrod と Kalecki の理論を発展させることを意図して提出された．その理論は乗数と投資需要関数との結合作用の結果として景気循環を説明するものである．特に，そのモデルで重要な役割を果たすのが，投資関数（もしくは，貯蓄関数）の非線型性である．この関数の非線型性という想定により，一般に，3つの均衡点が存在し，そのうち，中位均衡点が短期的な意味において不安定性を有することになる．

　Kaldor は投資関数の非線型性に着目して景気循環のモデルを確立したが，Kaldor 論文それ自体は図式的議論であったので，その後，安井 [1953]，Chang & Smyth [1971]，Varian [1979] などの数学的に展開された論文が発表された．本章では，特に，安井 [1953]，Chang & Smyth [1971] を取り上げる．安井 [1953] は Levinson & Smith の定理を適用し，循環軌道の一意性を証明している．また，Chang & Smyth [1971] は Poincaré–Bendixson の定理を用いて，循環軌道の存在を証明している．さらに，Chang & Smyth モデルは，Olech の定理を用いて，大域的安定性の可能性を論証している．

　第2節では，Kaldor モデルの図式的議論を提示する．第3節では，振動論に関する微分方程式を取り上げ，その解説に限定する．ここでは，主として，Rayleigh の方程式，van der Pol の方程式，Liénard の方程式，Levinson & Smith の方程式について整理する．第4節では，第3節の数学的準備のもとに，安井 [1953] モデルを取り上げる．安井モデルは，Kaldor モデルを数学的に翻案した先駆的業績である．第5節では，第6節の議論の前提条件として，数学的議論に特化し，構

造安定性の定義と Poincaré–Bendixson の定理を導入する．Poincaré–Bendixson の定理は，平面における極限周期軌道の存在を保証する定理である．この定理を用いることにより，景気循環を数学的に議論することが可能になる．また，最後に，周期軌道の存在を否定する Olech の定理と Bendixson の判定条件について言及する．第 6 節では，Poincaré–Bendixson の定理を利用して，Kaldor モデルを再定式化した Chang & Smyth [1971] を解説する．

2-2 Kaldor [1940] の景気循環論

それでは，Kaldor [1940] モデルの骨子を提示しよう．事前的投資量 I と事前的貯蓄量 S は activity の水準（以下では単に生産水準 Y とする）の一価関数であるとする．さらに，関数の型について考える．乗数理論，つまり，限界消費性向は 1 より小さいという仮定から，$dS/dY > 0$ が導かれる．また，生産水準が高くなれば，資本財に対する需要は大きくなるという想定から，$dI/dY > 0$ が成立する．ただし，この想定は，加速度原理と混同してはならない（Kaldor [1940, p.79, footnote 3]）．加速度原理は資本財需要が生産水準ではなく，生産水準の「変化分」に依存することを主張するものであるからである．Kaldor は単に，生産水準が増大することによって利潤が増大し，その結果，投資需要が増えるというメカニズムを想定しているのである．

投資関数が非線型であるという場合を考えよう．Kaldor は貯蓄関数にも非線型性の議論を導入しているけれども，循環の発生を論ずるためには，Kaldor が指摘するように，投資関数が非線型であることを想定するだけで十分である（Kaldor [1940, p.82]）．それゆえ，以下では議論の簡単化のために投資関数の非線型性のみを考慮する．生産の正常な水準における投資関数の傾きが，相対的な低水準と高水準における投資関数の傾きよりも大きいと想定しよう（Kaldor [1940, p.81]）．その理由は次のようである．低水準の生産においては，多くの過剰設備が存在しているので，たとえ生産水準が増大しても，企業に設備を追加的に建設する誘因が働かない．つまり，利潤の増加が投資を刺激しないので，生

産水準が低水準のときには投資関数の傾きが小さくなるのである．ただし，現行の生産水準とは独立に長期的な目的で着手されている投資が常に存在しているので，投資水準はゼロとはならない．では，生産水準が高水準のときはどうであろうか．このときには，建設費用の高騰，費用の増大そして資金借入の困難の増大によって，企業がさらなる投資を行なうことが抑制されるだろう．このような理由から，生産水準が高水準であるときには投資関数の傾きが小さくなるのである．以上から，投資関数は変数 Y の S 字型投資関数になる．

このとき，一般には 3 つの均衡点が存在する．これは，財市場における需要と供給が一致する状態であり，一時的均衡点を表わす．これらの均衡点の重要な性質として，高位均衡点 E_H と低位均衡点 E_L は安定であり，中位均衡点 E_M は不安定であることが挙げられる．このことから，中位均衡点から少しでも乖離すると，高位均衡へ到達するまで経済は拡張するか，もしくは，低位均衡まで，経済は累積的に縮小することになる．したがって，中位均衡は近傍においては不安定であるけれども，経済は，一方的に際限なく発散するということはなく，高位均衡もしくは低位均衡におちつくという性質を有している．

以上，低位均衡，高位均衡そして中位均衡の安定性について考えた．しかし，注意しなければならないのは，3 つの均衡の安定性は短期的な意味におけるものであるということである．つまり，今までは分析を一時的均衡の議論に限定していたわけである．長期の分析を簡単にするために，貯蓄関数は資本ストックには依存せず，所得水準のみに依存するとしよう．この仮定によって，資本ストックが変動する景気循環の過程においても貯蓄関数はシフトしないことになる．

まず，経済が高位均衡にあると想定しよう．このとき，投資水準は高く，設備の全量は次第に増大している．新しい発明が概して投資量を増やす効果を持つのに対して，資本の蓄積は，利用可能な投資機会の範囲を制限することによって，投資量を減少させる効果を持つ．一定期間の後には新発明の効果よりも資本蓄積の効果の方が必ず大きいと Kaldor は考えることによって，経済が高位均衡にあるときには，投資曲線はだんだんと下方にシフトすると結論する（Kaldor [1940, p.83]）．その結果として，高位均衡点の位置は徐々に左へ移動し，他方で，

中位均衡点の位置は徐々に右へ移動することによって，中位均衡点と高位均衡点は互いに近づいていく．高位均衡点と中位均衡点が一致するまで，この過程は継続する．中位均衡点と高位均衡点とが一致したとき，その近傍では $I<S$ が成立するので，生産水準は急激に減少し，安定な定常点である低位均衡へたどりつくのである．

経済が低位均衡に移動した後には，投資曲線は上方にシフトすると考えられる（Kaldor [1940, p.84–85]）．なぜなら，産業プラントや設備の純投資がマイナスであるほど投資水準が十分でないならば，投資機会がだんだんと増加するからである．さらに，新しい発明の出現によっても，投資曲線は上方にシフトする傾向は強められるだろう．これらの結果によって，生産水準は徐々に増加していき，低位均衡点は右へ移動し，中位均衡点は左へ移動する過程が続く．そして，最終的には低位均衡点と中位均衡点が一致する．このとき，近傍では $S<I$ が成立し，上方への累積運動が続くことによって，経済は再び高位均衡へ到達

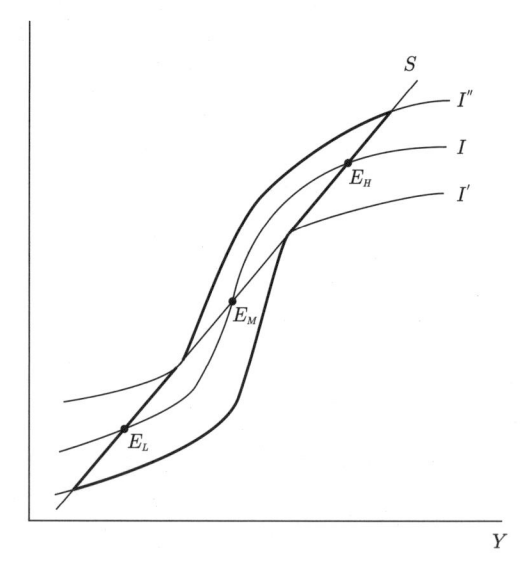

図 2.1　Kaldor モデルにおける循環

する.
　このようにして，循環的運動は繰り返すのであり，それは，図 2.1 において示されている.

2-3　平面における微分方程式：振動論の立場から

　ここで次節の議論の前提として，物理学や工学の振動論の分野で研究された微分方程式を取り上げることにしよう．まず，若干の専門用語の定義を提示しておく．

　以下のような 2 元 1 階微分方程式体系を考察の対象とする.

$$\begin{aligned}\dot{x}_1 &= f_1(x_1, x_2)\\ \dot{x}_2 &= f_2(x_1, x_2)\end{aligned} \qquad (2.1)$$

もしくは，ベクトル表示により，

$$\dot{x} = f(x). \qquad (2.1')$$

ただし，$x = (x_1, x_2)$ である．また，$f : U \to R^2$ はある開部分集合 $U \subseteq R^2$ で定義されたなめらかな関数である．また，記号 t は時間を表し，変数の上の記号（・）（ドット）はその変数の時間 t に関する 1 階の導関数を表す．例えば，$\dot{x}_i = dx_i/dt$ である．さらに，ベクトルの導関数について $\dot{x} = (\dot{x}_1, \dot{x}_2)$ とする．特に，時点ゼロを初期時点と定める．

　初期条件 $x(0) = x^0$ が与えられたとき，微分方程式 (2.1) の初期値問題の解とは初期時点を含む区間 I が存在して，式 (2.1) を満たし，微分可能なものをいう．ここでは詳述しないが，微分方程式の解の存在と一意性に関しては関数 f が C^1 級であることを仮定すれば十分である．

　初期条件が変化すれば，それに伴い，解の軌道も変化するであろうから，初期条件 x^0 を満たす解を $\phi(t; x^0)$ と表す（特に混乱や誤解の生じないときには，$\phi(t)$ と略記することもあるし，単に $x(t)$ と書くこともある）．

周期解は，景気循環を理論的モデルとして構築するときの中心概念である．まず，周期解を厳密に定義しよう．つまり，ある $T > 0$ に対して，$\phi(T;p) = p$ が成立するとき，この解を周期 T の周期解という．また，自励系であれば，

$$\phi(t+T;p) = \phi(t;p), \, t \in R$$

が成立する．また，$\phi(t+nT;p) = \phi(t;p), \, (n=1,2,\cdots)$ が成立するが，周期というときには最小数を選ぶ．すなわち，

$$\phi(T;p) = p \ \text{かつ} \ \phi(t;p) \neq p, \, t \in (0,T)$$

とする．これを最小周期と呼ぶ．また，位相平面を念頭に置けば，周期解は閉曲線を構成することにも注意すべきであろう．

周期解にも均衡点と同様に安定性の概念がある．周期解 Γ を考えよう．周期解 Γ が安定であるとは，任意の $\varepsilon > 0$ に対して，Γ の近傍 U が存在して，任意の $x \in U$ と $t \geq 0$ に対して，$d(\phi(t;x),\Gamma) < \varepsilon$ となるときをいう．また，周期解 Γ が安定でないとき，それを不安定であるという．さらに，周期解 Γ が漸近安定であるのは，その周期解が安定でかつ，Γ のある近傍 U に含まれるすべての点 x に対して，

$$\lim_{t \to +\infty} d(\phi(t;x),\Gamma) = 0$$

が成立する．ここで，$d(\phi(t;x),\Gamma)$ は $\phi(t;x)$ から Γ 上の最も近い点までの距離を示す．

振動論で研究された典型的な方程式を順に 4 種類挙げていく．まず，古典的な式として，Rayleigh の方程式

$$\ddot{z} - \mu\left(\dot{z} - \frac{\dot{z}^3}{3}\right) + z = 0 \tag{2.2}$$

と，以下のような van der Pol の方程式がある．

$$\ddot{x} - \mu(1-x^2)\dot{x} + x = 0 \tag{2.3}$$

ただし，μ は正の定数である．

これらは別の式に見えるかもしれないが，Rayleigh の方程式を時間 t に関して微分し，$x = \dot{z}$ と変数変換すれば，これらの 2 つの式は全く同一の方程式となることが分かる．

また，Liénard の方程式は

$$\ddot{x} + f(x)\dot{x} + x = 0 \tag{2.4}$$

で表され，最後に，Levinson & Smith の方程式は次のようなものである．

$$\ddot{x} + f(x)\dot{x} + g(x) = 0. \tag{2.5}$$

Levinson & Smith の方程式と Liénard の方程式との違いは，左辺第 3 項の違いであるので，Liénard の方程式は Levinson & Smith の方程式の特殊形であると解釈できる．

van der Pol の方程式は一意の極限周期軌道を持つことが知られている（もちろん，Rayleigh の方程式についても当てはまる）．ここでは，まず，Liénard の定理を提示しよう．

定理 2.1 (Liénard の定理)　　Liénard の方程式が次の条件を満足するとしよう．
(L1)　$f(x)$ が x に関して偶関数である．
(L2)　$0 < x < x_0$ のとき，$F(x) < 0$ であり，かつ，$x > x_0$ のとき，$F(x) > 0$ となるような x_0 が存在する．かつ，$F(x)$ は単調増加で，$x \to +\infty$ のとき，$F(x) \to +\infty$ となる．ここで，$F(x) = \int_0^x f(s)ds$ とおいている．

このとき，Liénard の方程式は一意の周期軌道をもち，その周期軌道は漸近安定である．

注意点として，$-F(-x) = -\int_0^{-x} f(s)ds = \int_{-x}^0 f(s)ds = F(x)$ が任意の x に関して成立することから，$F(x)$ は奇関数であることが分かる．なお，2 番目の等号に関しては定積分の性質，最後の等号については $f(x)$ が偶関数であることを用いた．

先ほど，van der Pol の方程式の一意の極限周期軌道に関する定理を述べなかったが，van der Pol の方程式がこの定理の条件をすべて満たしていることは容易に確かめることができる．

次に，Levinson & Smith の方程式に関する定理を提示しよう．

定理 2.2 (Levinson & Smith の定理 1)　(Levinson & Smith [1942, p.399])
ここで，$F(x) = \int_0^x f(v)dv$ としよう．

(LS1–1)　　$f(x)$ は x の偶関数である．

(LS1–2)　　$g(x)$ は x の奇関数であり，$x > 0$ において $g(x) > 0$ となる．

(LS1–3)　　$0 < x < x_0$ にたいして $F(x) < 0$，$x > x_0$ において $F(x) > 0$ を満たす $x_0 > 0$ が存在し，$x > x_0$ にたいして $F(x)$ は単調増加となる．

(LS1–4)　　$\int_0^{+\infty} f(x)dx = \int_0^{+\infty} g(x)dx = +\infty$.

この条件のもとで，Levinson & Smith の方程式は一意の周期解を持つ．

振動論に関する微分方程式に関する定理を経済学に応用したのは文献は多くあり，例えば，安井 [1952] と安井 [1953] が挙げられる．これらは，英語・邦語文献にかかわらず，Kaldor の景気循環論を数学的に定式化した最も早い時期の論文の１つである．安井 [1952] では Liénard の方程式を導出しているのに対して，安井 [1953] では Levinson & Smith の方程式を取り扱っている．次に，この Levinson & Smith の方程式に関する別の定理を掲げておこう．

定理 2.3 (Levinson & Smith の定理 2)　(Levinson & Smith [1942, pp.397–398, Theorem III])　もし以下の条件が満足されるならば，Levinson & Smith の方程式は一意の周期解をもつ．

(LS2–1)　　$-x_1 < x < x_2$ に対して，$f(x) < 0$，その他の場合には $f(x) \geq 0$ となるような $x_1 > 0$ と $x_2 > 0$ が存在する．

(LS2–2)　　$|x| > 0$ に対して，$xg(x) > 0$．

(LS2–3)　　$\int_0^{\pm\infty} g(x)dx = \int_0^{+\infty} f(x) = +\infty$.

(LS2–4)　　$G(-x_1) = G(x_2)$．ただし，$G(x) = \int_0^x g(s)ds$ である．

この定理は Schinasi [1981] で用いられている．この論文は IS–LM モデルに

KaldorのS字型投資関数を導入したIS–LMモデルを分析している．そして，政府の財政赤字ファイナンスの方法として，貨幣ファイナンスと国債ファイナンスの2つの方法を考察し，ともに，一意の景気循環経路が存在する可能性について論じている．ただし，彼の論文には，Lorenz [1986, p.286] において指摘されているように，数学的誤謬が含まれている．この点に関して，Sasakura [1994] が完全な解答を与えている．

また，数学的な注意点を述べると，この定理は $f(x)$ が x の偶関数であることと $g(x)$ が x の奇関数であることを必要としないという意味で Levinson & Smith の定理1に比して一般性を持つ定理である．

さらに，Levinson & Smith の方程式における極限周期軌道の一意性に関して次の定理が存在する．

定理 2.4 (Zhangの定理)　(Zhang [1958])　もし以下の条件が満足されるならば，Levinson & Smith の方程式は領域 $a < x < b$ において高々1つの周期解をもち，もし存在するならば，その周期解は安定である．ただし，$a < 0 < b$．

(Z–1)　$f(x)/g(x)$ は $(a,0) \cup (0,b)$ において単調増加であり，$x = 0$ のあらゆる近傍において一定値をとらない．

(Z–2)　$x \neq 0$ に対して，$xg(x) > 0$．

(Z–3)　$\int_0^{\pm\infty} g(x)dx = +\infty$．

この定理に関して詳しくは Perko [1996, Chapter 3.8] を参照のこと（極限周期軌道の個数に関する別の定理も提示されている）．なお，注意事項として，この定理では，極限周期軌道の存在証明がなされていないことが挙げられる．したがって，Poincaré–Bendixson の定理（後述）などを用いて，極限周期軌道の存在を保証することによって，はじめて極限周期軌道の一意性が断定できるのである．

Levinson & Smith の方程式において，$f(x)$ が非対称で，$g(x) = x$ となる方程式は経済学で特別な意味を持つ．この点についてここで少し触れておこう．このような型の方程式は非線型加速度原理と景気循環の持続に関して Goodwin [1951] が分析したものである．これを便宜的に Goodwin 型方程式と名付けて

おこう．この Goodwin 型方程式に対して，$f(x)$ の対称性の条件を必要とする Liénard の定理を用いることはもちろん不可能である．では，Levinson & Smith の定理 2 はどうであろうか．実は，この定理も援用することができない．なぜなら，$f(x)$ は非対称であるがゆえに，$-x_1 \neq x_2$ が一般に成立するであろう．このとき，$G(-x_1) = (1/2)x_1{}^2 \neq (1/2)x_2{}^2 = G(x_2)$ となり，条件 (LS2–4) が成立しないのである．したがって，この場合には，Zhang の定理を用いて極限周期軌道の一意性に関する証明を実行することが考えられる．Goodwin 型方程式における極限周期軌道の一意性に関しては，Zhang の定理と同種の Staude [1981] の定理に言及して大和瀬 [1987] が，また，同様の Luo–Chen の定理（[Ye et al. 1986, §6] 参照のこと）を参照して Sasakura [1996] が議論を行なっている．

2-4 安井 [1953] モデル

さてこの節では，Kaldor [1940] を数学的に定式化したモデルとして，安井 [1953] を取り上げることにしよう．この論文は，安井 [1952] に含まれていた誤りを訂正したものである．その誤りとは，資本減耗が資本ストックに比例することを想定しているにもかかわらず，実際には資本減耗が資本ストックから独立な定数として議論を展開している点である．

安井 [1952] では Liénard の方程式が導出されたのに対して，この点を訂正することによって，安井 [1953] では Levinson & Smith の方程式を取り扱うことになる．したがって，変更点は数学的に若干複雑な型を考慮するだけでよく，景気循環が発生するという結論は保持される．

安井 [1952] と安井 [1953] は，英語・邦語文献にかかわらず，筆者が知る限り Kaldor の景気循環論を数学的に定式化した最も早い時期の論文である．ただし，工学における振動論の展開が図式解法によるところが大きく，これらの論文も図式解法に重点が置かれていたことを付言しておく．ここで扱われる数量，つまり，投資 (I)，貯蓄 (S)，所得 (Y) はすべてグロス（粗）のタームで表現される．

まず，貯蓄関数は所得の一定割合 s がなされると仮定する．したがって，貯蓄関数は次のような所得の線型関数となる．

$$S = sY.$$

さらに，投資関数は次のように定式化される．

$$I = H(Y) - \mu K, \ \mu > 0.$$

第1項は，所得の正常水準ではその傾きが貯蓄率 s より大きく，所得が低水準または高水準にあるときにはその傾きが貯蓄率より小さくなるような関数である．この想定から Kaldor の S 字型投資関数が導かれる．また，第2項は資本ストック（K）が投資に与える負の効果を示している．

資本減耗が資本ストックの一定割合 δ で生じると仮定すれば，資本ストックの増分は

$$\dot{K} = I - \delta K$$

である．

また，所得の時間的変化率は投資と貯蓄の差の一定割合に依存するとすれば，

$$\dot{Y} = \alpha(I - S)$$

となる．

以上をまとめれば，次の体系を得る．

$$\dot{Y} = \alpha(H(Y) - \mu K - sY) \tag{2.6}$$

$$\dot{K} = H(Y) - \mu K - \delta K \tag{2.7}$$

上の2式から明らかなように定常均衡は，財市場の需給一致と資本ストック一定の状態で記述される．

これらを Y のみの微分方程式に整理すれば，

$$\ddot{Y} + (\alpha s + \mu + \delta - \alpha H'(Y))\dot{Y} + \alpha(\mu + \delta)sY - \alpha\delta H(Y) = 0 \tag{2.8}$$

となる．ここで，特に中位均衡点における均衡所得を Y_* とし，$y = Y - Y_*$ とする．また，$H'(Y)$ は関数 $H(Y)$ の微係数である．これによって，

$$\ddot{y} + (\alpha s + \mu + \delta - \alpha H'(y + Y_*))\dot{y} + \alpha(\mu + \delta)s(y + Y_*) - \alpha\delta H(y + Y_*) = 0 \quad (2.9)$$

と書き換えることができる．これは，Levinson & Smith の方程式であり，Levinson & Smith の定理 1 もしくは Levinson & Smith の定理 2 の条件が満たされるならば，一意の周期解が論証される．

また，Kaldor の景気循環理論において，極限周期軌道の一意性を証明したものとして，Lorenz [1986] がある．これと，本節の議論との違いは，資本ストックの増分が貯蓄によって決定されるという Lorenz の仮定にある．この想定により，本節の分析とは少し異なる議論が展開されている．

以上のように，工学的振動論の定理を Kaldor の景気循環論に適用できることをみた．Ichimura [1955] と Morishima [1958] は，Kaldor モデルに対して，加速度原理の要因を付加した投資関数をもとに，それぞれ独自の分析を行なっている．前者は「経済循環に関する 1 つの一般的非線型マクロ動学理論（a general nonlinear macrodynamic theory of economic fluctuation）」を構築し，また，後者は「非線型理論における景気循環の基本方程式（the fundamental equation of nonlinear theory of trade cycle）」を導出している．ここではそれぞれに関して詳述しないが，両者が最終的に導出する式は，

$$\ddot{x} + f(x, \dot{x})\dot{x} + g(x) = 0 \quad (2.10)$$

と同様の微分方程式に還元することができる．これについて，以下の定理がある．

定理 2.5 (Levinson & Smith の定理 3)　(Levinson & Smith [1942, pp.384–385, Theorem I])

(LS3–1)　$|x| > 0$ に対して，$xg(x) > 0$．

(LS3–2)　$\int_0^{\pm\infty} g(x)dx = +\infty$．

(LS3–3)　$f(0,0) < 0$．

(LS3–4)　ある $x_0 > 0$ が存在して，$|x| \geq x_0$ に対して，$f(x,v) \geq 0$ が成立

する．

(LS3–5)　M が存在して，$|x| \leq x_0$ に対して，$f(x,v) \geq -M$ が成立する．

(LS3–6)　ある $x_1 > x_0$ が存在して，$\int_{x_0}^{x_1} f(x,v)dx \geq 10Mx_0$ となる．ただし，$v > 0$ は，上記の積分において，x に関する任意の正の減少関数である．

このような条件のもとで，微分方程式 (2.10) は少なくとも 1 つの周期解をもつ．

上記の 2 論文は，Kaldor の S 字型投資関数の理論から刺激を受けてさらに一般的な理論へと拡張を試みる，非線型マクロ動学における意欲的な論文である．

2-5　平面における微分方程式の定性的理論

次に，次節の議論の前提として，構造安定性についての理論と Poincaré–Bendixson の定理を紹介しておこう．

2-5-1　構造安定性

構造安定性は Andronov や Pontryagin などによって，最初に考察された．ここでは，DeBaggis [1952] に沿って構造安定性について述べる．DeBaggis [1952] の貢献は，構造安定性の必要条件だけではなく，十分条件をも示したことにある．まず，次のような動学体系 A を扱う．

$$\begin{aligned}\dot{x}_1 &= f_1(x_1, x_2) \\ \dot{x}_2 &= f_2(x_1, x_2)\end{aligned} \quad (2.11)$$

ただし，関数 f_1 と f_2 はともに閉領域 G の内部と境界上で連続な 1 階偏導関数をもつ．さらに，G の境界は単一閉曲線で，さらに，その境界の各点において，ベクトル場はゼロでなく，また，接しないことも想定する．

さらに，この体系の摂動系 B を考える．つまり，

$$\begin{aligned}\dot{x}_1 &= f_1(x_1,x_2) + p_1(x_1,x_2)\\ \dot{x}_2 &= f_2(x_1,x_2) + p_2(x_1,x_2)\end{aligned} \quad (2.12)$$

ただし，関数 p_1 と p_2 は G に属するすべての点において連続な 1 階偏導関数をもつ．

構造安定性の定義は次のように与えられる．

定義 2.1 (構造安定性)　(DeBaggis [1952])　$d(M_1, M_2)$ を平面上の 2 点間の Euclid の距離とする．体系 A が G 上で構造安定であるとは，任意の $\varepsilon > 0$ に対して，$\delta(\varepsilon) > 0$ が存在して，C^1 級に属し，かつ，条件

$$|p_i| < \delta, \ |\frac{\partial p_i}{\partial x_j}| < \delta \ (i,j = 1,2)$$

を満たしているすべての p_i に対して，G のそれ自身への位相変換 T が存在する場合である．ただし，T は次の性質を持つ．

(1)　$d(M, T(M)) < \varepsilon \ [M \in G, \ T(M) \in T(G)]$
(2)　T は体系 A の軌道を体系 B の軌道に写す．

構造安定性を直観的に解釈するならば，構造安定性とは，小さな摂動あるいは変化を体系に加えたとしても，その体系の位相的構造が定性的に保持されるという性質である．この概念は主に，物理学上の要請から導入された．物理実験においては，分析対象の関数型は近似的にしか知ることができない．いいかえれば，さまざまな誤差が関数型の決定に含まれることは避けえない．それゆえ，系の位相図は関数型に小さな変化が起きても，系の動学的挙動が影響を受けないようなものでなければならないのである．

構造安定性を持つ体系に関しては DeBaggis の述べるところをまとめれば，以下のようになるだろう．

定理 2.6 (構造安定性)　(DeBaggis [1952])　微分方程式体系

$$\dot{x} = f(x), \ x \in R^2$$

が領域 $D \subset R^2$ において構造安定である必要十分条件は，

(1) 領域 D において有限個の定常点と極限周期軌道が存在し，それらのすべてが双曲型である．

(2) 領域 D において，同一の鞍点に戻る鞍点分離線もしくは2つの異なる鞍点を結ぶ鞍点分離線が存在しない．

ここで，双曲型定常点とは，Jacobi 行列の特性根に関して，その実部がゼロではない定常点のことを言い，具体的には，結節点，渦状点および，鞍点のみである．また，双曲型周期解とは，次のように定義される．周期解（Γ）に対して，特性指数を

$$h(\Gamma) = \frac{1}{T} \int_0^T \left(\frac{\partial f_1}{\partial x_1} + \frac{\partial f_2}{\partial x_2} \right) dt \tag{2.13}$$

と定義する．ただし，T は Γ の周期である．このとき，$h(\Gamma) \neq 0$ であれば，その周期解は双曲型であると呼ばれる．そして，$h(\Gamma) < 0 (> 0)$ であれば，Γ は安定（不安定）な極限周期軌道である．さらに，$h(\Gamma) = 0$ の場合には，極限周期軌道の安定性については明確に述べることはできない．このときには，片側からは安定であるが，反対側からは不安定であるという，半安定な極限周期軌道が出現する場合もあり得る．

また，鞍点分離線とは，この場合は2次元であるから，1次元の安定多様体と1次元の不安定多様体の総称である．構造不安定系の例として，2次元におけるホモクリニック軌道とヘテロクリニック軌道を図 2.2 に掲げる．ここで，ホモクリニック軌道とは，$t \to +\infty$ と $t \to -\infty$ のとき，同じ定常点 x_* に収束する解軌道 $x(t)$ のことである．数学的に述べれば，ある解軌道 $x(t)$ が存在して，$\lim_{t \to +\infty} x(t) = x_* = \lim_{t \to -\infty} x(t)$ となるとき，この軌道をホモクリニック軌道と呼ぶのである．また，ヘテロクリニック軌道とは，ある解軌道 $x(t)$ が存在して，$\lim_{t \to +\infty} x(t) = x_*$, $\lim_{t \to -\infty} x(t) = x_{**}$, $x_* \neq x_{**}$ となる軌道である．定常点それ自身は構造安定であるけれども，2次元におけるホモクリニック軌道もしくはヘテロクリニック軌道の存在が構造不安定性を生み出すということは興味深い事実である．これは，大局的理論の面白さと複雑さを示す好例であると

ヘテロクリニック軌道

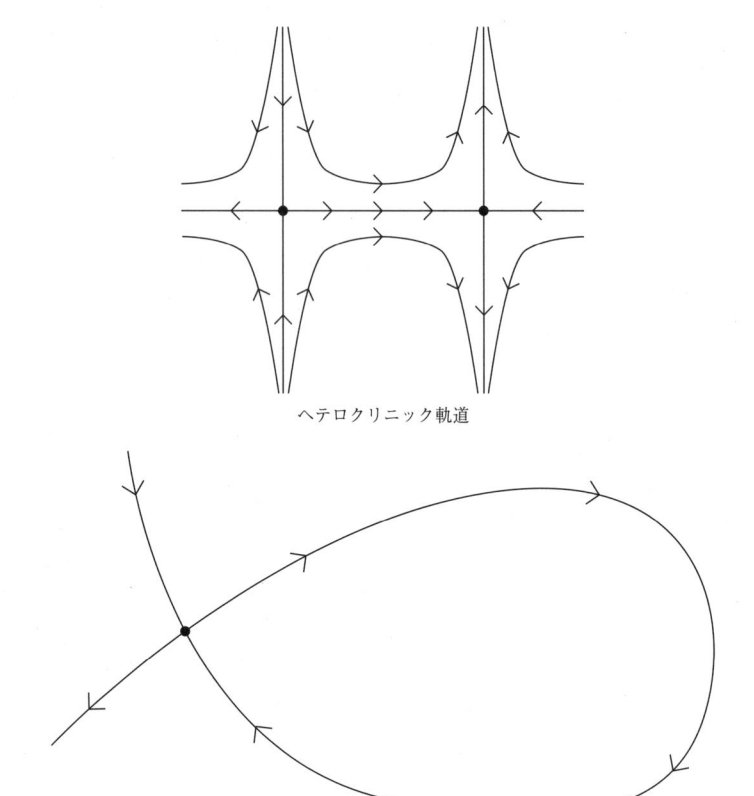

ホモクリニック軌道

図 2.2 構造不安定系

言えよう．

2-5-2 Poincaré–Bendixson の定理

まず，Poincaré–Bendixson の定理を理解するために有用な概念である極限点・極限集合の定義を提示しておく．

定義 2.2 (極限点) 点 $p \in U$ が体系 2.1 の軌道 $\phi(\cdot, x)$ の ω 極限点であると言われるのは，数列 $t_n \to \infty$ が存在して，$\lim_{n \to \infty} \phi(t_n, x) = p$ となるときである．同様に，数列 $t_n \to -\infty$ が存在して，$\lim_{n \to \infty} \phi(t_n, x) = q$ かつ $q \in U$ ならば，点 q は体系 2.1 の軌道 $\phi(\cdot, x)$ の α 極限点であると言われる．

さらに，すべての ω 極限点の集合を ω 極限集合といい，同様に，すべての α 極限点の集合を α 極限集合と呼ぶ．単に，極限集合というときには，ω 極限集合または α 極限集合を指すことにする．図 2.3 で示されるように，平面上では，極限集合は不動点もしくは周期軌道である（これは，解の一意性を想定しているからである．このためには，微分方程式について C^1 関数を仮定すれば十分である）．なお，ω 極限集合が孤立した閉軌道であれば，それは安定な極限周期軌道（limit cycle）と呼ばれ，また，α 極限集合が孤立した閉軌道であるときには，それを不安定な極限周期軌道という．

以上の準備のもとに Poincaré–Bendixson の定理を述べる．ただし，平面，すなわち，2 変数の動学的体系にのみ有効であることに注意されたい．

定理 2.7 (Poincaré–Bendixson の定理 1) 平面の C^1 級力学系の空でないコンパクトな極限集合が均衡点を含まないならば，それは周期軌道である．

上の定理をいいかえると次のようになる．

定理 2.8 (Poincaré–Bendixson の定理 2) 平面上の微分方程式の定める流れに対してある有界閉領域で閉じ込めが生じており，かつこの領域に不動点が全くなければこの領域内に周期軌道が存在する．

上の 2 つの定理は高橋 [1988] による．ただし，Poincaré–Bendixson の定理は，周期解の存在を保証しているだけであって，周期解の一意性や周期解の個数についてはなにも述べていないことに注意すべきである．また，極限周期軌道の安定性の条件についても述べられていない．

極限周期軌道の安定性については以下の 4 種類が考えられる．(a) の場合には，極限周期軌道の近傍のすべての流れが，$t \to +\infty$ のとき，極限周期軌道の

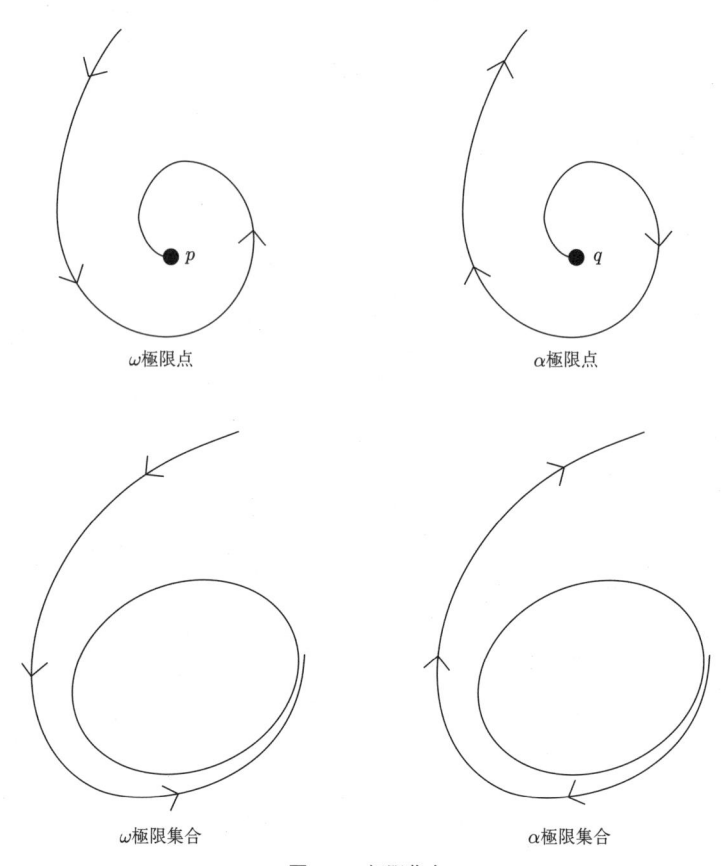

40　第 I 部　景気循環理論と動学理論

ω極限点　　　　　　　　　α極限点

ω極限集合　　　　　　　　α極限集合

図 2.3　極限集合

両側から極限周期軌道にまとわりついていく．このとき，極限周期軌道は安定な極限周期軌道と呼ばれる．また，(b) の場合には，極限周期軌道の近傍のすべての流れが，$t \to +\infty$ のとき，極限周期軌道の両側において極限周期軌道から離れ去っていく．このとき，極限周期軌道は不安定な極限周期軌道と呼ばれる．(c), (d) の場合には，$t \to +\infty$ のとき，極限周期軌道の近傍のすべての流れが，極限周期軌道の片側からは極限周期軌道にまとわりついていくけれども，もう一方の側では極限周期軌道から離れ去っていく．このとき，極限周期軌道は半

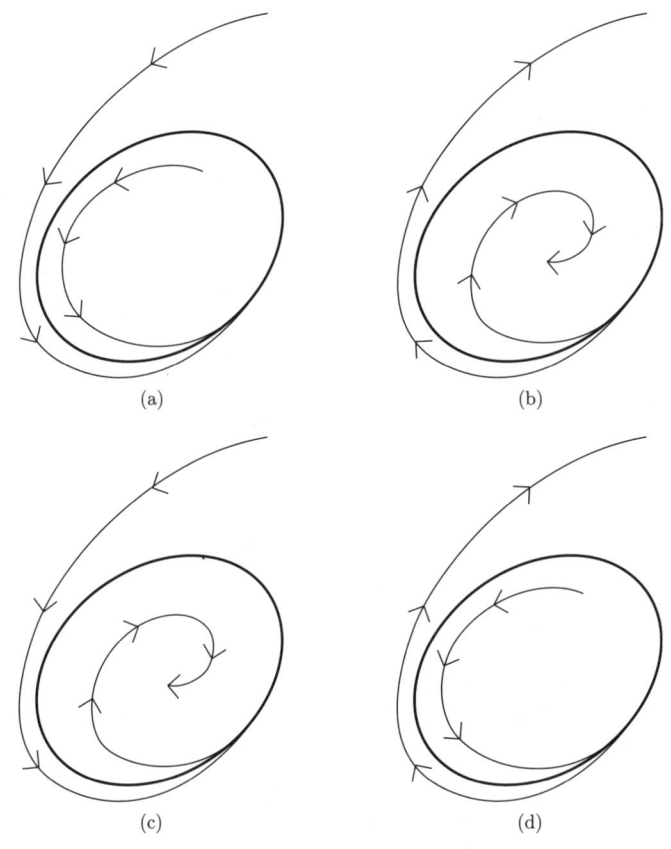

第 2 章 Kaldor モデルとその展開　41

(a)　(b)

(c)　(d)

図 2.4　極限周期軌道

安定な極限周期軌道と呼ばれる．ただし，この平面の動学的体系が構造安定であることを仮定すれば，半安定な極限周期軌道の存在の可能性は排除される．

Poincaré–Bendixson の定理を具体的に適用するためには，次のようにすればよい．まず，最初に，不安定な定常点を考察の対象にすることが標準的な手続きであろう（もちろん，最初の手順として，安定な定常点を考察することを否定するものではない）．このとき，不安定な定常点の近傍を包含する領域の境界において，微分方程式の流れはすべて外部へ向かうようにすることができる．

さらに，この領域を包含する有界な閉領域を選び，その境界上で内部へと向かう流れが存在すれば，証明は完結する．

不安定な不動点を考えることは，比較的簡単であるけれども，境界上で内部へと向かう有界な閉領域の存在を見つけるということはかなり困難を伴うことが多い．なぜなら，関数 f に対して特定の形を想定しなければならないからである．特に，経済学のモデルを念頭に置くとき，経済学的議論に基づいた説得的かつ妥当な仮定によって，このような有界な閉集合の存在することを示すのは，多くの場合，容易でない（例えば，Poincaré–Bendixson の定理を適用したマクロ経済学の文献として，Rose [1967], Bennasy [1984], Matsumoto [1997] を指摘できる）．さて，極限周期軌道の性質として次のようなものを挙げることができる．

性質 (1) 極限周期軌道によって囲まれる領域内に，定常点が存在する．

性質 (2) 極限周期軌道の数は有限個である．そして，極限周期軌道は交互に安定，不安定である．さらに，最も内側の極限周期軌道と最も外側の極限周期軌道は安定である．

また，景気循環など経済モデルに，この定理を適用することを考慮すれば，次の性質も重要になるだろう．

性質 (3) 極限周期軌道が一意であれば，初期点がどのようなものであれ，すべての流れが，終局的には，完全に周期的な軌道に収束する．しかしながら，極限周期軌道が複数個存在すれば，外側の極限周期軌道ほど振幅は増大し，究極的な循環的運動は，一般的に，初期点に依存する．

次に，定常点の大域的安定性を保証する，Olech の定理を紹介しよう．これは，間接的に，極限周期軌道の存在を否定する意味をもつ．

定理 2.9 (Olech の定理) (Olech [1963, Theorem 4]) 次の微分方程式体系を考えよう．

$$\dot{x}_1 = f_1(x_1, x_2)$$
$$\dot{x}_2 = f_2(x_1, x_2)$$

ただし，R^2 上で，関数 f^1 と f^2 は C^1 級である．$(0,0)$ が体系の定常点であることと

(1)　　$\text{tr}(Df) = \partial f_1/\partial x_1 + \partial f_2/\partial x_2 < 0$ on R^2

そして

(2)　　$\det(Df) = (\partial f_1/\partial x_1)(\partial f_2/\partial x_2) - (\partial f_1/\partial x_2)(\partial f_2/\partial x_1) > 0$ on R^2

が成立することを仮定する．さらに，

(3)　　$(\partial f_1/\partial x_1)(\partial f_2/\partial x_2) \neq 0$ on R^2 もしくは $(\partial f_1/\partial x_2)(\partial f_2/\partial x_1) \neq 0$ on R^2

のどちらかが成立することを想定する．

このとき，体系の定常点 $(0,0)$ は大域的に漸近安定である．

なお，この定理に関する経済学における応用は Chang & Smyth [1971] に見られる．また，経済学の分野において独自の展開がなされている．これに関しては Ito [1978] と Sasakura [1992] を参照のこと．

最後に，Bendixson の判定条件を提示する．

定理 2.10 (Bendixson の判定条件)　　次の微分方程式体系を考えよう．閉領域 D において，$\partial f_1/\partial x_1 + \partial f_2/\partial x_2$ がゼロを除く定符号（fixed sign）（恒等的にゼロではなく，かつ，符号を変えない）をもつならば，このとき，領域 D に閉軌道は存在しない．

証明に関しては Guckenheimer & Holmes [1983] を参照のこと．

2-6　Chang & Smyth [1971] モデル

さて次に，Poincaré–Bendixson の定理を利用して Kaldor モデルを再定式化した Chang & Smyth [1971] を取り上げよう．まず，事前的な純投資 (I) と貯蓄

(S) は，所得 (Y) と資本ストック (K) に依存する．次のように定式化される．

$$I = I(Y, K), \quad I_Y > 0, I_K < 0,$$

$$S = S(Y, K), \quad S_Y > 0, S_K < 0, |I_K| > |S_K|$$

国民所得は，事前投資と事前貯蓄との差に対応して変化する．財市場の調整過程は α を正の定数である調整速度として，

$$\dot{Y} = \alpha(I - S)$$

と表される．また，投資計画は常に実現すると想定するので，資本ストックの調整は次のように定式化される．

$$\dot{K} = I.$$

以上より，動学体系は次のようになる．

$$\dot{Y} = \alpha(I(Y, K) - S(Y, K)) \tag{2.14}$$

$$\dot{K} = I(Y, K) \tag{2.15}$$

所得が一定となる軌道（Y–Y 曲線）は集合 $\{(Y, K) | I(Y, K) = S(Y, K)\}$ によって，また，資本ストックが一定となる軌道（K–K 曲線）は集合 $\{(Y, K) | I(Y, K) = 0\}$ によって表せる．

Y–Y 曲線の傾きは

$$\left. \frac{dK}{dY} \right|_{\dot{Y}=0} = \frac{S_Y - I_Y}{I_K - S_K}$$

であたえられ，仮定によって分母部分は常に負である．したがって，Kaldor が挙げた3つの条件を考慮すれば，所得の正常水準のもとでは，Y–Y 曲線の傾きは正であり，所得がかなり高いか，かなり低い水準にある場合には，傾きは負であることがわかる．また，K–K 曲線の傾きは

$$\left.\frac{dK}{dY}\right|_{\dot{K}=0} = -\frac{I_Y}{I_K}$$

となって，傾きは常に正である．Y–Y 曲線と K–K 曲線との差は

$$\left.\frac{dK}{dY}\right|_{\dot{Y}=0} - \left.\frac{dK}{dY}\right|_{\dot{K}=0} = \frac{I_K S_Y - S_K I_Y}{I_K(I_K - S_K)}$$

となるが，定常点の一意性を保証するために，

$$I_K S_Y - S_K I_Y < 0$$

を仮定しておこう．この条件は，Y–Y 曲線の傾きが正のとき，K–K 曲線の傾きが Y–Y 曲線の傾きをさらに上回ることを意味する．

Jacobi 行列は次のように与えられる．

$$\begin{bmatrix} \alpha(I_Y - S_Y) & \alpha(I_K - S_K) \\ I_Y & I_K \end{bmatrix}$$

これについて，

$$\text{tr} = \alpha(I_Y - S_Y) + I_K \tag{2.16}$$

$$\det = \alpha(S_K I_Y - I_K S_Y) > 0 \tag{2.17}$$

が成立する．これから，定常点が鞍点となる可能性は排除される．

ここで，(1) 非負象限 R_+^2 に一意の定常点 (Y_*, K_*) が存在し，それは不安定である，つまり，定常点において，$\alpha(I_Y - S_Y) + I_K > 0$ が成立する，(2) 有限の K_0 が存在して，$I(0, K_0) = 0$ を満たす．また，有限の Y_1 が存在して，$I(Y_1, 0) = S(Y_1, 0)$ を満足し，また，$Y > Y_1$ かつ $K \geq 0$ となるときにはつねに，$I(Y, K) < S(Y, K)$ となる．さらに，$I(Y, K) = S(Y, K)$ が満たされるとき，$Y \to 0$ とすると，$K \to \infty$ になる，(3) 体系が，適当に選ばれたコンパクトな部分集合において，構造安定であることを想定しよう．これらの条件を念頭において位相図を書けば，図 2.5 のようになる．この図の領域 $\{(Y, K) | 0 < Y < Y_1, 0 < K < K_1\}$ において，Poincaré–Bendixson の定理が適用でき，極限周期軌道が存在することが主張で

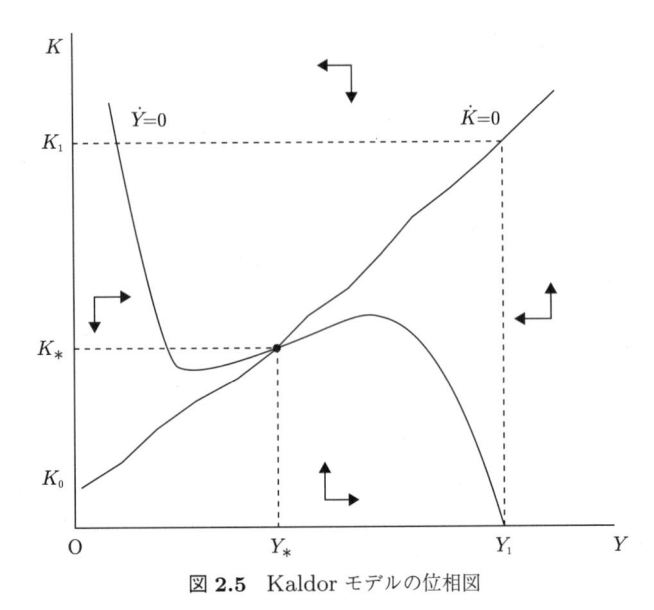

図 2.5 Kaldor モデルの位相図

きる．非負象限 R_+^2 に初期点があれば，その軌道は極限周期軌道に到達するか，もしくは，それ自身が極限周期軌道である．

ここで，以上より得られた視点から，Kaldor モデルについて考察しよう．Kaldor は持続的景気循環のための以下のような 3 つの必要十分条件を挙げている（[Kaldor [1940, p.85]]）:(1) 所得が正常水準にあるときには，$I_Y > S_Y$，(2) 所得が非常に高い水準にある，もしくは，所得が非常に低い水準にあるときには，$I_Y < S_Y$，(3) 定常均衡点は所得の正常水準に存在する．この妥当性について，Chang & Smyth は否定的見解を提出している．例えば，$I_Y > S_Y$ が成立しているけれども，財市場の調整速度 α が十分小さい，もしくは，I_K が絶対値で十分大きいという理由で，式 (2.16) において，$\mathrm{tr} = \alpha(I_Y - S_Y) + I_K < 0$ が満たされる場合を考えよう．この場合には，先に提示した Olech の定理を用いることにより，定常点 (Y_*, K_*) が大域的漸近安定性を持つことが言える．つまり，Kaldor の条件は景気循環発生のための十分条件ではないのである．また，定常状態で局所的に，$S_Y > I_Y$ が成立したとしても，ある領域内で大域的に $\alpha(I_Y - S_Y) + I_K$

が定符号を持たず，閉軌道が存在する可能性もあり得る（Bendixsonの判定条件）．つまり，Kaldorの提示した条件は景気循環発生のための必要条件でもないのである．

第3章
Goodwin の成長循環とその展開

3-1 はじめに

　Goodwin [1967] は，資本家と労働者の対立を軸に成長循環の発生を論証した．そして，それ以後，Goodwin のいくつかの制限的な仮定を回避して拡張を試みるモデルが数多く提出された．例えば，Desai [1973] は実質賃金率に関する Phillips 曲線を，貨幣錯覚を考慮した名目賃金率に関する Phillips 曲線に拡張したり，資本－産出係数が一定であるという仮定を緩和したりしている．この章では，数学的構造に着目し，Goodwin [1967]，Medio [1980] そして Pohjola [1981] の論文をサーベイする．

　以下では，次のように構成される．第2節では，Lotka–Volterra 方程式について解説する．第2節の結果を援用して，第3節では，Goodwin モデルを取り上げ，閉軌道が存在することが述べられる．なお，最後に，Goodwin は Phillips 曲線が線型であることを想定しているけれども，この想定の一般性について検討する．結論として，たとえ，非線型の Phillips 曲線を想定したとしても，この修正が Goodwin の結果に何らの変更を迫るものではないことが示される．第4節では，Kolmogorov のサイクル定理を提示する．この定理は，Lotka–Volterra 方程式における閉軌道とは異なり，極限周期軌道について述べたものである．第5節では，Kolmogorov のサイクル定理を利用して，Goodwin モデルを発展させた Medio [1980] を取り扱う．第6節では，ロジスティック方程式を初めに取り上げ，カオスに関連する定理として，Sarkovskii の定理と Li & Yorke の定理を提示する．第7節では，Goodwin モデルを差分方程式に変換した Pohjola [1981] を取り上げる．Pohjola モデルはカオスの発生について論じている．

3-2　生物学における変動理論1

　Goodwin モデルは数理生物学との関連が深い．具体的には Lotka–Volterra 方程式と同系であることが分かる．このことを議論するために，本節では Lotka–Volterra 方程式について述べる．Lotka–Volterra 方程式は数理生物学で用いられ，捕食者（predator）と被食者（prey）の関係を示すものである．例えば，キツネとウサギとの関係を考えればよい．次のようにあらわせる．

$$\begin{cases} \dot{x} = x(a - by) \\ \dot{y} = y(-c + dx) \end{cases} \tag{3.1}$$

ただし，$a, b, c, d > 0$ である．

　この方程式系は次のように解釈できる．被食者の個体数 (x) の増加率は，捕食者が存在しないときには一定 (a) であるが，捕食者が存在すればその数 (y) に比例した率だけ差し引かれ，他方，捕食者の個体数に関しては，被食者が存在しないときには一定率 (c) で減少するが，被食者が存在すればその数に比例した率だけ増えることを示している．

　Lotka–Volterra 方程式の定常点は原点 $(0,0)$ と $E(x_*, y_*) = (c/d, a/b)$ との 2 点が存在する．原点における Jacobi 行列は

$$\begin{bmatrix} a & 0 \\ 0 & -c \end{bmatrix}$$

となって，原点は鞍点であることが分かる．さらに，点 E については

$$\begin{bmatrix} 0 & -(bc)/d \\ (ad)/b & 0 \end{bmatrix}$$

となり，特性根は共役な純虚根であることが分かる．したがって，線型近似による安定性の吟味はできない．そこで，Liapunov の安定性定理を上の定常点の安定性分析に適用することにする．Liapunov の安定性定理は以下のように述べ

られる.

定理 3.1 (Liapunov の安定性定理)　n 次元 1 階微分方程式体系

$$\dot{x} = f(x), \ x \in R^n$$

を考える. x_* をその定常点とする. また, $V : U \to R$ を x_* の近傍 U において定義された C^1 関数であり,

(1) $V(x_*) = 0$ かつ, $x \neq x_*$ ならば, $V(x) > 0$.
(2) $U - \{x_*\}$ 上において $\dot{V} \leq 0$.

を満たすとする. このとき, x_* は安定である. さらに, もし,

(3) $U - \{x_*\}$ 上において $\dot{V} < 0$.

となるならば, x_* は漸近安定である.

なお, 上の定理の条件を満たす関数 V を Liapunov 関数と呼ぶ. 条件 (3) が $U = R^n$ において成立するとき, x_* は大域的に漸近安定であるといわれる. さて, Lotka–Volterra 方程式に関して,

$$H(x,y) = d(x - x_*) + b(y - y_*) - c\log\frac{x}{x_*} - a\log\frac{y}{y_*} \qquad (3.2)$$

を $U = R^2_{++}$ 上で定義する. 簡単な計算により, $H(x_*, y_*) = 0$ となり, さらに, $H_x(x_*, y_*) = 0$, $H_y(x_*, y_*) = 0$, $H_{xx}(x_*, y_*) > 0$, $H_{yy}(x_*, y_*) > 0$, $H_{xy}(x_*, y_*) = 0$ が成立する. したがって, 定常点 $E(x_*, y_*)$ において関数 $H(x,y)$ が最小値をとることが分かり, 条件 (1) の成立が確認できる. さらに,

$$\dot{H}(x,y) = 0$$

が成立するので, 条件 (3) は満足されないが, 条件 (2) が満たされることが分かる. したがって, Liapunov の安定性定理を適用することにより, 定常点 $E(x_*, y_*)$ は, 漸近安定ではないが安定であることが分かる. また, 計算過程から, Lotka–Volterra 方程式のそれぞれの解に対して関数 H は一定値をとることが分かる. このとき, 関数 H は第一積分と呼ばれ, 第一積分を持つ系は保存系といわれる. Lotka–Volterra 方程式の解の性質として, 次の 3 つのことがいえる.

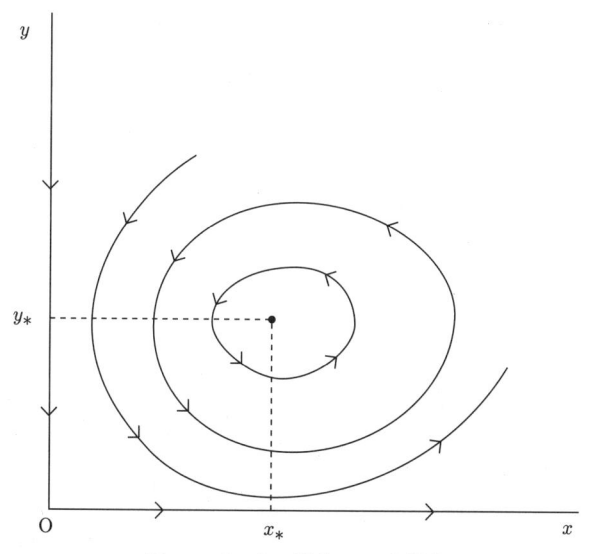

図 **3.1** Lotka–Volterra 方程式

性質 (1) 極限周期軌道は存在しない．
性質 (2) すべての軌道は閉軌道である．ただし，定常点と座標軸は除く．
性質 (3) 解の 1 周期の平均値は，初期点にかかわらず，定常値をとる．

Lotka–Volterra 方程式の位相図は図 3.1 に示される．性質 (1) と (2) の証明については Hirsh & Smale [1974] を参照のこと．ここでは，性質 (3) の証明のみを取り上げる．1 周期を T としよう．式 (3.1) の被食者に関する微分方程式について，積分演算を施せば，

$$\int_{t_0}^{t_0+T} \frac{\dot{x}}{x} dt = \int_{t_0}^{t_0+T} a\, dt - \int_{t_0}^{t_0+T} by\, dt$$

となる．ここで，$x(t_0) = x(t_0 + T)$ であることに注意すれば，

$$l.h.s. = \int_{t_0}^{t_0+T} \frac{dx}{x} = 0$$

が成立し，他方では，

$$r.h.s. = aT - b\int_{t_0}^{t_0+T} ydt$$

となる.以上より,

$$y_* = \frac{a}{b} = \frac{1}{T}\int_{t_0}^{t_0+T} ydt$$

を導出することができる.同様にして,

$$x_* = \frac{c}{d} = \frac{1}{T}\int_{t_0}^{t_0+T} xdt$$

も導出することができる.

したがって,解の1周期の平均値は,初期点にかかわらず,定常値をとることが証明できた.

さて,ここで,Lotka–Volterra 方程式の定常点 E が線型近似したときに双曲型定常点でなかったことを思い出そう.したがって,Lotka–Volterra 方程式は構造安定系ではない.Lotka–Volterra 方程式に摂動を与えれば,位相的構造は大きく変わってしまうのである.したがって,Lotka–Volterra 方程式の性質として,以下の性質を追加することができる.

性質 (4) Lotka–Volterra 方程式は構造安定系ではない.

3-3 Goodwin [1967] モデル

次に,Goodwin モデルを紹介しよう.以下で使用する記号をあらかじめあげておく.

q:産出,k:資本,w:実質賃金率,$a\,(=q/l)$:平均労働生産性,n:労働供給,l:労働需要,σ:資本－産出係数,$u\,(=wl/q)$:労働分配率,$v\,(=l/n)$:雇用率.

Goodwin は以下の7つの仮定をおく.

仮定 (1)　恒常的技術進歩

$$a(t) = a(0)\exp(\alpha t). \tag{3.3}$$

仮定 (2)　労働力の恒常的成長

$$n(t) = n(0)\exp(\beta t). \tag{3.4}$$

仮定 (3)　2つの生産要素，労働と資本はともに同質的
仮定 (4)　数量はすべて実質的かつ純量
仮定 (5)　賃金はすべて消費され，利潤はすべて貯蓄され投資される

$$(1-u)q = \dot{k}. \tag{3.5}$$

仮定 (6)　資本－産出係数は不変

$$k = \sigma q. \tag{3.6}$$

仮定 (7)　実質賃金は完全雇用の近傍で上昇，ただし，線型であることを仮定する

$$\dot{w}/w = -\gamma + \rho v. \tag{3.7}$$

ここで，仮定 (5) と仮定 (6) について経済学的説明をしておくことが妥当であろう．仮定 (5) については，

$$q = wl + \dot{k} \tag{3.8}$$

と変形できるので，これは，財市場の均衡を表わすことが理解できる．さらに，投資主体は資本家のみであり，利潤＝貯蓄＝投資が成立することから，仮定 (5) は Say の法則を想定していることになる．したがって，このモデルを評価する際には，有効需要の不足を問題としない古典的な資本制経済を念頭に置かなければならない．次に，仮定 (6) について考察しよう．資本ストックは期首における先決変数であり，資本－産出係数を固定とすることは，資本の完全稼働を想定することに等しい．資本家は，能力産出量を常に生産しているのである．

つまり，資本に関する遊休設備の問題も捨象されているのである．以上により，Goodwin モデルは，有効需要の不足が不景気の主要因とはみなされていなかった古典的資本制経済の状態を分析していることが理解できるだろう．

上の式をまとめれば，次の 2 本にまとめられた微分方程式体系を得る．

$$\begin{cases} \dot{v} = \left\{ \left[\dfrac{1}{\sigma} - (\alpha + \beta)\right] - \dfrac{1}{\sigma} u \right\} v \\ \dot{u} = [-(\alpha + \gamma) + \rho v] u \end{cases} \quad (3.9)$$

ここで，$1/\sigma - (\alpha + \beta) > 0$ を仮定すれば，この体系は Lotka–Volterra 方程式にほかならない．しかしながら，さらに経済学的に厳密に考察するためには，変数の定義域は $0 \leq v, u \leq 1$ に限定されることに注意しなければならない．また，非自明な定常点 E は $(v_*, u_*) = ((\alpha + \gamma)/\rho, \sigma[1/\sigma - (\alpha + \beta)])$ となる．

循環の局面に関して，$\dot{v} > 0, \dot{u} > 0$ となる局面 (a)，$\dot{v} < 0, \dot{u} > 0$ となる局面 (b)，$\dot{v} < 0, \dot{u} < 0$ となる局面 (c)，$\dot{v} > 0, \dot{u} < 0$ となる局面 (d) という 4 つの局面に分類できる．循環の局面とそのメカニズムについては次のようになる．局面 (a) は，好況末期である．雇用率の増大により実質賃金率が上昇し，労働分配率も大きくなっている．したがって，利潤率は減少し，投資率は下降する．局面 (b) は，不況初期の段階である．利潤圧縮が資本蓄積に及ぼす負の効果があらわれ，雇用率は減少している．局面 (c) は不況末期で，雇用率の低下により，実質賃金率，労働分配率ともに減少している．その結果，利潤率が回復してくる．局面 (d) は，好況初期で，利潤率の回復が，資本蓄積の増大を招き，雇用率は増大している．このように，Goodwin は，資本制経済における階級闘争に焦点を当て，Marx の産業予備軍の理論を定式化し，景気の周期的交替を論証したのである．

最後に仮定 (7) について補足的説明をしておこう．仮定 (7) はいわゆる実質賃金率に関する Phillips 曲線であり，線型の方程式を仮定している．この想定があるからこそ，Lotka–Volterra 方程式を導出することができたのである．では，Phillips 曲線の非線型性を想定すると，モデルから得られる結論は大きく修正を受けるのだろうか．答えは否である．つまり，Phillips 曲線の線型性の仮定は，

Goodwin モデルにおいて閉軌道を産み出すための本質的な仮定ではないのである．この事実は Velupillai [1979] において証明されている．しかしながら，その証明で用いられている Liapunov 関数の設定が正確であるとは言い難い．以下の議論はその誤りを正して，正確な設定を行なうことにする．ここで，非線型の Phillips 曲線を以下のように特定化する．

$$\dot{w}/w = f(v), \quad f'(v) \geq 0, \, f''(v) > 0. \tag{3.10}$$

このとき，拡張された Goodwin モデルは

$$\begin{cases} \dot{v} = b\left\{\left[\dfrac{1}{\sigma} - (\alpha+\beta)\right] - \dfrac{1}{\sigma}u\right\}v \\ \dot{u} = [f(v) - \alpha]u \end{cases} \tag{3.11}$$

となる．定常点 $E(v_*, u_*)$ は $u_* = \sigma[1/\sigma - (\alpha+\beta)]$ と $f(v_*) = \alpha$ で与えられる．この微分方程式体系に対して，次の関数を設定することができる．

$$H = (1/\sigma)(u - u_*) - (1/\sigma - \alpha - \beta)\ln(u/u_*) + \int [f(v)/v]dv - \alpha\ln(v/v_*) \tag{3.12}$$

簡単な計算により，この関数 H が Liapunov 関数であることを確かめることができる．さらに，$\dot{H} = 0$, for $\forall t$ が成立することにより，定常点が漸近安定ではないが，安定であることが保証される．さらに議論を重ねることにより，Lotka–Volterra 方程式と同様に，定常点と座標軸以外のすべての軌道が極限周期軌道ではなく，閉軌道となることが結論づけられるのである．

3-4　生物学における変動理論 2

　Lotka–Volterra 方程式の理論的意義は認められつつも，その性質 (2) と (4) が現実的でないとして，モデルの改良が試みられた．ここでは，次節で Medio モデルについて述べる前提として，Kolmogorov のモデルを取り上げる．なお，Kolmogorov のモデルに関する文献は数多くあるが（例えば，May[1972]），ここ

では，主に Coleman [1983] を参考にする．先ほどと同様に，被食者（ウサギ）の数を x，捕食者（キツネ）の数を y としよう．Kolmogorov–Coleman の体系は，次で表される．

$$\begin{cases} \dot{x} = xF(x,y) \\ \dot{y} = yG(x,y) \end{cases} \quad (3.13)$$

関数 F, G は x と y に関して連続で，かつ，連続な 1 階導関数をもつとする．さらに，次の条件をおく．

想定 (KC–1)　$\partial F/\partial y < 0$：捕食者数の増加は被食者数の増加率を減少させる．

想定 (KC–2)　$\partial G/\partial x > 0$：被食者数の増加は捕食者数の増加率を増大させる．

想定 (KC–3)　$\partial F/\partial x \gtreqless 0 \text{ for } x \lesseqgtr x_0$：被食者数が少ないとき，被食者数の増加は被食者数の増加率を増大させる．他方，被食者数が多いとき，被食者数の増加は被食者数の増加率を減少させる．

想定 (KC–4)　$\partial G/\partial y < 0$：捕食者数の増加は，過剰個体数効果によって，捕食者数の増加率を減少させる．

想定 (KC–5)　$F(0, y_1) = 0$：捕食者数が y_1 を超えると，被食者がいないときに，被食者を減少させる力が働き，また，捕食者数が y_1 より少ないと，被食者がいないときに，被食者を増加させる力が働く．このような意味で y_1 は捕食者数の閾値である．

想定 (KC–6)　$F(x_1, 0) = 0$：x_1 は，捕食者がいないときの被食者に関する自然界の扶養能力（carrying capacity）である．

想定 (KC–7)　$G(x_2, 0) = 0$：x_2 は，捕食者を維持するのに必要な被食者数の下方限界である．

想定 (KC–8)　$x_1 > x_2$．

定理 3.2 (Kolmogorov のサイクル定理)　（Coleman [1983]）以上の 8 つの条件が満たされ，そして，位相図が図 3.2 で描かれるような形状であったとしよう．このとき，定常点が不安定であれば，極限周期軌道が存在する．

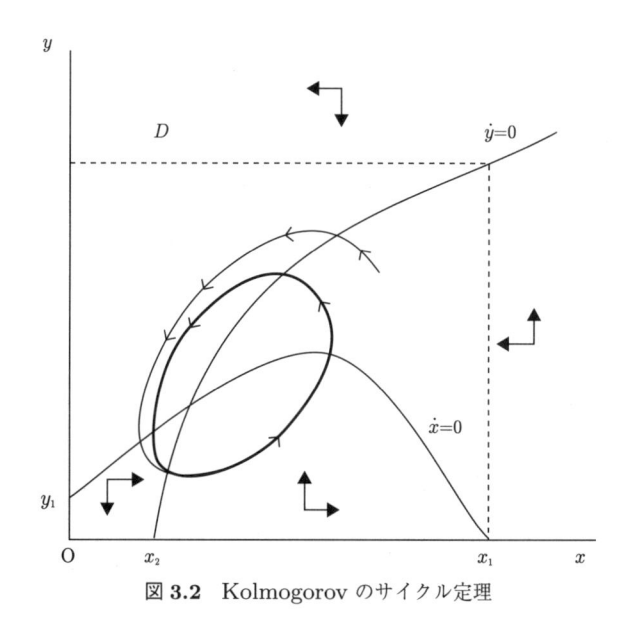

図 3.2 Kolmogorov のサイクル定理

位相図 3.2 で示されているように有界閉領域 D が存在することから，Poincaré–Bendixson の定理を用いることにより，Kolmogorov のサイクル定理が証明できる．

3-5 Medio [1980] モデル

さて，Medio [1980] は，Goodwin [1967] の欠点として，2 つ挙げている．まず，Goodwin モデルが構造不安定系であることを指摘する．例えば，Goodwin が示唆しているように，資本－産出係数の固定性の仮定を緩和するとしよう．資本－産出係数が，activity 水準の指標の 1 つである雇用率に依存するとしてよいだろう．このとき，定常点の性質は渦心点（center）を保持しえなくなり，Lotka–Volterra 的循環は消滅するのである．第 2 の欠点として，変動の振幅が

初期値に完全に依存することである．例えば，定常点から十分離れたところに初期点があるとしよう．このとき，時間が経過しても，減衰しない，大きな振幅が持続するのである．また，別の初期点の経済を考えれば，まったく異なった振幅の循環が発生するのである．

Medio は次の一般体系を提示する．

$$\begin{cases} \dot{v} = vf(v,u) \\ \dot{u} = ug(v,u) \end{cases} \tag{3.14}$$

そして，次のような想定をおく．

想定 (M–1)　$\partial f/\partial u < 0$：[利潤効果]　労働分配率の増加は資本分配率の低下を招き，投資が減少する．その結果，雇用率の伸び率が減少する．

想定 (M–2)　$\partial g/\partial v > 0$：[雇用効果]　雇用率の増加によって，賃金率の上昇率が上昇し，労働分配率の伸び率が増加する．

想定 (M–3)　$\partial f/\partial v \gtreqless 0 \text{ for } v \lesseqgtr v_0$：[需要効果] 雇用率を経済の activity 水準と見なし，v_0 を activity の正常能力水準としよう．低い activity 水準のときには，過剰な設備が存在する．このとき，activity の増加によって，稼働率の上昇と利潤の増加が起こり，投資が上昇する．その結果，activity 水準の成長率が増加するのである．しかしながら，逆に，正常能力水準を超えるほど高い activity 水準のときには，生産コストの高騰とリスクの増大が存在する．このとき，activity の増加によって，利潤率は低下する結果，activity 水準の成長率が減少するのである．

想定 (M–4)　$\partial g/\partial u < 0$：[マークアップ効果]　労働分配率の上昇は，利潤の減少を招く．企業はそれに対して，価格を上昇させ，資本分配率の低下を防ごうとするのである．つまり，ここで，財市場が不完全競争であるという想定をおいている．

想定 (M–5)　$f(0,0) > 0$：恐慌 $(v=0)$ のときでさえ，現行の activity とは独立的に実行される投資が存在する．

想定 (M–6)　　$f(v_1, 0) = 0$：たとえどんなに労働分配率が低くても，超えることのできない，最大の雇用率が存在する．

想定 (M–7)　　$g(v_2, 0) = 0$：労働分配率の増大を防ぐような，十分低い雇用率が存在する．

想定 (M–8)　　$v_1 > v_2$．

以上が Medio の提示した主要な条件であり，これらの想定をもとにして，上で示した Kolmogorov サイクルの位相図 3.2 と同様の位相図を Medio は提示している（もちろん，$(x, y) \to (v, u)$ という変数変換が必要である）．なお，想定 (M–5) に対して，想定 (M–1) と (M–3) を考慮すれば，$f(0, u_0) = 0$ が成立することが言えることに注意されたい．Medio モデルは Kolmogorov–Coleman モデルと同等であり，Kolmogrov のサイクル定理がそのまま適用できるのである．

想定 (M–1) と (M–2) に注意すれば，$f(v, u) = 0$ となる軌道の傾きは，$du/dv = -f_v/f_u$ で与えられ，$v < v_0$ において正の値をとり，$v = v_0$ のとき，その傾きはゼロになる．さらに，$v_0 < v$ においては，負の傾きをもつ．また，想定 (M–3) と (M–4) に注意すれば，$g(v, u) = 0$ となる軌道の傾き $du/dv = -g_v/g_u$ は，つねに正である．

定常点は 3 つ存在する．すなわち，原点，点 $A(v_1, 0)$ そして，点 $E(v_*, u_*)$ である．もちろん，$f(v_*, u_*) = g(v_*, u_*) = 0$ である．原点と点 A は，容易な計算から鞍点であることがわかる．定常点 E の近傍で評価された Jacobi 行列は

$$\begin{bmatrix} f_v v & f_u v \\ g_v u & g_u u \end{bmatrix}$$

となる．したがって，$v_0 < v$ の範囲に定常点 E が存在するとき，$\mathrm{tr} < 0$ かつ $\det > 0$ が成立するので，それは常に安定である．このときの定常点 E は，経済的には，相対的な高雇用と相対的な低分配率で特徴付けられる．これは，労働者は「分別」をもっており（あまり組合組織化されていない），資本家は，貨幣賃金率の増大を価格操作によって中立化していることを示唆する．また，$v < v_0$ のところに定常点 E が存在するとき，$\det > 0$ となるが，tr の符号が確定しな

いので，定常点の安定性は確定できない．定常点が不安定なときには，景気循環の発生が保証されるのである．

最後に，Goodwin [1967] と Medio [1980] のように生態モデルを単純に経済モデルに適用したことに起因する問題点について指摘しておこう．それは，生態モデルの変数は個体数を表すのに対して，経済モデルの変数は雇用率と労働分配率を意味していることにある．定義上，雇用率と労働分配率は1を超えないと解釈するのが自然であろう．したがって，これを厳密に考慮するとなると，ここではこの点については触れないけれども，経済モデルに対してさらなる拡張が必要になるだろう．このような問題意識を有する文献としては，例えば，Flaschel [1988] がある．

3-6 差分方程式における1次元カオス

次に，Pohjolaモデルについて議論する前提として，単峰型関数という特徴を持つ差分型ロジスティック方程式について詳しく検討しよう．まず，数理生物学で使用されるロジスティック方程式の説明から始めよう．差分型ロジスティック方程式は次のように書かれる．

$$x_{t+1} = L_R(x_t) = Rx_t(1-x_t), \ 0 < R \leq 4 \tag{3.15}$$

ただし，R はパラメーターであり，順次大きくしていった場合を考える．

(1) $0 < R < 1$：不動点は原点のみであり，しかも安定であるから区間 $[0,1]$ のすべての初期値から出発した軌道は，$x = 0$ に収束する．

(2) $1 < R < 3 \, (= R_1)$：不動点は，$L_R(x) = x$ を解いて，$x_*^0 = 0, x_*^1 = 1 - 1/R$ の2つが存在する．$|L'_R(x_*^0)| = R > 1, |L'_R(x_*^1)| = |2-R| < 1$ であるから，不動点である原点 x_*^0 は不安定化し，x_*^1 が安定点となる．

(3) $3 \, (= R_1) < R < 1 + \sqrt{6} \, (= R_2)$：不動点 x_1 は不安定化し，その両側に安定な2周期点 x_*^{2-}, x_*^{2+} が出現する．この2周期点は $L_R^2(x) = x$ の解を求めることによって得られる．

第 3 章 Goodwin の成長循環とその展開   61

$$L_R^2(x) - x = -Rx(x - x_*^1)[R^2x^2 - R(R+1)x + R + 1] = 0$$

であるから，

$$x_*^{2\pm} = \frac{R+1 \pm \sqrt{(R+1)(R-3)}}{2R}$$

を得る．また，

$$\frac{d}{dx}L_R^2(x) = \frac{d}{dx}L_R(L_R(x)) = \frac{dL_R(L_R(x))}{dL_R(x)} \cdot \frac{dL_R(x)}{dx}$$

に対して，

$$L_R(x_*^{2+}) = x_*^{2-}, \quad L_R(x_*^{2-}) = x_*^{2+}$$

を用いれば，

$$\left|\frac{d}{dx}L_R^2(x_*^{2-})\right| = \left|\frac{d}{dx}L_R^2(x_*^{2+})\right| = |-R^2 + 2R + 4| < 1$$

となるので，2 周期点の安定性が保証される．

(4) $1 + \sqrt{6} \, (= R_2) < R < R_3$：2 周期点 x_*^{2-}, x_*^{2+} は不安定化し，安定な 4 周期解が現れる．さらに，R を増やしていくと，以下同様に，$n \geq 3$ においても，$R_n < R < R_{n+1}$ で 2^{n-1} 周期点は不安定化し，2^n 周期点が発生する．これを周期倍化（period doubling）分岐という．数列 R_n は極限値を持ち，$\lim_{n \to \infty} R_n = 3.5699\cdots$ である．また，R_n の並びの間隔は，n が大きくなるにつれ等比的に小さくなる．その公比を $1/c$ とすれば，

$$c = \lim_{n \to \infty} \frac{R_n - R_{n-1}}{R_{n+1} - R_n} = 4.6692\cdots$$

となる．この c を Feigenbaum 定数という．

(5) $R_\infty < R \leq 4$：軌道が全体に広がり，カオス的状況を呈している．

以上の場合分けは図 3.3 において確認できるであろう．これは，分岐図と呼ばれるものである．

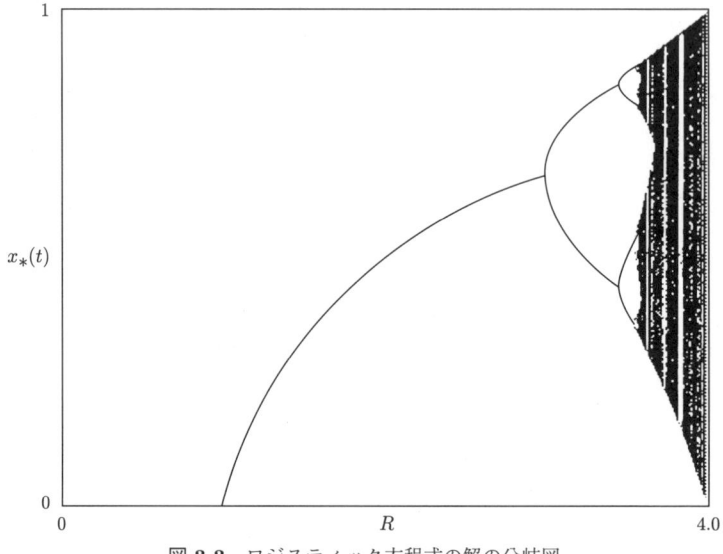

図 3.3 ロジスティック方程式の解の分岐図

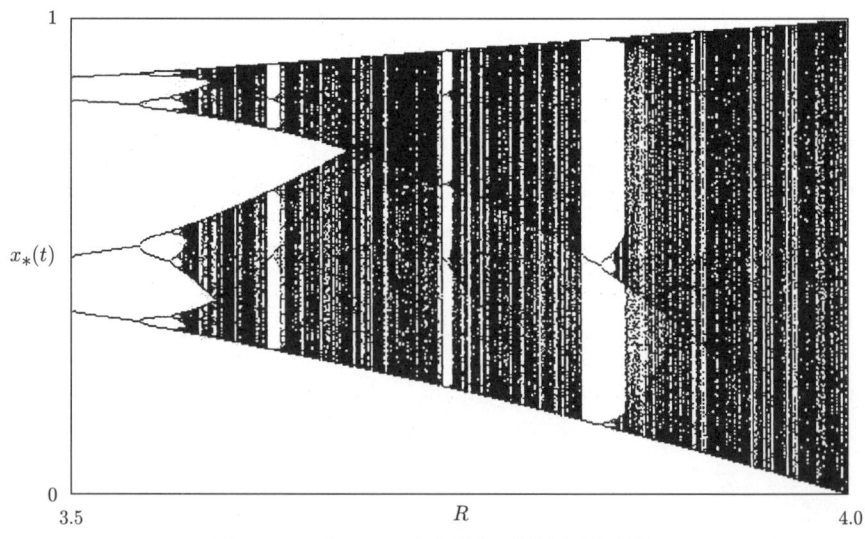

図 3.4 ロジスティック方程式の分岐図（拡大図）

また，図 3.4 は分岐図の拡大図である．分岐の状況がより正確に把握できるだろう．特に，注目に値するのは，$R_\infty < R \leq 4$ において，ところどころに白い帯が観察されることである．この白い帯は窓（window）と呼ばれる．この窓は，安定な周期解が存在し，その周期が小さく，安定性が強い場合にあらわれる．例えば，$R=3.84$ あたりでは 3 周期の軌道が存在する．

ロジスティック方程式について，カオスが生じることを述べたが，ここでしばしば参照されるカオスに関する有名な 2 つの定理を提示しておこう．

定理 3.3 (Sarkovskii の定理) （Sarkovskii [1964]）次のすべての正の整数の順序を考える．

$$1 \prec 2 \prec 2^2 \prec \cdots \prec 2^k \prec \cdots$$
$$\cdots \cdots \cdots \cdots \cdots \cdots \cdots$$
$$\cdots \prec 2^{k+1} \cdot (2l+1) \prec 2^{k+1} \cdot (2l-1) \prec \cdots \prec 2^{k+1} \cdot 5 \prec 2^{k+1} \cdot 3 \prec \cdots$$
$$\cdots \prec 2^k \cdot (2l+1) \prec 2^k \cdot (2l-1) \prec \cdots \prec 2^k \cdot 5 \prec 2^k \cdot 3 \prec \cdots$$
$$\cdots \cdots \cdots \cdots \cdots \cdots \cdots$$
$$\cdots \prec 2 \cdot (2l+1) \prec 2 \cdot (2l-1) \prec \cdots \prec 2 \cdot 5 \prec 2 \cdot 3 \prec \cdots$$
$$\cdots \prec 2l+1 \prec 2l-1 \prec \cdots \prec 5 \prec 3.$$

もし，f が，それ自身へのある区間の連続写像で，周期 p の周期点を持ち，かつ，この順序で $q \prec p$ であれば，そのとき，f は周期 q の周期点を持つ．

この定理によって，周期 3 の軌道が存在することを示すことだけで，その写像がすべての周期（何千周期でさえも）を持つことを結論づけることができるのである．しかも，対象となっているのは最も次元の低い 1 次元の写像であり，写像は単に連続でありさえすればよいのである（微分方程式体系では，カオスが発生するためには，少なくとも 3 以上の次元が必要である）．カオスを論ずる経済学の文献では，Sarkovskii の定理よりも，次の定理に言及することが多い．

定理 3.4 (Li & Yorke の定理) （Li & Yorke [1975]）J を区間とし，かつ，$f: J \to J$ を連続とする．点 a が存在して，点 $b = f(a), c = f^{(2)}(a), d = f^{(3)}(a)$ が

$$d \leq a < b < c$$

を満足すると仮定する．このとき，

(1) すべての $k = 1, 2, \cdots$ に対して，周期 k をもつ点が J に存在する．
さらに，

(2) 次の (A), (B) を満たす，非可算個の集合 S が存在する．

(A) S の任意の 2 点 x, y (x と y は異なる) に対して，

$$\limsup_{n \to \infty} |f^{(n)}(x) - f^{(n)}(y)| > 0$$

かつ

$$\liminf_{n \to \infty} |f^{(n)}(x) - f^{(n)}(y)| > 0$$

(B) S の任意の点 x と J の任意の周期点 p に対して，

$$\limsup_{n \to \infty} |f^{(n)}(x) - f^{(n)}(p)| > 0$$

が成立する．

(2–A) と (2–B) の意味するところは，次のようである．

(2–A) 2 つの異なった非周期的軌道がたとえどんなに互いに近づいたとしても，その非周期的軌道は終局的には互いに離れ去ってしまう．そして，各々の非周期的軌道は他の非周期的軌道に任意に近づく．

(2–B) ある非周期的軌道がしばらくの間，周期 k の軌道に近づいたとしても，その非周期的軌道はその周期的軌道から離れ去る．

$d = a$ とすれば，Li & Yorke の定理の (1) の部分は，写像が 3 周期を持つことを意味するので，これは，Sarkovskii の定理と同様のことを述べていることになる．また，Li & Yorke の定理に提示されている集合 S は，撹拌集合と呼ばれ，このような撹拌集合が存在するとき，f は位相カオスもしくは Li & Yorke のカオスであるといわれる．

しかしながら，残念なことに，Li & Yorke の定理はカオスの存在を保証する

だけであって，カオスの観察可能性を保証しているわけではないことに注意しなければならない．Li &Yorke の意味でのカオスの存在が証明できても，そのカオス現象が常に観測可能であるとは限らないという事実は，ロジスティック方程式の解の分岐図からも理解できる．例えば，周期3の窓のときには，Li & Yorke 定理からカオスの存在が保証されるのであるが，シミュレーション分析ではそのカオスは観察されないのである．これは，撹拌集合 S が Lebesgue 測度ゼロであることに関係する．したがって，Li & Yorke のカオスは，現実的観点から評価すれば，不十分であると言わざるをえないだろう．例えば，観測可能なカオスを捕らえるためには，Liapunov 指数を用いることもある．Liapunov 指数は

$$\lambda = \lim_{N \to \infty} \frac{1}{N} \sum_{i=0}^{N-1} \log |(f'(x_i))|$$

で与えられる．これを直観的に説明しよう．ある λ が存在して，x_0 を初期点とする軌道 $\{f^n(x_0)\}_{n=0}^{\infty}$ と x を初期点とする軌道 $\{f^n(x)\}_{n=0}^{\infty}$ について，

$$|f^n(x_0) - f^n(x)| = e^{\lambda n}|x_0 - x|, \ n = 1, 2, 3, \cdots, N$$

が成立するとしよう．これは，初期値の乖離が時間の経過とともに e^λ の比率で増加していくことを示している．ここで，x を x_0 に十分近づければ，

$$e^{\lambda N} = \frac{df^N(x_0)}{dx}$$

が得られる．対数をとって，両辺を N で割れば，

$$\lambda = \frac{1}{N} \log \frac{df^N(x_0)}{dx}$$

である．これに，

$$\frac{df^N(x_0)}{dx} = f'(x_0) \cdot \cdots \cdot f'(x_{N-1})$$

を代入すれば，Liapunov 指数の定義式を得る．つまり，Liapunov 指数は，写像の発散率に関して全軌道にわたる平均値を示しているといえる．Liapunov 指

数が正であるということは，初期条件において，ある2点の距離がたとえ十分小さくとも，時間が経つにつれて，2点間の距離が指数関数的に大きくなるということを意味する．Liapunov 指数は，初期値がわずかに変化するだけで軌道が大きく変化するという「初期値に対する鋭敏性」を判定する指標である．それ故に，観測可能なカオスの条件の1つとして Liapunov 指数がゼロ以上であることが要求されるのである．

先ほど，カオスの定義として Li & Yorke の定義を提示したが，この他のカオスの有名な定義として，Devaney の定義が有名である．以下に掲げておく．カオスに関して，現在のところ確定的な定義が存在するとはいえないだろう．Devaney の定義に関しても，多くの議論が提出されている．これに関しては，国府 [1997] を参照のこと．

定義 3.1 (Devaney のカオス) ([Devaney [1989]]) V を集合とする．次の3つの条件が成立するとき，$f : V \to V$ は V の上で，カオス的であるという．
(1) f は初期条件に鋭敏に依存する．
(2) f は位相的に推移的である．
(3) 周期点は V において稠密である．

ただし，$f : J \to J$ が位相的に推移的であるとは，任意の2つの開集合 $U, V \subset J$ に対して，$f^k(U) \cap V \neq \emptyset$ であるような $k > 0$ が存在するときをいう．

3-7　カオスの適用：Pohjola [1981] モデル

さて次に，Pohjola [1981] モデルを取り上げよう．Goodwin [1967] と基本的枠組みは同じであるが，Phillips 曲線のみ別の仮説を用いる．

仮定 (1)　恒常的技術進歩

$$q_{t+1}/l_{t+1} = (1+\alpha)q_t/l_t. \tag{3.16}$$

仮定 (2)　労働力の恒常的成長

$$n_{t+1} = (1+\beta)n_t. \tag{3.17}$$

仮定 (3)　資本の完全稼働

$$k_t = \sigma q_t. \tag{3.18}$$

仮定 (4)　Say の法則（賃金はすべて消費され，利潤はすべて投資される．）

$$k_{t+1} - k_t = (1-u_t)q_t. \tag{3.19}$$

仮定 (5)　Phillips 曲線ではなく，Kuh の定式を採用する．

$$w_t = h(v_t)q_t/l_t. \tag{3.20}$$

これは，実質賃金率は労働の平均生産性にマークアップすることによって決定され，そのマークアップ率は労働市場の需給に依存することを示す．ここで，

$$h(v_t) = -\gamma + \rho v_t \tag{3.21}$$

と特定化しよう．そうすれば，式 (3.20) は次のように書きかえることができる．

$$u_t = -\gamma + \rho v_t. \tag{3.22}$$

これは，労働分配率が雇用率に線型的に依存することを示し，Goodwin モデルと異なるところである．

式 (3.16), (3.17), (3.18), (3.19), (3.22) をまとめれば，次の差分方程式を得る．

$$v_{t+1} = v_t[1 + r(1 - \frac{v_t}{v_*})] \tag{3.23}$$

ただし，

$$r = \frac{1+\gamma-\sigma g}{(1+g)\sigma}, \quad v_* = \frac{1+\gamma-\sigma g}{\rho}, \quad g = \alpha + \beta + \alpha\beta$$

である．さらに，式 (3.23) が区間 [0,1] で自分自身の写像となることを保証す

るために，パラメーターの値に関して

$$-\gamma + \rho > 1 + \sigma, \quad -1 < r < 3 \tag{3.24}$$

を付加する．

ここで，変数変換

$$x_t = \frac{rv_t}{(1+r)v_*} \tag{3.25}$$

を行なえば，上の差分方程式 (3.23) は次のようになり，ロジスティック方程式そのものである．

$$x_{t+1} = (1+r)x_t(1-x_t). \tag{3.26}$$

したがって，r の増大につれて，経済の循環が複雑になるということが分かる．これをパラメータの経済学的意味にまで立ち戻って翻案すれば，α（技術進歩成長率），β（労働の成長率），ならびに σ（資本－産出係数）が小さいほど，もしくは，γ が大きいほど，経済の動学経路における循環的挙動が複雑になるのである．

第4章
分岐理論

4-1　はじめに

　本章では，以下の経済分析に必要となる分岐理論について紹介する．物理学においては，万有引力定数・プランク定数など基礎物理定数（もしくは，普遍定数）が存在し，その値を正確に計測することが1つの分野になっている．これに対し，経済学で特定化される多くの外生パラメーターが真の意味で時間を通じて一定値をとることは稀である．例えば，消費関数における限界消費性向，生産関数における全要素生産性，租税関数における税率などは，経済学で外生的パラメーターとして取り扱われることが多いが，これらのパラメーターはそれぞれ消費者の生産行動様式，技術進歩，税制度の変更に伴って変化し得る．それにもかかわらず，ある経済変数をあたかも一定値をとるかのように取り扱う理由として，その変数がほとんど変動しない，もしくは，理論的解析の主目的から判断して，その変数が相対的に重要性を持たないということが指摘できるだろう．もし，多くの経済変数を内生変数としてモデル構築を行なうならば，そのために議論が錯綜し，議論の本質を見失う恐れもある．特定の経済変数を考慮の外に置き，外生パラメーターとすることの利点は，分析する内生変数をできるだけ限定して理論分析の簡明化を図ることにある．
　しかしながら，このような簡単化が正当化される場合もあるだろうが，その保証は絶対ではないということに注意しなければならない．特に，経済動学の視点から観て，外生パラメーターの不変性という前提に固執することは危険であるとも言える．なぜなら，外生パラメーターの変化が，経済の動学構造，特に，定常点の安定性に大きな影響を与える可能性が大いにあるからである．こ

のような理由から，外生パラメーターの変化と動学構造の関係について焦点を当てる分岐理論が，経済動学分析において大きな位置を占めるのである．

以下では，主として，分岐理論の数学的議論について紹介する．まず，次のような微分方程式体系を考える．

$$\dot{x} = f(x;\mu). \tag{4.1}$$

ただし，$x \in R^n$ であり，$\mu \in R$ である．ここでは，微分方程式体系が単一のパラメーター μ に依存することを明示的に考慮し，上のような表記法を採用している（もちろん，複数のパラメーターに依存する分析も存在するが，本書では，単一のパラメーターに関する分析に限定する）．分岐理論の主眼は，μ の変化に伴って，微分方程式の解，特に，微分方程式の定常解にどのような質的変化が引き起こされるかを分析することにある．μ の変化によって，定常点の安定性が逆転したり，新しい定常点が出現したり，周期解が発生したりするのである．これらの質的変化を「分岐」と呼ぶ．なお，微分方程式によって生成される流れの質的変化が分析対象であることから，分岐理論が「非双曲型定常点」に分析の焦点をしぼるということは強調しておいてもよい事実だろう（双曲型定常点については第 2-5-1 項を参照のこと）．

形式的議論として，f の微分可能性に関しては C^5 級を想定しておけば十分である．まず，ある μ_0 に対して，

$$f(x_*;\mu_0) = 0 \tag{4.2}$$

となる定常点 x_* が存在することを仮定する．そして，特性方程式 $|\lambda I - Df(x_*;\mu_0)| = 0$ が実部がゼロの特性根を持つような点，つまり，非双曲点を分析の対象とする．ただし，I は $n \times n$ 単位行列であり，Df は Jacobi 行列である．そして，(x_*,μ_0) で分岐が生じているならば，この点を「分岐点」と呼ぶ．また，分岐を視覚的に捕らえるために x-μ 平面で分岐現象を示すことがある．この図は「分岐図」とよばれる．以下で示す図 4.1–4.3 がその典型例である．

以下では，鞍点－結節点分岐，安定性交替分岐，熊手型分岐，そして，Hopf 分岐に関する定理を順に提示する（これらの分岐については，Guckenheimer &

Holmes [1983], Kuznetsov [1998], Perko [1996], Wiggins [1990] などを参照のこと）．ただし，Hopf 分岐以外の分岐理論では，簡単化のため，微分方程式の変数の数は 1 つとする．つまり，$x \in R$ である．ここで，

$$\frac{\partial f}{\partial x}(x_*; \mu_0) = 0 \tag{4.3}$$

がすべての場合について成立しているとする．この仮定は，さきほど述べたように，定常点が非双曲型定常点であることを保証する．

また，ここでは，微分方程式体系における分岐を考察の対象とするが，差分方程式体系においても同様の分岐現象を分類することができる．Hopf 分岐は景気循環を分析するときに非常に強力な装置であり，様々な文献においてみられる．さらに，その他の分岐も経済学の文献において数多く応用されている．例えば，不均衡マクロ動学モデルにおける定常点の分岐現象を研究したものとして，Duménil & Lévy [1987] がある．

4-2 鞍点－結節点（saddle–node）分岐

図 4.1 で典型的に示されている通り，この分岐は，分岐の片側では定常点がなく，別の側では，2 つの定常点が存在するという特徴を有する．定理は次のように述べられる．

定理 4.1 (鞍点－結節点分岐の定理)　　微分方程式 $\dot{x} = f(x; \mu)$ が次の条件を満たしているとしよう．

(SN–1)　$\dfrac{\partial f}{\partial \mu}(x_*; \mu_0) \neq 0$.

(SN–2)　$\dfrac{\partial^2 f}{\partial x^2}(x_*; \mu_0) \neq 0$.

このとき，条件 (SN–1) と (SN–2) の式の符号に依存して，$\mu < \mu_0$（もしくは，$\mu > \mu_0$）の範囲では，分岐点 (x_*, μ_0) の近傍に定常点が存在しないが，$\mu_0 < \mu$

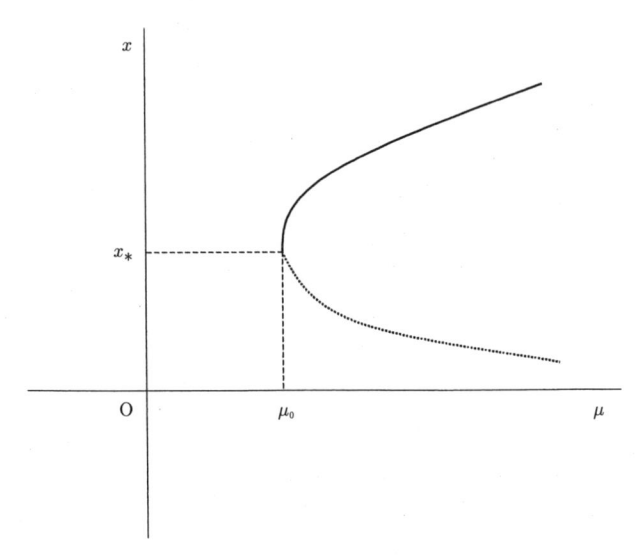

図 4.1 鞍点−結節点分岐

(もしくは, $\mu < \mu_0$) の範囲で, 分岐点 (x_*, μ_0) の近傍に 2 つの定常点が発生する. ただし, 実線は安定な定常点, また, 点線は不安定な定常点を示している.

この分岐の典型的な例は以下の式で与えられる.

$$\dot{x} = \mu - x^2. \tag{4.4}$$

4-3 安定性交替 (transcritical) 分岐

安定性交替分岐の典型的な例は以下の式で与えられ, 分岐図は図 4.2 で表される.

$$\dot{x} = \mu x - x^2. \tag{4.5}$$

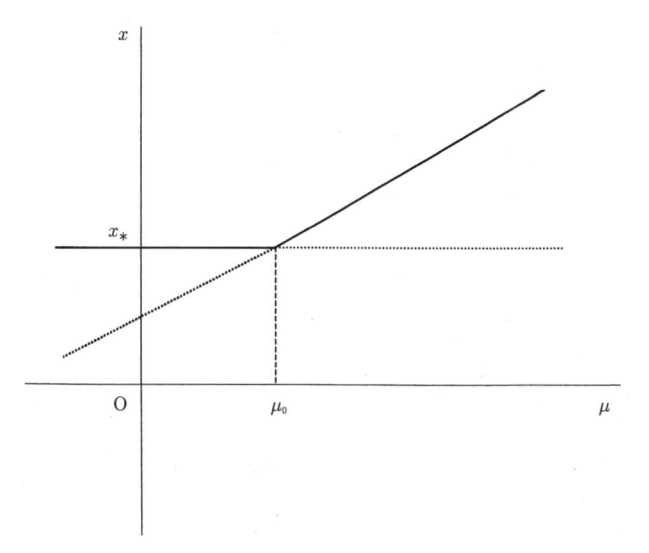

図 4.2 安定性交替分岐

定理 4.2 (安定性交替分岐の定理)　微分方程式 $\dot{x} = f(x;\mu)$ が次の条件を満たしているとしよう.

(T–1)　$\dfrac{\partial f}{\partial \mu}(x_*;\mu_0) = 0.$

(T–2)　$\dfrac{\partial^2 f}{\partial x^2}(x_*;\mu_0) \neq 0.$

(T–3)　$\dfrac{\partial^2 f}{\partial x \partial \mu}(x_*;\mu_0) \neq 0.$

このとき, 条件 (T–2) と (T–3) の式の符号に依存して, $\mu < \mu_0$ (もしくは, $\mu_0 < \mu$) の範囲で, 安定な (もしくは, 不安定な) 定常点 x_* と別の不安定な (安定な) 定常点が存在するが, $\mu_0 < \mu$ (もしくは, $\mu < \mu_0$) の範囲では, 定常点 x_* は不安定 (もしくは, 安定) となり, 別の安定な (不安定な) 定常点が発生する.

（注意）鞍点－結節点分岐では想定されていない条件 (T–1) は，安定性交替分岐では，点 x_* が分岐の前後で常に定常点となっていることに関連した条件である．

4-4　熊手型（pitchfork）分岐

定理 4.3 (熊手型分岐の定理)　　微分方程式 $\dot{x} = f(x; \mu)$ が次の条件を満たしているとしよう．

(P–1)　　$\dfrac{\partial f}{\partial \mu}(x_*; \mu_0) = 0.$

(P–2)　　$\dfrac{\partial^2 f}{\partial x^2}(x_*; \mu_0) = 0.$

(P–3)　　$\dfrac{\partial^2 f}{\partial x \partial \mu}(x_*; \mu_0) \neq 0.$

(P–4)　　$\dfrac{\partial^3 f}{\partial x^3}(x_*; \mu_0) \neq 0.$

このとき，条件 (P–3) と (P–4) の式の符号に依存して，$\mu < \mu_0$（もしくは，$\mu_0 < \mu$）の範囲で，安定な（もしくは，不安定な）定常点 x_* が存在するが，$\mu_0 < \mu$（もしくは，$\mu < \mu_0$）の範囲では，定常点 x_* は不安定（もしくは，安定）となり，2 つの別の安定な（もしくは不安定な）定常点が発生する．

（注意）条件 (P–2) は分岐後に定常点 x_* 以外に 2 つの分岐の枝が出現することを保証するための条件である．分岐の状態は図 4.3 に描かれる．具体例として次の微分方程式を挙げる．

$$\dot{x} = \mu x - x^3. \tag{4.6}$$

では，今までの議論をよりよく理解するために，次の例を考えよう．

$$\dot{x} = \mu - x^3. \tag{4.7}$$

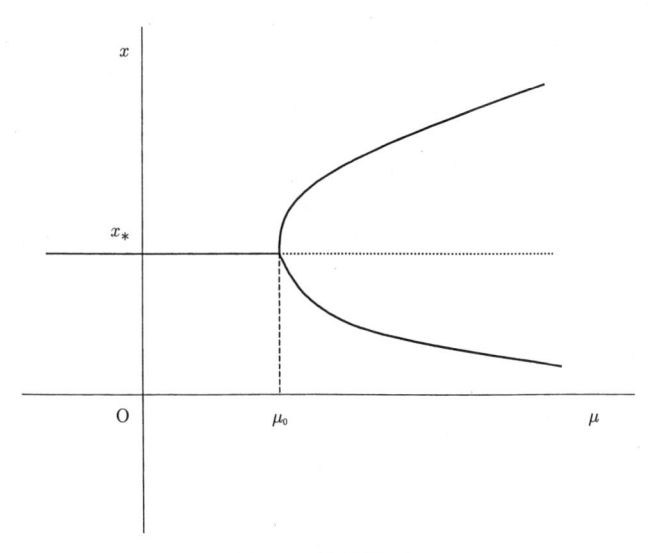

図 4.3 熊手型分岐

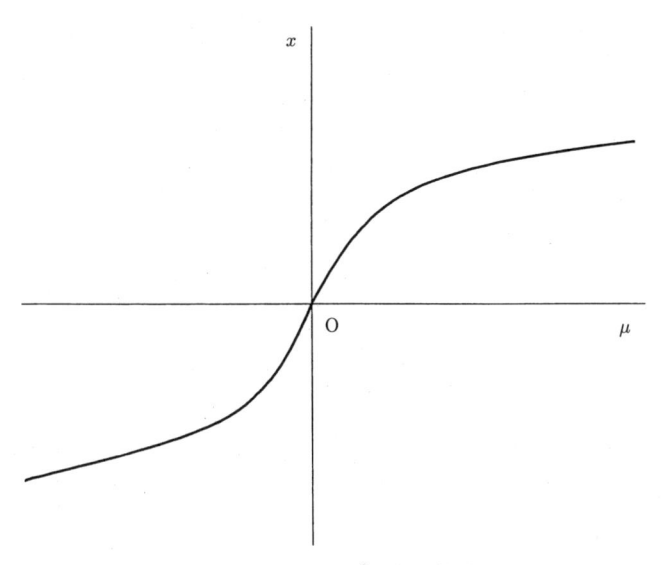

図 4.4 $\dot{x} = \mu - x^3$ の解の軌跡

この微分方程式では $(x, \mu) = (0, 0)$ のときに，非双曲的定常点が存在するが，その近傍で分岐は発生しない．簡単な計算から $\mu > 0$ においても，$\mu < 0$ においても存在するのは安定な定常点であり，微分方程式の解の質的変化は発生していない．この微分方程式に関する解の軌跡は，図 4.4 に表される．

4-5　Hopf 分岐

鞍点－結節点分岐，安定性交替分岐，そして，熊手型分岐に関する分岐は 1 変数の微分方程式でその本質を捕らえることができた．しかしながら，Hopf 分岐を提示するときには，循環もしくは変動現象を考慮するため，最低の次元は 2 以上とならなければならない．これは，特性根が虚数を保持しなければならないことの結果である．

なお，極限周期軌道の存在を保証する Poincaré–Bendixson の定理には 2 変数の場合しか適用できないという制限があったことは，前述した通りである．これに対して，Hopf 分岐の定理は，局所的理論という制限付きながら，3 変数以上の微分方程式に対しても極限周期軌道の存在を保証することができるという利点を持つ．

定理 4.4 (Hopf 分岐の定理)　（Hopf [1942]）微分方程式体系 $\dot{x} = f(x; \mu), x \in R^n$ を考える（ただし，$\mu \in R$ はパラメーターを示す）．そして，この体系は，μ_0 において，定常点 x_* を持ち，さらに，以下の条件 (H–1) と (H–2) を満たすものと仮定する．

(H–1)　この体系の特性方程式 $|\lambda I - Df(x_*; \mu_0)| = 0$ は，1 組の純虚数を持ち，その他には実数部分がゼロになる根を持たない．

このとき，この体系の定常点 $x_*(\mu)$ の滑らかな曲線（もちろん，$x_*(\mu_0) = x_*$ である）が存在することが示唆される．$\mu = \mu_0$ のときに純虚数である，$|\lambda I - Df(x_*; \mu_0)| = 0$ の特性根 $\lambda(\mu), \bar{\lambda}(\mu)$ は μ に関して滑らかに変化する．さらに，

(H–2) $\left.\dfrac{d}{d\mu}(Re\lambda(\mu))\right|_{\mu=\mu_0} \neq 0.$

が成立する．ここで，$Re\lambda$ は λ の実数部分である．

このとき，$\mu = \mu_0$ において $x_*(\mu_0)$ から分岐する周期解が存在し，その解の周期は，近似的に $2\pi/Im\lambda(\mu_0)$ によって与えられる．ここで，$Im\lambda$ は λ の虚数部分である．

ここで，(H–1) に関して1つ注意点を挙げておく．それは，分岐値 $\mu = \mu_0$ の近傍での $x_*(\mu)$ の存在についてである．陰関数定理を用いることによって，この存在が保証される．陰関数定理は Hopf 分岐だけではなく，あらゆる分岐現象を理解するために重要である．以下に陰関数定理を提示しておく．

定理 4.5 (陰関数定理)　　写像 $(x,y) \mapsto F(x,y)$ を考える．ただし，

$$F : R^n \times R^m \to R^n$$

である．また，F は $(x,y) = (0,0)$ の近傍で定義された滑らかな写像であり，$F(0,0) = 0$ が成立する．ここで，$(0,0)$ で評価された F の x に関する Jacobi 行列を以下のように定義する．

$$F_x(0,0) := \left(\dfrac{\partial F_i(0,0)}{\partial x_j}\right), \quad i,j = 1,\cdots,n.$$

このとき，$|F_x(0,0)| \neq 0$ であるならば，滑らかで，局所的に定義された関数 $x = \phi(y)$, $\phi : R^m \to R^n$ が存在し，R^m の原点の近傍にある任意の y に対して，

$$F(\phi(y),y) = 0$$

が成立する．さらに，

$$\phi_y(0) = -[F_x(0,0)]^{-1}F_y(0,0).$$

となる．ただし，

$$F_y(0,0) := \left(\frac{\partial F_i(0,0)}{\partial y_j}\right), \ i=1,\cdots,n, \ j=1,\cdots,m$$

である．

条件 (H–1) のもとでは，Jacobi 行列 $Df(x_*;\mu_0) \neq 0$ が成立するので，陰関数定理を適用することによって，関数 $x_* = \phi(\mu), \phi: R \to R^n$ が存在することが保証されるのである．

Hopf 分岐の条件 (H–1) と (H–2) は特性根そのものを分析対象としているが，このままでは，定性的理論を行なうときに Hopf 分岐を適用することが困難である．Hopf 分岐を理論分析に応用するときには，特性方程式の係数を考察する方が適切である．したがって，$n=2,3,4$ の場合に，(H–1) と (H–2) を特性方程式の係数条件に翻案することをここで試みよう．

まず，2 変数の場合を考える．2 変数の微分方程式体系の特性方程式は，特性根を λ とすれば，一般に

$$\lambda^2 + b_1(\mu)\lambda + b_2(\mu) = 0 \tag{4.8}$$

と書ける．ただし，Jacobi 行列の要素は一般に分岐パラメーターに依存するので，$b_i(\mu)(i=1,2)$ と表記していることに注意．次の命題の成立を確認しておこう．

命題 4.1　Hopf 分岐の条件 (H–1) と (H–2) は特性方程式の係数に関する次の条件と同値である．

(CH2–1)　$b_1(\mu_0) = 0, b_2(\mu_0) > 0$,
(CH2–2)　$db_1(\mu_0)/d\mu \neq 0$.

次に，3 変数の微分方程式の場合を考えよう．特性方程式は一般に

$$\lambda^3 + b_1(\mu)\lambda^2 + b_2(\mu)\lambda + b_3(\mu) = 0 \tag{4.9}$$

と書ける．このとき，次の命題が成立する．

命題 4.2　Hopf 分岐の条件 (H–1) と (H–2) は特性方程式の係数に関する次の条件と同値である.

(CH3–1)　　$b_1(\mu_0) \neq 0$, $b_2(\mu_0) > 0$, $\Delta_2(\mu_0) = b_1 b_2 - b_3 = 0$,

(CH3–2)　　$d\Delta_2(\mu_0)/d\mu \neq 0$.

命題 4.1 と命題 4.2 の証明に関しては Asada & Semmler [1995] や浅田 [1997] を参照してほしい.

最後に, 4 変数の微分方程式の場合を考えよう. このとき, 特性方程式は

$$P(\lambda) = \lambda^4 + b_1(\mu)\lambda^3 + b_2(\mu)\lambda^2 + b_3(\mu)\lambda + b_4(\mu) = 0 \tag{4.10}$$

と書ける. これに関して, 次のような命題が記述できる.

命題 4.3　Hopf 分岐の条件 (H–1) と (H–2) は特性方程式の係数に関する次の条件 (A) もしくは (B) と同値である.

(CH4–A1)　　$b_1(\mu_0) b_3(\mu_0) > 0$, $b_4(\mu_0) \neq 0$, $\Delta_3(\mu_0) = 0$,

かつ

(CH4–A2)　　$d\Delta_3(\mu_0)/d\mu \neq 0$.

もしくは

(CH4–B1)　　$b_1(\mu_0) = 0$, $b_3(\mu_0) = 0$, $b_4(\mu_0) < 0$,

かつ

(CH4–B2)　　$\left(b_2(\mu_0) + \sqrt{(b_2(\mu_0))^2 - 4b_4(\mu_0)} \right) b_1'(\mu_0) - 2b_3'(\mu_0) \neq 0$.

ただし, $\Delta_3 := b_1 b_2 b_3 - b_3^2 - b_1^2 b_4$ である.

なお, Δ_3 は第 1-5-1 項において提示した Routh–Hurwitz の条件の第 3 番目の条件であることに注意されたい. 命題 4.3 を証明する前に, 次の補題を証明しておこう.

補題 4.1　次の 4 次方程式

$$\lambda^4 + b_1 \lambda^3 + b_2 \lambda^2 + b_3 \lambda + b_4 = 0$$

の解が 1 組の純虚数解であり, それ以外の解の実数部分がゼロとはならないた

めの必要十分条件は

(CH4–A1) $b_1 b_3 > 0$, $b_4 \neq 0$, $\Delta_3 := b_1 b_2 b_3 - b_3{}^2 - b_1{}^2 b_4 = 0$,

もしくは

(CH4–B1) $b_1 = 0$, $b_3 = 0$, $b_4 < 0$.

が成立することである.

証明 [必要性] 4次方程式 $P(\lambda) = 0$ における純虚数解を $\lambda_1 = \beta i$, $\lambda_2 = -\beta i$, そして実数部分がゼロとはならない解を λ_3, λ_4 としよう. ただし, $\beta > 0$ とする. このとき,

$$b_1 = -\lambda_1 - \lambda_2 - \lambda_3 - \lambda_4 = -\lambda_3 - \lambda_4, \tag{4.11}$$

$$b_2 = \lambda_1\lambda_2 + \lambda_1\lambda_3 + \lambda_1\lambda_4 + \lambda_2\lambda_3 + \lambda_2\lambda_4 + \lambda_3\lambda_4 = \beta^2 + \lambda_3\lambda_4, \tag{4.12}$$

$$b_3 = -\lambda_1\lambda_2\lambda_3 - \lambda_1\lambda_2\lambda_4 - \lambda_1\lambda_3\lambda_4 - \lambda_2\lambda_3\lambda_4 = -\beta^2(\lambda_3 + \lambda_4) = \beta^2 b_1, \tag{4.13}$$

$$b_4 = \lambda_1\lambda_2\lambda_3\lambda_4 = \beta^2 \lambda_3 \lambda_4, \tag{4.14}$$

が成立することに注意しよう.

ここで, (i) $b_1 \neq 0$ と (ii) $b_1 = 0$ の場合に分けて考えよう.

(i)　$b_1 \neq 0$ のとき, $\lambda_3 + \lambda_4 \neq 0$ となる. このとき, $b_1 b_3 > 0$, $b_4 \neq 0$ が言える. さらに,

$$\begin{aligned}\Delta_3 &= b_1 b_2 b_3 - b_3{}^2 - b_1{}^2 b_4 \\ &= b_1(\beta^2 + \lambda_3\lambda_4)b_1\beta^2 - (b_1\beta^2)^2 - b_1{}^2 \lambda_3\lambda_4 \beta^2 = 0\end{aligned}$$

となることもわかる. これは (CH4–A1) である.

(ii)　$b_1 = 0$ のとき, $\lambda_3 + \lambda_4 = 0$ が成立する. このとき, 式 (4.13) と式 (4.14) から, $b_3 = 0$ と $b_4 < 0$ が言える. これは (CH4–B1) である.

以上より, 必要性が確認された.

[十分性]　(i)(CH4–A1) と (ii)(CH4–B1) の場合に分けて考えよう.

(i)(CH4–A1) のとき, つまり, $b_1 b_3 > 0$, $b_4 \neq 0$ かつ $b_1 b_2 b_3 - b_3{}^2 - b_1{}^2 b_4 = 0$ のとき. この条件のもとでは,

$$(\lambda^2 + \frac{b_3}{b_1})(\lambda^2 + b_1\lambda + \frac{b_1 b_4}{b_3}) = 0 \tag{4.15}$$

と因数分解をすることが可能であり，特性方程式が 1 組の純虚数解 $(\pm\sqrt{b_3/b_1}i)$ を持ち，さらに，残りの 2 つの解の実数部分がゼロにならないことも分かるだろう．

(ii)(CH4–B1) のとき，つまり，$b_1 = b_3 = 0, b_4 < 0$ のときには，

$$\lambda^4 + b_2\lambda^2 + b_4 = 0 \tag{4.16}$$

であり，

$$\lambda^2 = \frac{-b_2 - \sqrt{b_2^2 - 4b_4}}{2} := B_1 < 0, \tag{4.17}$$

$$\lambda^2 = \frac{-b_2 + \sqrt{b_2^2 - 4b_4}}{2} := B_2 > 0 \tag{4.18}$$

を得る．これにより，特性根は 1 組の純虚数解 $(\pm\sqrt{-B_1}i)$ と異符号の実数解 $(\pm\sqrt{B_2})$ を持つことが分かる．

以上により，十分性についても確認できた．■

では，命題 4.3 の証明に移ろう．

証明（命題 4.3） 補題 4.1 より，(H–1) $\iff$ (CH4–A1) or (CH4–B1) であることを確認しておこう．また，$\mu = \mu_0$ において純虚数となる共役な特性根を $\lambda_1(\mu) = \alpha(\mu) + \beta(\mu)i$ と $\lambda_2(\mu) = \alpha(\mu) - \beta(\mu)i$ $(\alpha(\mu_0) = 0, \beta(\mu_0) > 0)$ とし，残りの特性根を $\lambda_3(\mu)$ と $\lambda_4(\mu)$ としよう．

最初に，(CH4–A)，つまり，$b_1(\mu_0) \neq 0$ の場合について証明する．まず，Orland の公式

$$\Delta_3 = (\lambda_1 + \lambda_2)(\lambda_1 + \lambda_3)(\lambda_1 + \lambda_4)(\lambda_2 + \lambda_3)(\lambda_2 + \lambda_4)(\lambda_3 + \lambda_4)$$

を $\mu = \mu_0$ において微分することにより，

$$\Delta_3'(\mu_0) = C\,\alpha'(\mu_0) \tag{4.19}$$

を得る．ただし，$C = [(\lambda_3(\mu_0))^2 + (\beta(\mu_0))^2][(\lambda_4(\mu_0))^2 + (\beta(\mu_0))^2](\lambda_3(\mu_0) + \lambda_4(\mu_0))$ である．なお，$b_1(\mu_0) = -(\lambda_3(\mu_0) + \lambda_4(\mu_0)) \neq 0$ であるから，$C \neq 0$ である（この点については，Fanti & Manfredi [1998, Appendix 3] を参照のこと）．したがって，$\alpha'(\mu_0) \neq 0 \iff \Delta_3'(\mu_0) \neq 0$ であることが分かる．したがって，$b_1(\mu_0) \neq 0$ ならば，(H–1) and (H–2) $\iff$ (CH4–A1) and (CH4–A2) が証明できる．

次に，(CH4–B)，つまり，$b_1(\mu_0) = 0$ の場合について証明しよう．まず，任意の μ に対して，

$$b_1(\mu) = -2\alpha(\mu) - \lambda_3(\mu) - \lambda_4(\mu), \tag{4.20}$$

$$b_2(\mu) = (\alpha(\mu))^2 + (\beta(\mu))^2 + 2\alpha(\mu)(\lambda_3(\mu) + \lambda_4(\mu)) + \lambda_3(\mu)\lambda_4(\mu), \tag{4.21}$$

$$b_3(\mu) = -[(\alpha(\mu))^2 + (\beta(\mu))^2](\lambda_3(\mu) + \lambda_4(\mu)) - 2\alpha(\mu)\lambda_3(\mu)\lambda_4(\mu), \tag{4.22}$$

$$b_4(\mu) = [(\alpha(\mu))^2 + (\beta(\mu))^2]\lambda_3(\mu)\lambda_4(\mu), \tag{4.23}$$

が成立する．ここで，関数 b_1 と b_3 の微係数を $\mu = \mu_0$ において評価すれば，

$$b_1'(\mu_0) = -2\alpha'(\mu_0) - \lambda_3'(\mu_0) - \lambda_4'(\mu_0), \tag{4.24}$$

$$b_3'(\mu_0) = -(\beta(\mu_0))^2(\lambda_3'(\mu_0) + \lambda_4'(\mu_0)) - 2\alpha'(\mu_0)\lambda_3(\mu_0)\lambda_4(\mu_0), \tag{4.25}$$

を得る．これを整理すれば，以下の式を得る．

$$2\alpha'(\mu_0)[\lambda_3(\mu_0)\lambda_4(\mu_0) - (\beta(\mu_0))^2] = (\beta(\mu_0))^2 b_1'(\mu_0) - b_3'(\mu_0). \tag{4.26}$$

ただし，$\lambda_3(\mu_0)$ と $\lambda_4(\mu_0)$ は異符号の実数であるから，$\lambda_3(\mu_0)\lambda_4(\mu_0) < 0$ が成立することに注意．また，$\alpha(\mu_0) = b_1(\mu_0) = 0$ から $\lambda_3(\mu_0) + \lambda_4(\mu_0) = 0$ が成立することを考慮すれば，

$$b_2(\mu_0) = (\beta(\mu_0))^2 + \lambda_3(\mu_0)\lambda_4(\mu_0), \tag{4.27}$$

$$b_4(\mu_0) = (\beta(\mu_0))^2 \lambda_3(\mu_0)\lambda_4(\mu_0) < 0, \tag{4.28}$$

を得る．したがって，

$$(\beta(\mu_0))^4 - b_2(\mu_0)(\beta(\mu_0))^2 + b_4(\mu_0) = 0 \tag{4.29}$$

にまとめることができる．$(\beta(\mu_0))^2 > 0$ に注意すれば，

$$(\beta(\mu_0))^2 = \frac{b_2(\mu_0) + \sqrt{(b_2(\mu_0))^2 - 4b_4(\mu_0)}}{2}$$

となる．したがって，$b_1(\mu_0) = 0$ のときには，

$$\alpha'(\mu_0) \neq 0 \iff \left(b_2(\mu_0) + \sqrt{(b_2(\mu_0))^2 - 4b_4(\mu_0)}\right) b_1'(\mu_0) - 2b_3'(\mu_0) \neq 0$$

が成立する．したがって，(H–1) and (H–2) $\iff$ (CH4–B1) and (CH4–B2) が証明でき，命題 4.3 を得る．■

なお，Liu [1994] は，Routh–Hurwitz 条件を用いることにより，n 次元の Hopf 分岐に関する係数条件を導出している．しかしながら，Liu の係数条件は「単純な Hopf 分岐（simple Hopf bifurcations）」に限定されていることに注意すべきであろう．単純な Hopf 分岐とは純虚数以外のすべての固有根が負の実数部分を持つことを前提にする．この仮定により，Liu の一般的な議論が成功しているのである．Liu の議論と我々の議論を比較すれば，我々の命題は $n = 4$ に限定されてはいるが，単純な Hopf 分岐を前提していないという意味で，Liu の係数条件よりも一般性を持つものである．

均衡点が不安定であるような領域で，極限周期軌道が存在するケースは，supercritical な Hopf 分岐と呼ばれ，極限周期軌道は安定である．また，均衡点が安定であるような領域で，極限周期軌道が存在するケースは，subcritical な Hopf 分岐と呼ばれ，極限周期軌道は不安定である．

安定な極限周期軌道が発生する場合，体系は循環的運動を示す．この場合には，数学的結果と経済現象（特に，景気循環）との連関は明らかであり，supercritical な Hopf 分岐を経済学に適用することは直接的に了解可能であろう．

また，不安定な極限周期軌道が発生する subcritical な Hopf 分岐の場合においては，周期解のまわりではこの軌道から反発する流れが存在する．つまり，周期解の外側に初期値がある場合，そこから循環しながら発散していくのに対して，周期解の内側に初期値がある場合，定常点へと循環的に引きつけられてい

くのである．この考え方を経済学的に解釈してみると，小さな衝撃が生じる場合には，経済は定常状態に収束するけれども，大きな衝撃に対しては，定常点に復帰することなく不安定な運動を示してしまうということになる．これは，Leijonhufvud [1973] の「回廊安定性（corridor stability）」に対応すると指摘されることが多い．

彼は，新古典派的モデルと Keynesian モデルの市場体系に関する見解の概要を述べてから，この2つの考え方を統合し，自身の「宇宙観」を次のように述べている．「完全協調」（諸市場が需給一致することを単に意味する）の経路について，

> その経路からある範囲内（これを簡潔に「回廊」という）では，体系の動的平衡メカニズムがうまく働き，乖離幅縮小の傾向の力は増大する．その範囲外では，… このような傾向は弱まってくる．
> （Leijonhufvud [1973]，邦訳 p.115）

つまり，回廊の内部では経済が安定的傾向を持ち，「新古典派的市場調整が支配的」となるが，これに対して，回廊の外部では経済が不安定的性向を持ち，「支配的な状況に対するショックの影響は，内生的に増幅される」ことになる．さらに，これを政策的観点から，Leijonhufvud は，回廊内部では，裁量的政策を否定する「マネタリスト」的政策が支持され，他方，回廊外部では，裁量的政策を重視する「フィスカリスト」的政策が有効であることを議論している（Leijonhufvud [1973]，邦訳 p.115）．また，偶然の一致であろうか，Harrod [1973] においても回廊安定性に類似した概念が提示されている．詳細は第6章に譲るので，そちらを参照されたい．

なお，Leijonhufvud [1985] は，新たな「宇宙観」を追加して，さらに彼の宇宙観の議論を深めている．新たな宇宙観とは，「限定された不安定性（bounded instability）」であり，発散することなしに，永久に均衡の回りを循環する動学経路である．この宇宙観は，前述の supercritical な Hopf 分岐を通じて発生する安定な極限周期軌道や主に次の章で述べるカオスによって数学的に表現でき

るものである．そして当然のことながら，Leijonhufvud が指摘しているように，このような景気循環が発生するときには，反循環的な財政・金融政策によって，その振幅を減少させることが安定化政策として要請されるのである．

第5章

連続時間におけるカオス経済動学

5-1 はじめに

　ここでは，差分方程式のカオスについて考察した第3章に続き，微分方程式体系におけるカオスについてまとめる．カオスとは，比較的単純な決定論的なシステムにおいて，非常に複雑かつ不規則性を示し，予測不可能である運動のことを指す．現在の段階では，カオスに関する一般的な定理はまだ少なく，研究の最前線で，多くのことが議論されている．特に，微分方程式体系において，カオスを論じるときには，最低でも3次元の微分方程式を取り扱う必要があり，定性的分析を行なうときに大きな困難が生じるようである．このような事情もあり，以下では，定性的な結果よりも典型的な事柄もしくは定量的な結果について重点をおいて解説していく．

　なお，ここで改めて，カオス理論の経済学的意義について確認しておこう．第4章では，分岐理論について紹介し，特に，周期解の発生を保証するHopf分岐が景気循環の理論を構成するための1つの支柱になることを論じた．しかしながら，第1章で述べたように，現実の景気循環の動態は，振幅や周期が終局的に不変となる単調な循環ではなく，もっと複雑な様相を呈している．複雑な景気循環を再現するための分析方法の1つとして，Frischを源流とする不規則衝撃による景気循環理論が古くから存在する．この理論は，天候の変動や戦争の勃発など経済活動の外生的要因を重視する立場に立っている．近年でも，このような立場から，実物的景気循環理論（リアルビジネスサイクル理論）が新古典派的モデルを構築している．これに対して，対極の位置に立って，経済活動の内生的要因，もしくは，経済の構造要因を重視して複雑な景気循環が発

生することを主張するのが，カオスによる景気循環理論である．カオス理論では，単純な構造でさえも，複雑な時間経路を生み出すことが強調される．これは，経済構造に潜む単純な非線型性が，複雑な景気循環を発生させる要因になり得ることを示唆しており，現実の景気循環を理論的に分析する上で重要な論点を提起している．

　本章は次のように構成される．第2節では，カオスに至る道筋とストレンジ・アトラクターの定義について紹介し，第3節では，微分方程式体系におけるカオス動学の典型例としてLorenz方程式とRössler方程式を提示する．第4節では，差分－微分方程式におけるカオス動学の典型例を提示し，さらに，差分－微分方程式の無限次元性に関して議論する．第5節では，Kaldorモデルに政策ラグを考慮した差分－微分方程式モデルを構築し，財政政策の政策ラグがカオスを引き起こすことを確認する．

5-2　カオスに至る道筋とストレンジ・アトラクター

　まず，カオスに至る道筋として有名な議論を3つ取り上げよう．もっとも初期に提唱されたのはLandauのシナリオであり，連続したHopf分岐によって乱流が発生することを主張する．分岐が1回生じるたびに，基本周期数が増大するわけであるが，Landauは，構造パラメーターが変化するにつれ，Hopf分岐が無限回連続して発生した後に，カオス的状況が出現するとした．連続した有限回の分岐では，その系の動学的過程は，一見，カオス的に見えても準周期的運動をしているに過ぎず，分岐の極限的移行の後にのみ，カオスが観察できるわけである．しかも，この考えのもとでは，考慮されている体系の次元が非常に大きいことが要請される．

　このような議論に対して，Newhouse, Ruelle, & Takens [1978] のシナリオは3回の分岐でストレンジ・アトラクターが発生することを示した．つまり，基本周期が3の発現と同時に，幅の広いパワー・スペクトルが観測され，カオス的状況に至るのである．これは，Landauの見解を根本的に変革した重要な論文で

ある.また,Feigenbaum のシナリオも有名であり,これは,定常運動から周期倍化分岐を繰り返すことによって,最終的に,カオスに至ることを主張するものである.Feigenbaum のシナリオは後述する Rössler のモデルで観察することができる.

次に,ストレンジ・アトラクターの定義について述べる(Ruelle [1979] では,差分方程式体系で定義されている).

定義 5.1 (ストレンジ・アトラクター) (Ruelle [1979]) n 次元 1 階微分方程式体系

$$\dot{x} = f(x), \ x \in R^n$$

を考える.

次の性質を満たす集合 U が存在するならば,有界集合 $A \in R^n$ はストレンジ・アトラクターと呼ばれる.

(1) U は A の n 次元近傍である.

(2) U にある任意の初期点 x^0 に対して,$x(t) \in U, \forall t > 0$ であり,かつ,$x(t) \to A\,(t \to \infty)$ となる.

(3) x^0 が U にあるとき,初期値に対する鋭敏性が存在する.

ただし,A は分解不可能である.

5-3 微分方程式とカオス

カオスの挙動を示す微分方程式として,一般によく取り上げられるものとして Lorenz 方程式と Rössler 方程式がある.これらの方程式の分析にはコンピューターによる数値解析が重要な役割を果たした.理論的展開はこれからの課題となるところが大きいといえるだろう.

Lorenz 方程式を以下に示す.

$$\begin{cases} \dot{x} = -\sigma(x-y) \\ \dot{y} = rx - y - xz \\ \dot{z} = xy - bz \end{cases} \tag{5.1}$$

ただし，$\sigma > 0, r > 1, b > 0$ を想定する．

この Lorenz 方程式は，気象学者である Lorenz によって流体力学の偏微分方程式から対流のモデルとして導き出されたものである．Lorenz の研究は 1960 年代に行なわれていたが，その重要性に関して長らく正当な評価が与えられなかった．彼は，初期値に対する鋭敏性についていち早く認識していた．初期値に対する鋭敏性が存在するときには，非常に近い将来の天気予報は可能であるが，遠い将来の天候を正確に予測することは非常に難しいのである．

上記のパラメーターの条件のもとでは，Lorenz 方程式には，3 つの定常点が存在する．原点 $(0,0,0)$，さらに，定常点 $E_+(\sqrt{b(r-1)}, \sqrt{b(r-1)}, r-1)$ と $E_-(-\sqrt{b(r-1)}, -\sqrt{b(r-1)}, r-1)$ である．パラメーターを $\sigma = 10, r = 25, b =$

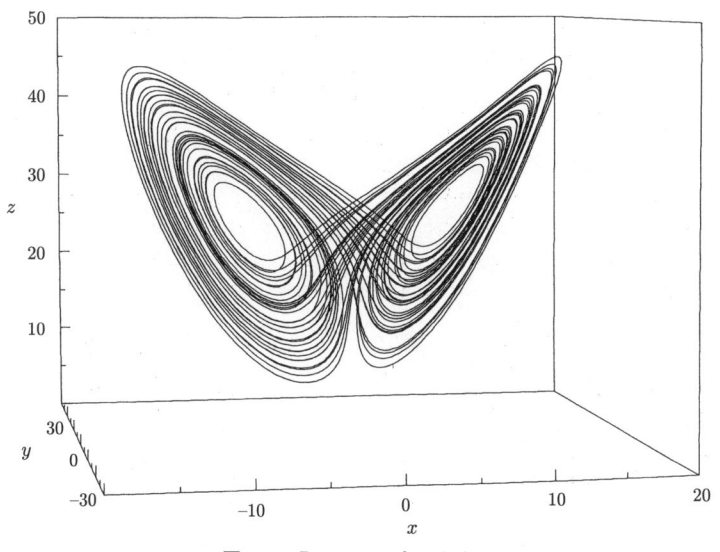

図 5.1 Lorenz アトラクター

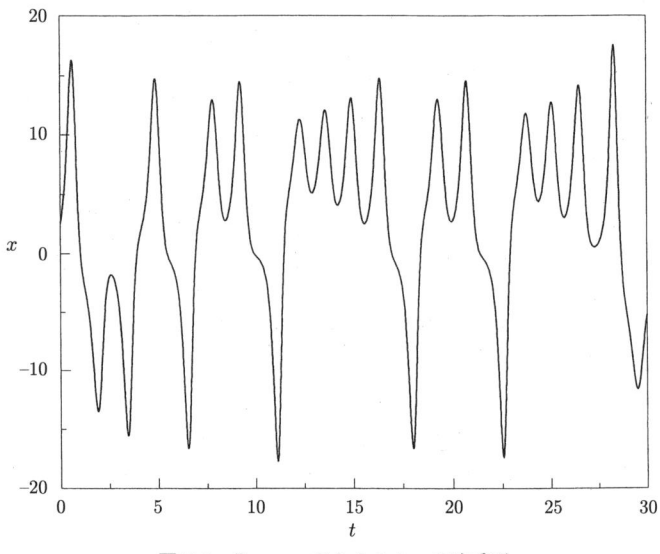

図 5.2 Lorenz アトラクターの時系列

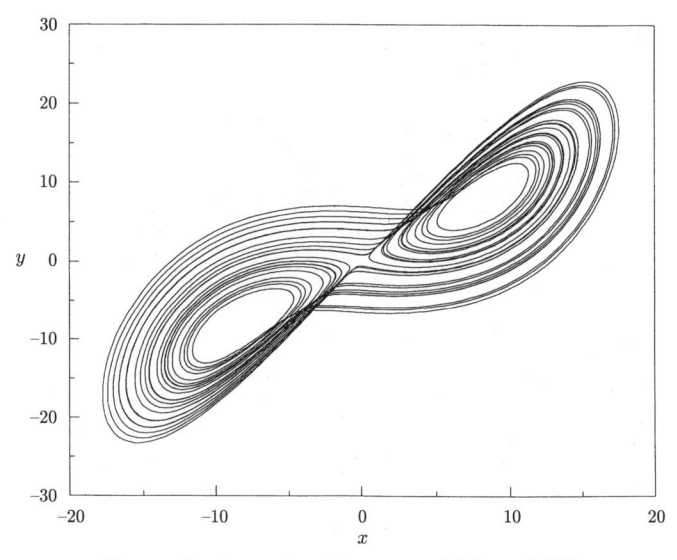

図 5.3 Lorenz アトラクターの x-y 平面への投影図

8/3 と特定化して，Lorenz アトラクターを図 5.1 に示す．2 つの定常点 E_+ と E_- が不安定であり，その周りにおいて不規則に往復運動が発生していることから，Lorenz アトラクターがこのような形状をとっている．さらに，その時系列と x-y 平面への投影図をそれぞれ，図 5.2 と図 5.3 に示す．これからも，不規則な循環が観察されるだろう．

また，以下の Rössler 方程式は Lorenz 方程式をより簡単にした微分方程式である．非線型項は zx の 1 つだけであり，このような単純な方程式でもカオスが発生しているということは驚きである．$a = 0.3, b = 0.2, c = 5.7$ に設定して数値計算を行なった．Rössler アトラクター，その時系列，x-y 平面における投影図をそれぞれ，図 5.4, 5.5, 5.6 に示す．

$$\begin{cases} \dot{x} = -y - z \\ \dot{y} = x + ay \\ \dot{z} = b + z(x - c) \end{cases} \tag{5.2}$$

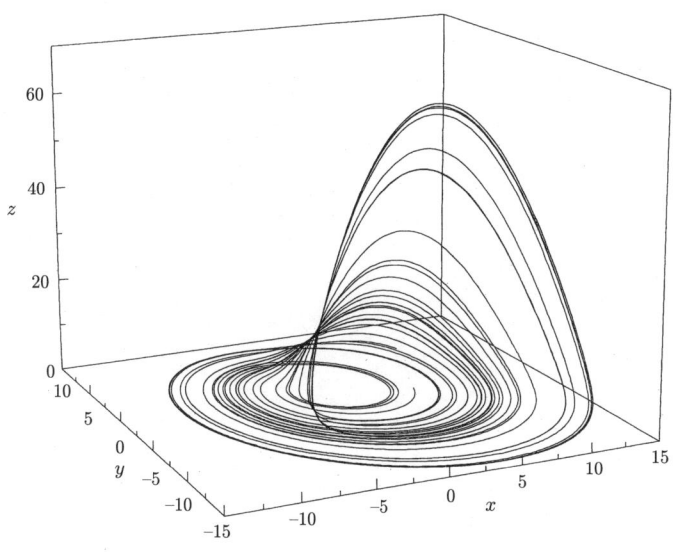

図 5.4 Rössler アトラクター

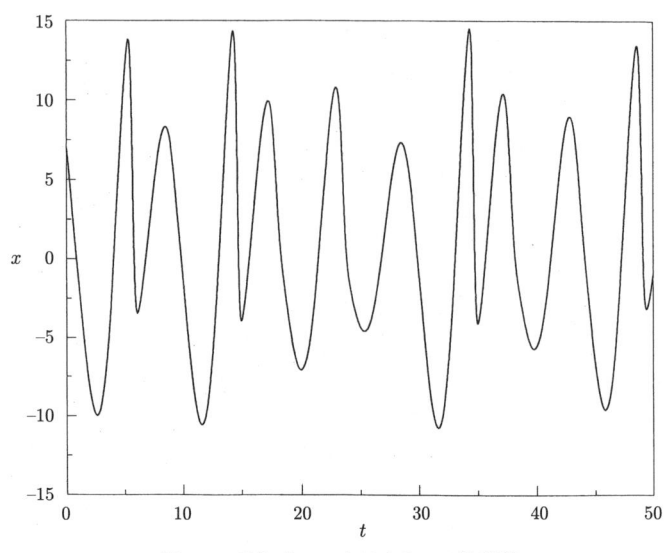

図 5.5 Rössler アトラクターの時系列

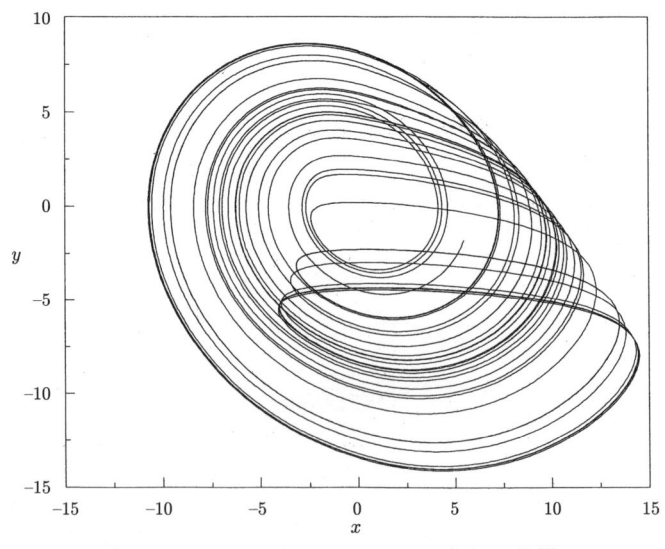

図 5.6 Rössler アトラクターの x-y 平面への投影図

Goodwin [1990] は，独自のアナロジーにより，これらの方程式を応用することによって，経済動学に新境地を開こうとした労作である．彼は Schumpeter の弟子であり，資本制経済における技術革新と不規則変動の関係を単純かつ明快な形で論証している．

微分方程式体系においてカオスの発生について解析的に証明することは今のところ非常に困難な作業のようである．ただ，カオス理論の分野では，ホモクリニック軌道の存在が複雑な動学的挙動を生み出すメカニズムの候補として注目されているということは指摘しておく必要があるだろう．例えば，Arneodo, Coullet, & Tresser [1981, 1982] が議論しているように，Shil'nikov の定理を利用することにより，カオス的挙動の源泉と構造を理解することが可能である．

定理 5.1 (Shil'nikov の定理)　（Arneodo, Coullet, & Tresser [1981]）微分方程式体系

$$\begin{cases} \dot{x} = \rho x - \omega y + P(x,y,z) \\ \dot{y} = \omega x + \rho y + Q(x,y,z) \\ \dot{z} = \lambda z + R(x,y,z) \end{cases} \quad (5.3)$$

を考える．ただし，P, Q, R は C^r 級関数（$1 \leq r \leq \infty$）であり，さらに，その1階微分とともに原点で消失する．さて，軌道のうち1つ（Γ_0 で表す）が原点を離れ，$t \to +\infty$ につれ，原点に帰ってくるとしよう．このとき，

$$\lambda > -\rho > 0$$

であるならば，軌道 Γ_0 のあらゆる近傍に鞍点型の不安定な周期解の可算集合が含まれる．

これを利用して Lorenz [1992] は在庫を含むマクロ動学モデルと政府活動を含むマクロ動学モデルに関して，また，Sportelli [2000] は不安定性原理に関する Harrod モデルに関して，カオス動学について議論を行ない，さらに，数値解析によってカオスを観察している．また，Bischi, Dieci, Rodano, & Saltari [2001] や Onozaki, Sieg, & Yokoo [2000] は微分方程式体系ではないが差分方程式体系

においてホモクリニック軌道に関する議論を用いてカオスを論じている.

5-4 差分−微分方程式とカオス

前の節では，3元1階微分方程式体系のカオスについて論じた．これは，2元1階微分方程式，つまり，2変数の微分方程式であれば，高々周期軌道の存在しか示せないし，また，1変数の微分方程式では，周期軌道さえ存在しないことを反映している．しかしながら，差分−微分方程式においては，1変数であっても，周期解やカオスが出現する．ここでは，順に，Mackey & Glass [1977], an der Heiden & Mackey [1982], Shibata & Saitô [1980] で議論されているカオスについて紹介し，最後に，差分−微分方程式の無限次元性について説明する．

Mackey & Glass のカオス

Mackey & Glass [1977] は血液細胞の再生に関して次の差分−微分方程式を用いて研究した．

$$\dot{x}(t) = -\alpha x(t) + f(x(t-\tau)), \quad \alpha > 0. \qquad (5.4)$$

ただし，関数

$$f(x) = \frac{\beta x}{1 + x^{10}}, \quad \beta > 0$$

は $f(0) = \lim_{x \to \infty} f(x) = 0$ を満たす単峰型関数である．この関数型がカオスの発生と大きな関わりを持つ．ここでは，$\alpha = 2, \beta = 3.6, \tau = 1$ と特定化して，数値計算を行なった．その結果を図 5.7 に提示する．これにより，カオスが発生していることを確かめることができるだろう．

また，Mackey & Glass と同様の構造（単峰型関数）で，Jarsulic [1993] が経済モデルを構築している．Jarsulic は，実証的に示される稼働率 (u) と利潤率 (Π) の単峰型の関係

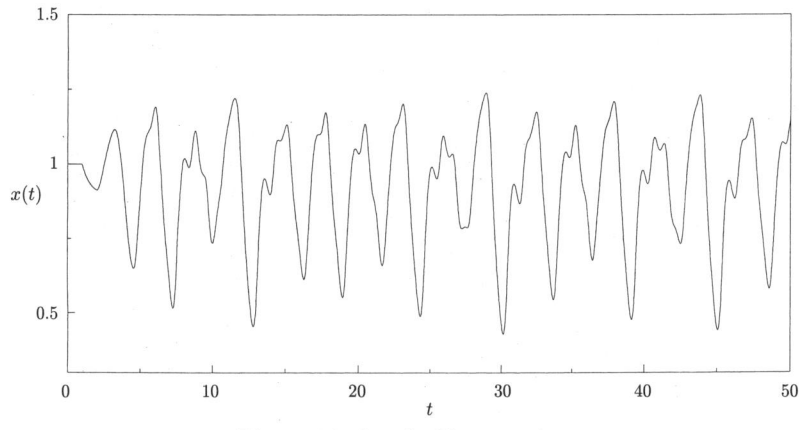

図 5.7 Mackey & Glass のカオス

$$\Pi = G(u) = \begin{cases} au & \text{if } u \leq u_* \\ b - cu & \text{if } u_* < u \end{cases} \quad (5.5)$$

(ただし，$a > 0, b > 0, c > 0$ であり，$au_* = b - cu_*$ が成立する）をもとに，利潤原理による Kalecki 的な投資関数に時間遅れを考慮して，以下のような差分－微分方程式を導出する．

$$\dot{u}(t) = -\alpha u(t) + \beta G(u(t-\tau)), \alpha > 0, \beta > 0. \quad (5.6)$$

この Jarsulic モデルについても，数値計算を実行することによりカオスの存在が確認されている．

an der Heiden & Mackey のカオス

an der Heiden & Mackey [1982] は以下の差分－微分方程式についてカオスの存在を数学的に厳密に証明している．

$$\dot{x}(t) = -\alpha x(t) + f(x(t-1)), \ \alpha > 0 \quad (5.7)$$

を考える．ただし，

$$f(x) = \begin{cases} 0 \text{ if } x < 1 \\ c \text{ if } 1 \leq x \leq b \\ d \text{ if } b < x \end{cases} \tag{5.8}$$

である．なお，$b > 1, d \leq c, \gamma = c/\alpha > b,$ そして，$d < 0$ である．

定理 5.2 (an der Heiden & Mackey のカオス) （an der Heiden & Mackey [1982]）α と $\gamma = c/\alpha$ が

$$\gamma/(\gamma - 1)^2 + z < 1$$

を満たすとする．ただし，z は 2 次方程式

$$z^2 - (\gamma - (\gamma - 1)e^{-\alpha} - \gamma^2)z - e^{-\alpha}\gamma(\gamma - 1) = 0$$

の正の解であるとする．このとき，以下の性質を満たす数 $\mu = \mu(\alpha, \gamma) > 0$ と $d_* = d_*(\alpha, \gamma, b)$ が存在する．もし，

$$(\gamma - z)/(\gamma - 1) < b < (\gamma - z)/(\gamma - 1) + \mu \text{ and } d \leq d_*$$

が成立するならば，式 (5.7) が無限個の周期解と非可算無限個の非周期解を持つ．

この結論は以下のように，より明確に表現できる．

式 (5.7) に対する周期解の数列 $T_1 = \{x_k; k = 1, 2, \cdots\}$ と非周期解の非可算集合 T_2 が存在して，以下の条件を満たす．

(i) 各 $x \in T_1 \cup T_2$ に対して，$x(t_i) = 1, x(t) \neq 1 \text{ for all } t \neq t_i, i = 1, 2, \cdots$ となる数列 $0 < t_1 < t_2 < \cdots, \lim_{i \to \infty} = \infty$ を対応させる．

(ii) 区間 $I \subset J \subset [0, 1]$ における連続写像 $G : I \to J$ が存在して，あらゆる $x \in T_1 \cup T_2$ に対して，

$$t_{2i} - t_{2i-1} = G^i(v_x), \ i = 1, 2, \cdots$$

に従う $v_x \in I$ を対応させる．

(iii) $x = x_k \in T_1$ に対して，

$$G^k(v_x) = v_x, \ G^i(v_x) \neq v_x, \ 1 \leq i < k$$

であり，$t_{2k+1} - t_1$ が x_k の（最小の）周期である．

(iv) 集合 $S_1 = \{v_x : x \in T_1\}$ と集合 $S_2 = \{v_x : x \in T_2\}$ が以下のように従う．$v, v' \in S_2, v \neq v'$ に対して，

$$\begin{cases} \limsup_{i \to \infty} |G^i(v) - G^i(v')| > 0 \\ \liminf_{i \to \infty} |G^i(v) - G^i(v')| = 0 \end{cases}$$

$v \in S_1, v' \in S_2$ に対して，

$$\limsup_{i \to \infty} |G^i(v) - G^i(v')| > 0.$$

最後の条件は Li & Yorke の定理で定義された撹拌集合（第3-6節参照）と同じ性質を持つものであり，解が初期値に対する鋭敏性を持つことを意味する．

なお，Araki [1995] は，投資に関する差分－微分方程式を導出し，この定理を応用して，カオス的投資変動について考察している．Araki モデルは，技術進歩の体化に生ずる時間遅れを考慮した投資モデルである．

Shibata & Saitô のカオス

Shibata & Saitô [1980] は，競合する 2 種類の生物に関する個体数の動態を示す差分－微分方程式を次のように提示している．

$$\begin{cases} \dot{x}(t) = [b_1 - a_{11}x(t - \tau_1) - a_{12}y(t)]x(t) \\ \dot{y}(t) = [b_2 - a_{21}x(t) - a_{22}y(t - \tau_2)]y(t) \end{cases} \tag{5.9}$$

ただし，$a_{ij} > 0 (i, j = 1, 2), b_i > 0 (i = 1, 2)$ である．なお，この微分方程式体系において，競合相手の種による影響がないもの（$a_{12} = a_{21} = 0$）とすると，

$$\begin{cases} \dot{x}(t) = [b_1 - a_{11}x(t - \tau_1)]x(t) \\ \dot{y}(t) = [b_2 - a_{22}y(t - \tau_2)]y(t) \end{cases} \tag{5.10}$$

であり，これは，2種類の生物に関するそれぞれ独立したロジスティック方程式である．b_i ($i=1,2$) はそれぞれの種の本来的な増殖率であり，a_{ii} ($i=1,2$) は飽和効果の要因を表す．なお，τ_i ($i=1,2$) を導入することによって，それぞれの種に増殖のための特定の時間が存在することを考慮している．以上の考察から，式 (5.9) は，ロジスティック方程式に対して，増殖のための時間遅れと競合効果 ($a_{12}>0, a_{21}>0$) を導入した一般化されたロジスティック方程式体系であると解釈できる．

さらに，Shibata & Saitô は，

$$\frac{a_{11}b_2}{a_{21}b_1} > 1 > \frac{a_{12}b_2}{a_{22}b_1} \tag{5.11}$$

を想定する．これは，タイムラグがない場合（$\tau_1=\tau_2=0$）に，2種類の生物が共存し，その共存状態が安定的となる条件である．この条件のもとで，Shibata & Saitô は，タイムラグ (τ_1, τ_2) が小さな値をとる場合には，2種競合種の共存状態は安定的であり，他方，タイムラグが大きな値をとる場合には，循環経路もしくはカオス経路が出現することを観察している．さらに，タイムラグの増加に伴ない，周期倍化分岐が発生することも確かめられている．これにより，タイムラグの増大は不安定効果を持つことが主張されている．

図 5.8 は，$a_{11}=a_{22}=2, a_{12}=a_{21}=1, b_1=b_2=2, \tau_1=1.6, \tau_2=0.9$ に設定して作図した（変数の自然対数をとった図であることに注意）．この場合にも明らかにカオスが発生していることが確認できる．

では，通常の微分方程式とは異なり，なぜ差分－微分方程式が1変数の場合であっても，その解として周期解やカオスが発生するのであろうか．その答は，差分－微分方程式の無限次元性にある．以下では，この点について考察していこう．

次のような時間遅れ τ を伴なう1変数の差分－微分方程式を考える．

$$\dot{y}(v) = F(y(v), y(v-\tau)). \tag{5.12}$$

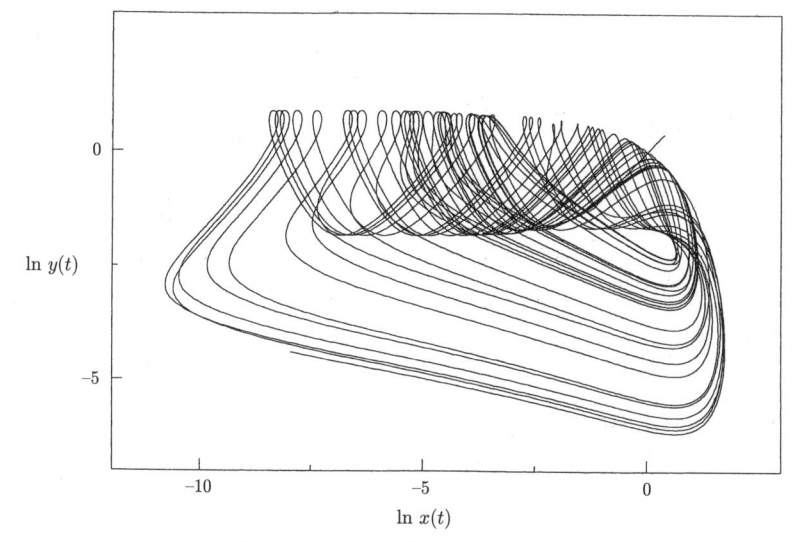

図 5.8 Shibata & Saitô のカオス

この差分−微分方程式に対して，変数変換 $v = \tau t, y(v) = y(\tau t) = x(t)$ を施すことによって，

$$\dot{x}(t) = \tau F(x(t), x(t-1)) := f(x(t), x(t-1)) \tag{5.13}$$

を得る．この変換により，任意の時間遅れを1に基準化することができる．例えば，上で提示した an der Heiden & Mackey の方程式に関しても，特定の時間遅れを伴なう差分−微分方程式を変数変換によって時間遅れ1の差分−微分方程式に正規化したものと解釈できるのである．以下では，時間遅れを1に正規化した差分−微分方程式 (5.13) を検討していく．

一般に，初期値を与えて微分方程式の解 $x(t)$ を求めることを初期値問題を解くと言う．1元1階微分方程式であれば，$x(0) \in R$ を与えてやれば，Lipschitz 条件などの緩やかな条件のもとで，解が一意に存在することが言える．しかしながら，差分−微分方程式では，初期値として $x(0) \in R$ を与えるだけでは，初期値問題を解くことができないのである．

これを詳しく検討していこう．まず，時点 $t=0$ においては，$x(0)$ と $x(-1)$ の値が確定して初めて，$\dot{x}(0)$ が決定される．このことにより，微小時間後 $(t=\varepsilon)$ の $x(\varepsilon)$ の値が決定される．しかしながら，時点 $t=\varepsilon$ において，$x(\varepsilon)$ の運動を示す $\dot{x}(\varepsilon)$ を確定するためには，$x(-1+\varepsilon)$ の値が必要となる．この操作を反復することにより，$x(t) \in [-1, 0]$ が確定することによって，$\dot{x}(t) \in [0, 1]$ が決まることが分かる．さらに，これを一般化すれば，$x(t) \in [s-1, s]$ が確定すれば，$\dot{x}(t) \in [s, s+1]$ が決定されることが分かる．したがって，初期条件として $x(t) \in [-1, 0]$ が与えられるならば，逐次的に解 $x(t), t \geq 0$ を得ることができ，差分－微分方程式の初期値問題を解くことが可能になるのである．

通常の微分方程式とは異なり，差分－微分方程式では，初期値問題を解くためには，時間遅れと等しい区間 $[-1, 0]$ における $x(t)$ の初期値の集合（正確には，初期値関数）が必要になるという事実は非常に重要である．そして，この事実により，差分－微分方程式が無限次元の性質を保有することになり，差分－微分方程式の分析の困難性が招来されているのである．なお，ここで述べた観点とは別の観点から，差分－微分方程式の無限次元性を確かめることができる．これについては，第7-4節における MacDonald の linear chain trick の手法を参照されたい．

5-5 マクロ動学モデルにおける政策ラグ：Kaldor モデル

前節では，時間遅れにより，カオスが発生することについて述べた．ここでは，Kaldor モデルに時間遅れを考慮して差分－微分方程式を導出する．なお，ここで展開されるモデルに含まれる時間遅れとして，政策ラグを考える．政策ラグに関する議論は，古典的な論文である Friedman [1948] に見られる．Friedman は，政府の意図する安定化政策が，政策反応に関するラグの存在のために，不安定化要因になる可能性があるという見解を表明している．しかしながら，Friedman の議論はやや直観的であり，その結論は理論的なマクロ経済モデルから分析的に得られたものではない．疑いもなく，政策ラグの分析は理論的観点からだけでな

く，実践的な観点からも重要である．それにもかかわらず，現在のところ，政策ラグの理論的分析は数少ない（例えば，Phillips [1957], Asada [1991b], Asada & Yoshida [2000], Yoshida & Asada [2001] などがある）．ここでは，政策ラグを含んだ単純なマクロ動学モデルを構築し，マクロ経済の安定性に政策ラグがどのような影響を与えているかを考察する．

5-5-1　モデル

我々のモデルの基本的方程式は以下のようにまとめられる．

$$\dot{Y}(t) = \alpha[C(t) + I(t) + G(t) - Y(t)], \ \alpha > 0 \tag{5.14}$$

$$C(t) = c(Y(t) - T(t)) + C_0, \ 0 < c < 1, C_0 \geq 0 \tag{5.15}$$

$$I(t) = I(Y(t), K(t), i(t)), \ \partial I/\partial Y > 0, \partial I/\partial K < 0, \partial I/\partial i < 0 \tag{5.16}$$

$$T(t) = \tau Y(t) - T_0, \ 0 < \tau < 1, T_0 \geq 0 \tag{5.17}$$

$$M/p = L(Y(t), i(t)), \ \partial L/\partial Y > 0, \partial L/\partial i < 0 \tag{5.18}$$

$$M/p = const. > 0 \tag{5.19}$$

$$G(t) = G_0 + \beta(Y_* - Y(t-\theta)), \ \beta > 0 \tag{5.20}$$

ここで，Y：実質国民所得，Y_*：均衡国民所得，$C =$ 消費，$I =$ 投資，$G =$ 政府支出，$T =$ 所得税，$K =$ 資本ストック，$i =$ 名目利子率，$M =$ 名目貨幣供給，$p =$ 価格水準，$\theta =$ 政策ラグの長さ．

式 (5.14) は財市場における数量調整過程を表す．この調整式は財市場の超過需要（超過供給）に対して生産量が増加（減少）することを意味する．式 (5.15) は消費関数，式 (5.16) は Kaldor の S 字型投資関数，式 (5.17) は所得税関数，そして，式 (5.18) は貨幣市場の均衡条件を表し，右辺が貨幣需要関数である．式 (5.19) は実質貨幣供給量が一定であることを意味する．式 (5.20) は均衡国民所得を目標値として，裁量的財政政策を実行する政府支出関数であり，政策ラグを明示的に導入している．

式 (5.18) と式 (5.19) を考慮することにより，次のような LM 方程式を得ることができる．なお，以下では，混乱の生じないかぎり，時間を表す変数 t は省略する．

$$i = i(Y), \quad i_Y := i'(Y) = -L_Y/L_i. \tag{5.21}$$

式 (5.14) に，式 (5.15)，(5.16)，(5.20)，そして，(5.21) を代入すれば，次の差分－微分方程式を得る．

$$\dot{Y} = \alpha\{I(Y, K, i(Y)) - [1 - c(1-\tau)]Y + C_0 + cT_0 + G_0 + \beta(Y_* - Y(t-\theta))\}. \tag{5.22}$$

ここで，資本ストック K は変数であり，モデルはまだ完結していない．この項では，モデルを閉じるための 2 つの方法を考察しよう．

まず最初に，資本ストック K を所与のものとして取り扱うという意味で，「短期」モデルを考察しよう．つまり，

$$K(t) = \bar{K}, \text{ for } t > 0. \tag{5.23}$$

このとき，式 (5.22) に式 (5.23) を導入すれば，次のような微分方程式体系 S_1 にまとめることができる．

体系 S_1

$$\dot{Y} = \alpha\{I(Y, \bar{K}, i(Y)) - [1 - c(1-\tau)]Y + C_0 + cT_0 + G_0 + \beta(Y_* - Y(t-\theta))\} \tag{5.24}$$

また，資本ストックが内生変数である場合には，そのモデルは「中期」モデルである．このとき，次のような体系 S_2 にまとめることができる．

体系 S_2

$$\dot{Y} = \alpha\{I(Y, K, i(Y)) - [1 - c(1-\tau)]Y + C_0 + cT_0 + G_0 + \beta(Y_* - Y(t-\theta))\} \tag{5.25}$$

$$\dot{K} = I(Y, K, i(Y)) \tag{5.26}$$

体系 S_2 は，資本蓄積の内生化という観点から，体系 S_1 に比して，Kaldor [1940] の景気循環理論により近い構造を保持している．我々は，体系 S_1 を解析的かつ数値的に吟味し，体系 S_2 を数値的に検討する．

5-5-2　体系 S_1 の局所的動学

ここでは，体系 S_1 を線型近似の方法を用いて定性的分析を行なう．体系 S_1 の定常点 Y_* では，

$$I(Y_*, \bar{K}, i(Y_*)) - [1 - c(1-\tau)]Y_* + C_0 + cT_0 + G_0 = 0 \tag{5.27}$$

が成立することに注意しよう．体系 S_1 に対して Taylor 展開を施すと，

$$\dot{y}(t) = \alpha a y(t) - \alpha \beta y(t-\theta). \tag{5.28}$$

ここで，$a = \{\partial \dot{Y}(t)/\partial Y(t)\}/\alpha = I_Y^* + I_i^* i_Y^* - [1 - c(1-\tau)]$，$y(t) = Y(t) - Y_*$，$y(t-\theta) = Y(t-\theta) - Y_*$ である．ただし，記号（$*$）は定常状態で評価されていることを示す．ここで，

仮定　$a = I_Y^* + I_i^* i_Y^* - [1 - c(1-\tau)] > 0$

を想定する．これは，定常点で評価された投資性向 I_Y^* が限界貯蓄性向よりも大きいという Kaldor [1940] の景気循環論の基本的仮定である．さて，線型近似体系 (5.28) の安定性を分析しよう．そのために，$y(t) = y(0)e^{\rho t}$ を，式 (5.28) に代入して，次のような特性方程式を得る．

$$\rho - \alpha a + \alpha \beta e^{-\theta \rho} = 0 \tag{5.29}$$

もしくは，

$$(1/\theta)\lambda - \alpha a + \alpha \beta e^{-\lambda} = 0. \tag{5.30}$$

ただし，$\lambda = \theta \rho$．もし，特性方程式 (5.30) のすべての特性根が負の実数部分を持つならば，体系 S_1 は局所的に安定である．他方，少なくとも 1 つの特性根が正の実数部分を持つならば，体系 S_1 は局所的に不安定となる．

体系の安定性条件を調べるために次の Hayes の定理を援用することができる.

定理 5.3 (Hayes の定理) （Hayes [1950]）方程式 $H(\lambda) \equiv pe^\lambda + q - \lambda e^\lambda = 0$ (p, q は実数) のすべての解が負の実数部分を持つ必要十分条件は

(1)　　$p < 1$

かつ

(2)　　$p < -q < \sqrt{x_*^2 + p^2}$

が成立することである. ただし, x_* は $0 < x < \pi$ を満たす $x = p \tan x$ の解である. もし, $p = 0$ であるならば, $x_* = \pi/2$ とする.

この定理を, $p = \theta\alpha a, q = -\theta\alpha\beta$ と変換して, 式 (5.30) に適用すれば, 局所的安定性の必要十分条件は次のようになる.

(i)　　$\theta < 1/(\alpha a)$

(ii)　　$a < \beta$

(iii)　　$\beta < \sqrt{[x_*/(\theta\alpha)]^2 + a^2} = \psi(\theta)$

ただし, x_* は $0 < x < \pi$ における $(1/\theta\alpha a)x = \tan x$ の解である [$\theta < 1/(\alpha a)$ である限り, x_* が存在することに注意]. このとき, $dx_*/d\theta < 0$ が成立するので, $\psi'(\theta) < 0$ となることが分かる. さらに, $\lim_{\theta \to 0} \psi(\theta) = +\infty$ かつ $\lim_{\theta \to 1/(\alpha a)} \psi(\theta) = a$ も成立する. したがって, 関数 $\beta = \psi(\theta)$ は図 5.9 のように描くことができる（なお, 安定領域として, 境界点は含まない). 上の解析結果を次のような命題にまとめることができる.

命題 5.1　　(i) もし, $\theta > 1/(\alpha a)$ が成立するならば, β の値にかかわらず, 体系 S_1 の定常点は局所的に不安定である.

(ii) もし, $0 < \theta < 1/(\alpha a)$ が成立するならば, $\beta \in (a, \psi(\theta))$ に対して, 体系 S_1 の定常点は局所的に安定であり, $\beta \in (0, a) \cup (\psi(\theta), +\infty)$ に対して, S_1 の定常点は局所的に不安定となる.

さらに, 以下の命題も成立する.

命題 5.2　　パラメーター $\theta_0 \in (\theta, 1/(\alpha a))$ を固定し, β を分岐パラメーターと

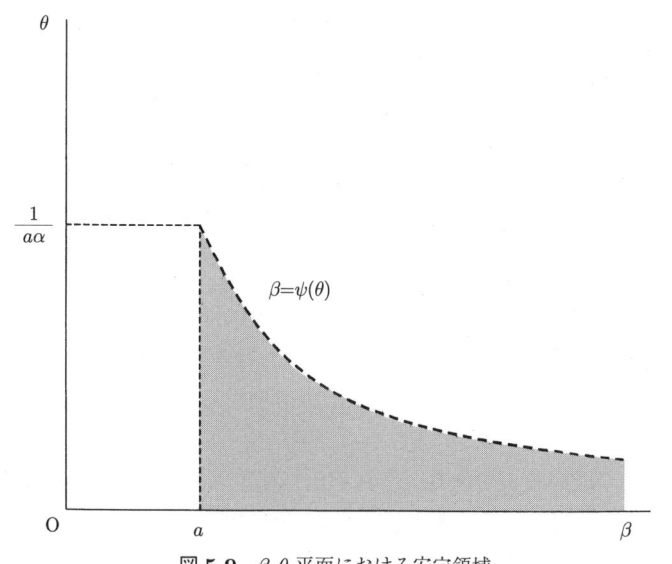

図 5.9 β-θ 平面における安定領域

しよう．このとき，$\beta_0 = \psi(\theta_0)$ において Hopf 分岐が発生し，その近傍で，周期解が存在する．

直観的には，曲線 $\beta = \psi(\theta)$ が定常点の安定性に関する境界線になっており，さらに，特性根の実数部分の符号が逆転することから，Hopf 分岐が発生しているのである．詳しい証明については，Asada & Yoshida [2001] を参照のこと．

5-5-3 数値計算

第 5-5-2 項において，均衡点近傍における体系 S_1 局所的動学に関する解析的結果を得た．しかしながら，体系の大域的動学に関する情報を得るためには数値計算による研究に頼らなければならない．さらに，体系 S_2 のようなさらに複雑な体系を考慮する場合には，解析的方法によって局所的動学に関する情報でさえ，獲得するのは困難である．ここでは，数値計算の方法によって，体系 S_1 と体系 S_2 の大域的動学に関するいくつかの結果を提示しよう．

体系 S_1 の数値計算 まず，次のような関数型とパラメーター値の特定化を採用することによって，体系 S_1 を検討する．

$$\dot{Y} = \alpha\{I(Y,\bar{K},i(Y)) - [1-c(1-\tau)]Y + C_0 + cT_0 + G_0 + \beta(400 - Y(t-\theta))\} \quad (5.31)$$

$$I(Y,\bar{K},i(Y)) = \frac{400}{1+9\exp[-0.1(Y-400)]} - 0.01\sqrt{Y} + 0.2 - 40 \quad (5.32)$$

$$c(1-\tau) = 0.5,\ C_0 + cT_0 + G_0 = 200,\ \alpha = 0.9 \quad (5.33)$$

式 (5.32) は Kaldor の S 字型投資関数の数値例である．

図 5.10 はこの体系の $Y(t)$-$Y(t+0.3)$ 平面における位相図である（$\beta = 6.6, \theta = 0.2$）．S 字型投資関数のため，3 つの定常点が存在する．1 つの定常点（$Y_* = 420$）は不安定であり，残りの 2 つの定常点は局所的に安定である．そして，Γ_1 と Γ_2 は不安定な極限周期軌道であり，それぞれの極限周期軌道の内部領域に安定な定常点が 1 つずつ存在する．さらに，Γ_3 は安定な極限周期軌道であり，その内部領域に不安定な定常点が 1 つ存在している．したがって，経済の初期状態が

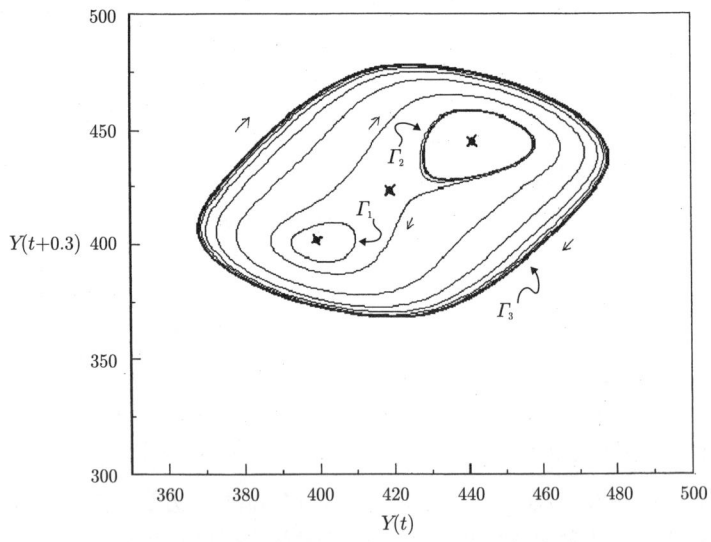

図 **5.10** 1 つの安定な極限周期軌道と 2 つの不安定な極限周期軌道（$\beta = 6.6, \theta = 0.2$）

Γ_1 もしくは Γ_2 の外部領域にあれば，経済は極限周期軌道 Γ_3 に収束していくことになる．また，初期条件が Γ_1 もしくは Γ_2 の内部領域にあるならば，それに対応した安定な定常点に収束していくことになる．つまり，この体系は経路依存性を持つのである．

体系 S_2 の数値計算　次の設定を用いて，体系 S_2 の数値計算を考察しよう．

$$\dot{Y} = \alpha\{I(Y,K,i(Y)) - [1-c(1-\tau)]Y + C_0 + cT_0 + G_0 + \beta(400 - Y(t-\theta))\} \quad (5.34)$$

$$\dot{K} = I(Y,K,i(Y)) \quad (5.35)$$

$$I(Y,K,i(Y)) = \frac{400}{1 + 12\exp[-0.1(Y-400)]} - 0.01\sqrt{Y} - 0.5K \quad (5.36)$$

$$c(1-\tau) = 0.5,\ C_0 + cT_0 + G_0 = 200,\ \alpha = 0.9 \quad (5.33)$$

図 5.11 は $\beta = 4.1, \theta = 0.3$ のときに発生するストレンジ・アトラクターを提示

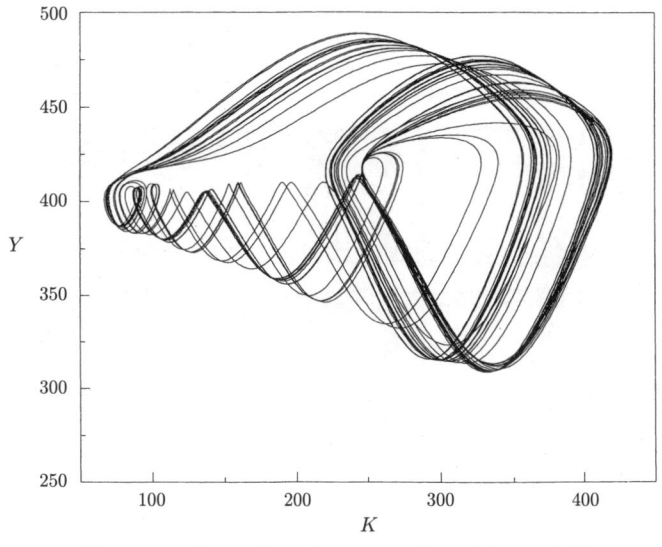

図 5.11　ストレンジ・アトラクター（$\beta = 4.1, \theta = 0.3$）

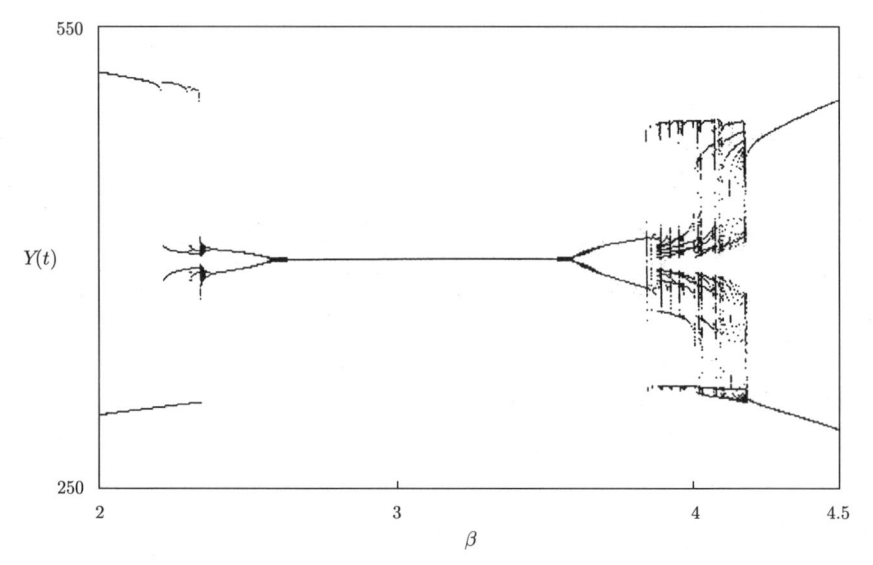

図 5.12 $\theta = 0.3$ の場合の Y の分岐図（β が分岐パラメーター $2.0 \leq \beta \leq 4.5$）

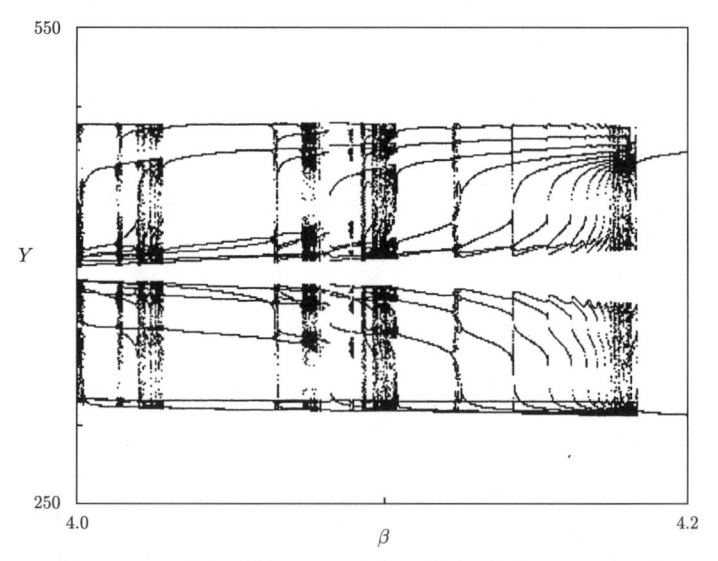

図 5.13 $\theta = 0.3$ の場合の Y の分岐図（拡大図）（$4.0 \leq \beta \leq 4.2$）

している．また，図 5.12 は $\theta = 0.3$ に固定したときのパラメーター β に関する分岐図である．この分岐図は，景気循環の山と谷の値をプロットすることによって得られている．パラメーター β の範囲は $2.0 \leq \beta \leq 4.5$ である．この分岐図から，β の十分小さな値と十分大きな値に対して，極限周期軌道が発生していることが分かる．β の中間的値に対しては，定常点は安定である一方で，$\beta = 4.1$ の近傍では，図 5.11 に示されているように，体系のふるまいは非常に複雑になっている．なお，図 5.13 においては，拡大された分岐図（$4.0 \leq \beta \leq 4.2$）を提示している．

5-6　まとめ

本章では，連続時間におけるカオスについて考察した．連続時間においては，カオスが発生するためには，最低 3 次元以上が必要である（2 次元では，循環運動を示すのは，極限周期軌道のみである）．ここでカオスが出現する典型例として取り上げたのは，Lorenz アトラクターと Rössler アトラクターであり，両者とも，単純な非線型項をもつ 3 変数の微分方程式であった．さらに，離散的な時間遅れが，差分−微分方程式に対して無限次元の性質を付与することを紹介し，1 変数の差分−微分方程式にカオスが発生することを確認した（Mackey & Glass のカオスと an der Heiden & Mackey のカオス）．

特に，第 5 節では，IS–LM モデルに対して，Kaldor の S 字型投資関数と政府行動を取り入れた比較的単純なマクロ動学モデルを構築した．その際に，政府が財政政策を実行する場合に政策ラグが発生することをモデルに積極的に取り込み，差分−微分方程式を導出した．この差分−微分方程式を用いて，解析的側面と数値的側面から数学的分析を行ない，政策ラグが経済に与える影響について考察した．

結果として得られたことは，あまりにも長いラグの場合には，安定化政策が経済を不安定化させ，景気循環が発生してしまうということであった．さらに，カオス的景気循環が発生し得ることも分岐図による分析で観察した．これらの

結果は安定化政策の無効性を主張する Friedman の見解を支持している．それにもかかわらず，政府の安定化政策が本来的に不安定な経済を安定化させるためにまったく役に立たないと結論するのは早計である．なぜなら，政策ラグが相対的に短い場合には，政府の安定化政策により経済を安定化することができるからである．このような意味で，政策ラグが存在する経済においても，Keynes 的な安定化政策の有効性は失われていないのである．

第II部
景気循環に関する3つのモデル

第6章

Harrodの不安定性原理再考
―― Hopf分岐の適用

6-1 はじめに

Harrod [1939] は, Keynes の『一般理論』を長期分析に拡張し, ケインズ的動学理論の基礎を築いた. Harrod は, 保証成長率と現実成長率の関係(不安定性原理)と保証成長率と自然成長率の関係について述べているが, ここでは, 不安定性原理に焦点をあてる. 次の2本の方程式が基本となるものである.

$$g = \frac{s}{C}, \; g_w = \frac{s}{C_r}. \tag{6.1}$$

ただし, g は現実の資本の成長率(資本蓄積率)であり, C は資本-産出係数である. C_r は資本が完全稼働されているときの資本-産出係数であり, 定数とする. このとき, g_w は資本が完全利用されているときの蓄積率であり, 保証成長率である. s は貯蓄率である. Harrod は明確な企業の投資行動を定式化しなかったが, 次のような投資関数を考えることができるだろう. これを Harrod 的投資関数と呼ぼう.

$$\dot{g} = \gamma(C_r - C), \; \gamma > 0. \tag{6.2}$$

資本ストックが不足していれば, 企業は蓄積率を上方へ適応的に調整し, 逆に, 資本ストックが過剰であれば, 蓄積率を下方へ適応的に調整するのである.

この投資関数と現実の蓄積率と保証成長率の方程式を考えることにより, g に関する1階の微分方程式を得る.

第 6 章 Harrod の不安定性原理再考

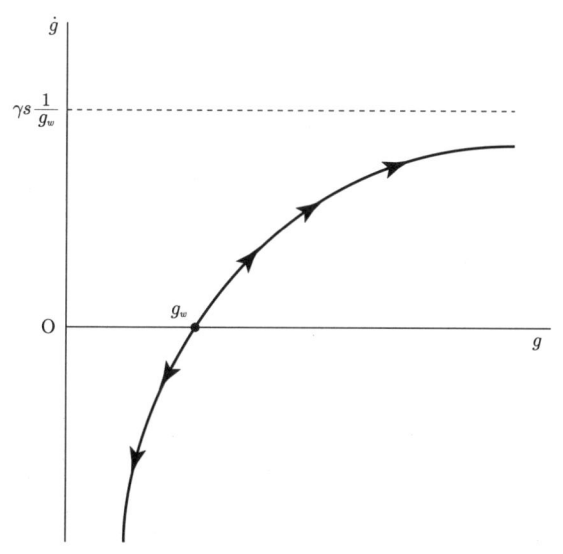

図 6.1 Harrod のナイフ・エッジ

$$\dot{g} = \gamma s \left(\frac{1}{g_w} - \frac{1}{g} \right). \tag{6.3}$$

この位相図は図 6.1 に示される．この微分方程式の定常点は一意に存在し，それは g_w である．さらにその定常点は不安定であり，少しでも定常点からずれると，一方向への不均衡の累積過程が発生することから，経済はナイフ・エッジ的不安定性をもつといえる．これが，Harrod の不安定性原理の概略であり，Harrod [1939] においても，保証成長率が非常に不安定（highly unstable）であると述べられている．

このように，資本設備の不均衡に対して，成長率を適応的に調整する投資関数を採用するときには，多くの場合，経済は不安定化する．Harrod の不安定性原理が生ずる原因は，要素代替性の欠如によるものであり，要素代替性を想定すれば，経済が安定な成長経路をたどることを，Solow [1956] が論証したと一般に考えられているが，しかし，Solow は完全雇用と Say の法則を仮定しており，保証成長率と自然成長率の安定性を証明したに過ぎず，現実の成長率と保

証成長率の安定性について述べているわけではない．

実際に，Okishio [1964], Nikaido [1980] そして Ochi & Shimomura [1989] において，要素代替性を考慮した場合（putty-putty 技術）でも，Harrod 的投資関数を想定すれば，経済の運動経路が不安定となることが論証されている．これらの論文において明らかにされたように，Harrod 的投資関数を想定すれば，不均衡の累積過程が生ずる．ただし，Harrod の不安定性原理を景気循環の説明原理としてみるとき，上方への不均衡の累積過程を逆転させるためには，労働の完全雇用の天井を考慮することが必要であり，また，下方への不均衡の累積過程を反転させるためには，粗投資ゼロの床を導入することが必要となる．これは，Hicks の制約循環の考え方と同様である．しかし，このような景気循環は，非常に厳しい循環であり，現実的ではない．

Harrod 的投資関数を想定しても，循環経路，特に，持続的循環経路が発生する可能性はないのだろうか．これが，本章の主題であり，Harrod [1970, 1973] が後年，極端な不安定性を示唆する「ナイフ・エッジ」という命名に反対して，もっと緩やかな不安定性を念頭においていたことに対応する．

ここでは，基本的に Ochi & Shimomura [1989] の枠組みに依りつつ，現実成長率と保証成長率の動学的経路について分析する．すなわち，財市場において完全競争を想定し，企業の技術選択が経済の安定性に与える影響を考慮するのである．ただし，putty-putty 技術の想定をより現実的な putty-clay 技術の想定に拡張する．

この章は次のように構成される．第2節では，生産関数と稼働関数について説明する．第3節では，いわゆる Harrod －置塩型投資関数をもとに，論を進める．このとき，連続無限個の保証成長率が存在することが結論づけられる．第4節では，投資基準として，稼働率に加えて，J. Robinson の提唱する「望ましい成長率」を導入する．このとき，保証成長率は一意に存在し，望ましい成長率に等しい．さらに，Hopf 分岐の定理を適用することにより，経済は，天井や床まで累積的運動を生ずるナイフ・エッジ的経路を示すだけでなく，持続的循環経路をたどる可能性も存在することが証明される．また，第5節では，数値計算を行ない，我々のモデルの定量的性質について論じる．

6-2 生産関数と稼働関数

次に,技術のフロンティアを示す生産関数と所与の技術のもとでの設備の利用度を表す稼働関数との関係を説明しよう.稼働関数は,Okishio [1984] において初めて導入された.ここでの説明は,主に足立 [1985] に負っている.

K を資本ストック,N^n を資本が技術的に正常に稼働されるときの雇用量,Y^n をそのときの産出量として,技術のフロンティアを示す生産関数を次のように表す.

$$Y^n = F(N^n, K). \tag{6.4}$$

生産関数を 1 次同次関数であると仮定すれば,

$$Y^n/K = f(x^n), \ x^n = N^n/K. \tag{6.5}$$

ただし,次のような性質を持つ.

$$f(0) = 0, \ f(\infty) = \infty, \ f'(x^n) > 0, \ f''(x^n) < 0. \tag{6.6}$$

ある時点で,企業の所有する資本に体化されている技術は $(x^n, f(x^n))$ とあらわせる.しかし,現実には,その時点の経済状態に応じて企業は稼働率を調整することができるので,資本設備が技術的に正常に稼働されるとはかぎらない.したがって,現実の産出量 (Y),現実の雇用量 (N) は,資本が技術的に正常に稼働されるときの産出量,雇用量に,一般には一致しないことになる.

現実の産出量と技術的に正常な産出量の比率,つまり,稼働率 $u(= Y/Y^n)$ は,現実の雇用量と技術的に正常な雇用量の比率 (N/N^n) の関数になると仮定する.$x = N/K$ と定義すれば,

$$u = Y/Y^n = u(x/x^n), \ u' > 0 \tag{6.7}$$

と書ける.これを稼働率関数と呼ぼう.

生産関数と稼働率関数を考慮すれば，現実の産出量と資本設備の比率について，

$$\frac{Y}{K} = u\left(\frac{x}{x^n}\right) f(x^n) \tag{6.8}$$

を得る．これを稼働関数と呼ぼう．

稼働率関数の持つ性質は次のようになる．

(1) $u(0) = 0$
(2) $u(1) = 1$
(3) $u(\infty) = \bar{u} > 1$
(4) ある値 $(x/x^n)^\# < 1$ が存在して，
  $u'' > 0$ for $x/x^n < (x/x^n)^\#$
  $u'' = 0$ for $x/x^n = (x/x^n)^\#$
  $u'' < 0$ for $(x/x^n)^\# < x/x^n$
(5) $u'(1) = x^n f'(x^n)/f(x^n)$, for $\forall x^n$

性質(1)は，雇用量がゼロのとき，資本設備は稼働されないことを意味する．性質(2)は，現実の雇用量が技術的に正常な雇用量に等しいとき，稼働率が1になることを意味する．性質(3)は，稼働率に上限が存在することを意味する．つまり，どんなに雇用量を増やそうとも，現存資本設備のもとでは，ある物理的な最大産出量が存在するのである．性質(4)は，雇用量が少ないときには労働の限界生産力は逓増し，$N^n (x/x^n)^\#$ を超えると，労働の限界生産力が一貫して逓減することを意味する．性質(5)は，技術的に正常な稼働点において，生産関数と稼働関数がつねに接することを意味する．以上の性質を満たす稼働関数は図6.2に示される．ただし，この図では，$x^n = x_1^n$ と特定化したときの稼働関数を描いている．生産関数は稼働関数の包絡線であり，この関係はミクロ経済学における短期費用曲線と長期費用曲線の関係と同一である．

なお，注意しなければならないのは，性質(5)により，生産関数がCobb-Douglas関数に限定されるということである．$u'(1) = \theta$ とすれば，簡単な積分演算により，

$$f(x^n) = A \cdot (x^n)^\theta, \ 0 < \theta < 1$$

図 **6.2** 生産関数と稼働関数

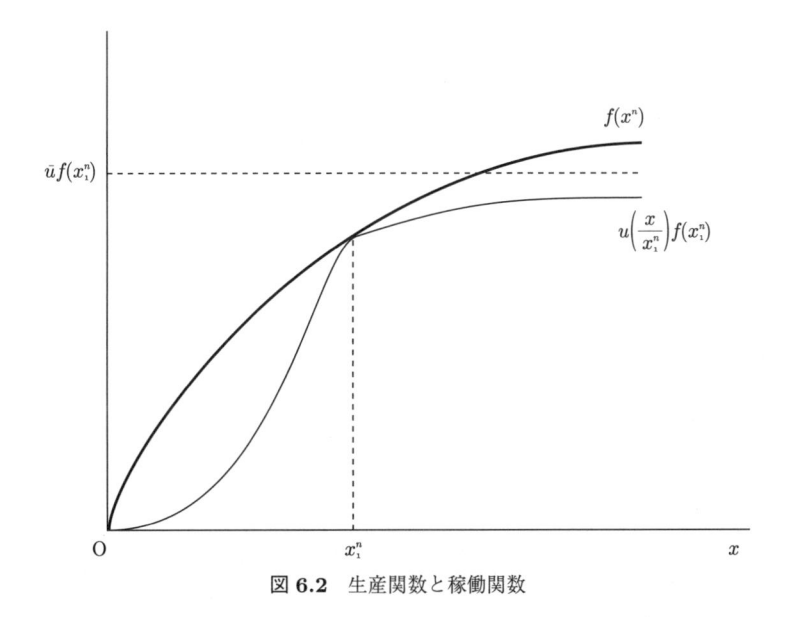

を得ることができる．ただし，A は定数である．また，$0 < \theta < 1$ は労働の限界生産力が正であること，さらに，その限界生産力が逓減的であることを想定して導出されている．

ここで，以下の議論で，稼働率を明示的に考慮するために，稼働率関数の逆関数をとろう．

$$\frac{N}{N^n} = G(u). \tag{6.9}$$

前述した稼働率関数の性質から，関数 G は次のような性質を持つ．

(1)　$G(0) = 0$
(2)　$G(1) = 1$
(3)　$\exists \bar{u} > 1, G(\bar{u}) = \infty$
(4)　ある値 $u^{\#} < 1$ が存在して，

$$G'' < 0 \text{ for } u < u^\#$$
$$G'' = 0 \text{ for } u = u^\#$$
$$G'' > 0 \text{ for } u^\# < u$$
(5)　　$G'(1) = f(x^n)/[x^n f'(x^n)],\ \text{for}\ \forall\, x^n$

なお，生産関数が Cobb-Douglas 関数に限定されることに注意すれば，関数 G に関する最後の性質 (5) は

(5')　　$G'(1) = 1/\theta$

と書き換え可能であり，以下の計算過程でこれを用いる．

6-3　基本モデル

さて，以上を前提に Harrod モデルについて検討していこう．ここで分析する体系は，以下の体系 S であり，静学体系と動学体系で構成される．

体系 S

(静学体系)

$$R^e = f'(x^e) \qquad (6.10)$$

$$f(x^n) - RG'(u)x^n = 0 \qquad (6.11)$$

$$g = suf(x^n) \qquad (6.12)$$

(動学体系)

$$\dot{g} = \beta(u - 1) \qquad (6.13)$$

$$\dot{R}^e = \alpha(R - R^e) \qquad (6.14)$$

$$\dot{x}^n = g(x^e - x^n) \qquad (6.15)$$

式 (6.10) は企業がどのように新設備の技術選択を行なうかということを示す．putty-clay 技術を想定するので，技術選択は新設備に関してのみ行なわれることになる．代表的企業は，新設備 I を正常に稼働するとして，予想される利潤率

$$\pi^e = f(x^e) - R^e x^e$$

を最大化するように，新設備に関する技術 ($x^e = N^e/I$) を選択すると想定しよう．つまり，式 (6.10) は新設備の予想利潤最大化のための 1 階条件である．ただし，R^e は予想実質賃金率である．

式 (6.11) は企業の利潤最大化行動から得られる生産決定についての式である．企業は，先決されている技術 x^n と資本設備 K，そして現行の実質賃金率 R を所与として，現行の利潤率

$$\pi = uf(x^n) - RG(u)x^n$$

を最大にするように稼働率 u を調整する．これから式 (6.11) が導出される．企業が稼働率を決定するということは，稼働率関数から同時に現実の雇用量を決定していることに等しい．すなわち，ここでは，Keynes のいう古典派の第 1 公準が成立しているのである．

式 (6.12) は財市場の均衡条件である．貯蓄は生産量の一定割合 s が行なわれると想定しよう．資本ストック 1 単位あたりの貯蓄は次のように定式化できる．

$$S/K = suf(x^n).$$

資本ストック単位あたりの投資（蓄積率）は $g = I/K$ であるので，式 (6.12) は財市場の需給一致条件（投資＝貯蓄）である．

また，式 (6.13) は Harrod－置塩型投資関数といわれるものであり，正常稼働 ($u = 1$) であれば，前期と同じ蓄積率を維持するけれども，過度稼働 ($u > 1$) であれば，前期に比して今期の蓄積率を増やし，また，遊休設備が存在 ($u < 1$) していれば，前期に比して今期の蓄積率を減らすのである．式 (6.14) は予想実質賃金率 R^e の改訂式であり，適応的期待を採用する．式 (6.15) は，putty-clay 技術の想定により，その時点で最適な技術に設備全体が瞬時に調整されるので

はなく,徐々に調整されることを示す.設備の vintage を考えれば,

$$K(t) = \int_{-\infty}^{t} I(\tau)e^{-\delta(t-\tau)}d\tau, \ N^n(t) = \int_{-\infty}^{t} x^e(\tau)I(\tau)e^{-\delta(t-\tau)}d\tau$$

と書くことができるだろう.したがって,

$$x^n(t) = \frac{\int_{-\infty}^{t} x^e(\tau)I(\tau)e^{-\delta(t-\tau)}d\tau}{\int_{-\infty}^{t} I(\tau)e^{-\delta(t-\tau)}d\tau}$$

を得る.ただし,δ は資本減耗率を示す.これを微分すれば,式 (6.15) を得る.

なお,以上の議論に加えて,本章の分析においては,労働供給が,いつも労働需要を上回っていることを想定している.つまり,Keynes 的な過少雇用均衡が常に成立しているのである.したがって,我々のモデルでは,古典派の第 1 公準を想定していることから,実質賃金率が景気動向とは逆循環的に変動することになる.

定常状態は,設備の正常稼働 ($u_* = 1$),予想実質賃金率の合致 ($R^e = R = R_*$),新設備と旧設備の技術の一致 ($x^e = x^n = x_*$) で特徴付けられる.このことに注意して,静学体系 (6.10)–(6.12) を整理すれば,

$$G'(1) = \frac{f(x_*)}{x_* f'(x_*)} \tag{6.16}$$

$$g_* = sf(x_*) \tag{6.17}$$

$$R_* = f'(x_*) \tag{6.18}$$

を得る.ただし,下付の記号(*)は定常値を示す.

式 (6.16) は,稼働率関数の逆関数の性質 (5) にほかならず,労働−資本比率,つまり,技術は一意に決定されない.技術が与えられれば式 (6.17) と式 (6.18) から,それに対応して成長率と実質賃金率が一意に決定される.したがって,g-x^n-R^e 空間において,定常点は曲線上に存在するのである.

命題 6.1 体系 S には連続無限個の定常点が存在する.定常点が安定である場合には,初期点に応じていずれかの定常点に収束する.いわゆる履歴現象が生

ずるのである.

証明については, Appendix A を参照.

6-4 Robinson 的要素を含んだ Harrod －置塩型投資関数

ここでは, 静学体系と動学体系から構成される体系 S′ を考える.
体系 S′
(静学体系)

$$R^e = f'(x^e) \tag{6.10}$$

$$f(x^n) - RG'(u)x^n = 0 \tag{6.11}$$

$$g = suf(x^n) \tag{6.12}$$

(動学体系)

$$\dot{g} = \sigma H(u-1, g^L - g) \tag{6.19}$$

$$H_1 = \partial H/\partial(u-1) > 0,\ H_2 = \partial H/\partial(g^L - g) > 0,\ H(0,0) = 0$$

$$\dot{R}^e = \alpha(R - R^e) \tag{6.14}$$

$$\dot{x}^n = g(x^e - x^n) \tag{6.15}$$

体系 S との相違点は, 投資関数のみである. 式 (6.19) の右辺における関数の第 1 要素は, 資本ストックの過不足によって, 蓄積率を調整する Harrod 的要素を示す. g^L は, 企業が「血気」に応じて長期的に成立すると予想する成長率であり, 長期期待成長率と呼ぶ. ここでは一定値をとるものとする. 第 2 要素は, 現実の蓄積率を長期期待成長率に適合させる効果を表す. 投資決定に望ましい成長率が重要な要因となることは, Robinson が強調するところである. Robinson は, Harrod モデルが資本ストック調整メカニズムによることを説明してから,

次のように述べている．引用しておこう．「われわれのモデルにおいては，投資誘因は望ましい資本ストックの見地よりも，望ましい成長率という見地から考えられた」（Robinson [1962]，邦訳，p.131）．また，σ は投資の感応度を示す正のパラメーターである．

定常状態においては，動学体系 (6.14)，(6.15)，(6.19) から，望ましい成長率の実現 ($g = g^L$)，予想実質賃金率の合致 ($R^e = R$)，新設備と旧設備の技術の一致 ($x^e = x^n$) が成立する．さらに，静学体系 (6.10)–(6.12) を考慮することにより，設備の正常稼働が実現することが分かるので，動学的定常状態では長期期待成長率と等しい成長率が実現する．しかも，定常状態は一意に定まる．

補題 6.1 定常点の近傍において，静学的内生変数 R, u, x^e は次のように，動学的内生変数 g, R^e, x^n に依存する．

$$u = u(g, x^n),\ u_g > 0,\ u_{x^n} < 0$$

$$R = R(g, x^n),\ R_g < 0,\ R_{x^n}\ ?$$

$$x^e = x^e(R^e),\ x^{e\prime} < 0$$

証明 式 (6.10) を微分することにより，

$$x^e = x^e(R^e),\ \ x^{e\prime} = 1/f'' < 0$$

が成立する．

また，式 (6.12) を全微分することにより，

$$dg = sfdu + suf'dx^n$$

を得る．これにより，

$$u = u(g, x^n),\ \ u_g = 1/(sf) > 0,\ u_{x^n} = -f'/f < 0$$

を導出できる．なお，偏微係数 u_{x^n} は定常点 ($u_* = 1$) で評価されていることに注意．

最後に，式 (6.11) を全微分することによって，

$$(f' - RG')dx^n - RG''x^n du - G'x^n dR = 0$$

を得る．ここで，$u = u(g, x^n)$ を考慮すれば，

$$G'x^n dR = -\frac{RG''x^n}{sf}dg + (f' - RG' + RG''\frac{x^n f'}{f})dx^n$$

であるから，$R = R(g, x^n)$ が成立し，直ちに，$R_g < 0$ となることが分かる．さらに，$f(x^n) = A \cdot (x^n)^\theta$, $G'(1) = 1/\theta$, $R = f'(x^n)$（最後の条件は定常状態のみで成立することに注意）を考慮すれば，

$$f' - RG' + RG''\frac{x^n f'}{f} \tag{6.20}$$

$$= (f'/\theta)(\theta - 1 + G''\theta^2) \tag{6.21}$$

となる．これにより，R_{x^n} の符号が一義的に確定せず，その符号が関数 G の形状に依存することが理解できる．■

体系 S' の動学経路を調べよう．次の微分方程式体系を調べればよい．

$$\dot{g} = \sigma H(u(g, x^n) - 1, g^L - g) \tag{S'-1}$$

$$\dot{R}^e = \alpha[R(g, x^n) - R^e] \tag{S'-2}$$

$$\dot{x}^n = g[x^e(R^e) - x^n] \tag{S'-3}$$

定常点近傍で評価された Jacobi 行列は次のようになる．

$$\begin{bmatrix} \sigma(H_1 u_g - H_2) & 0 & \sigma H_1 u_{x^n} \\ \alpha R_g & -\alpha & \alpha R_{x^n} \\ 0 & gx^{e'} & -g \end{bmatrix}.$$

さて，以下では，

仮定 A $H_1 u_g - H_2 > 0$

を一貫して想定する．この仮定は，投資関数に Robinson 的要素を導入しても，Harrod の不安定性原理の要因である，投資が投資を呼ぶ効果は保持されることを意味する．つまり，この仮定により，投資による不安定効果が維持されることが保証されるのである．以下の議論でこの仮定は本質的な役割を担う．

特性根を λ とすれば，特性方程式は

$$\lambda^3 + b_1\lambda^2 + b_2\lambda + b_3 = 0$$

となる．ただし，

$$b_1 = -(H_1 u_g - H_2)\sigma + \alpha + g := b_1(\sigma) \tag{6.22}$$

$$b_2 = -(\alpha + g)(H_1 u_g - H_2)\sigma + \alpha g(1 - R_{x^n}x^{e\prime}) := b_2(\sigma) \tag{6.23}$$

$$b_3 = \alpha g H_2(1 - R_{x^n}x^{e\prime})\sigma := b_3(\sigma) > 0 \tag{6.24}$$

$$b_1 b_2 - b_3 = (\alpha + g)(H_1 u_g - H_2)^2 \sigma^2 - [(\alpha + g)^2(H_1 u_g - H_2)$$
$$+ \alpha g(1 - R_{x^n}x^{e\prime})H_1 u_g]\sigma + (\alpha + g)\alpha g(1 - R_{x^n}x^{e\prime}) := \Delta_2(\sigma) \tag{6.25}$$

ここで，前述した補題の結果から

$$1 - R_{x^n}x^{e\prime} = \frac{\theta^2 G^{\prime\prime}}{1 - \theta} > 0$$

が成立することに注意．

命題 6.2 $0 < \sigma < \sigma_1$ に対して，体系 S′ の定常点は局所的に安定である．ただし，σ_1 は $\Delta_2(\sigma) = 0$ を満たす実数解のうち，小さい方である．

証明 $\Delta_2(\sigma) = 0$ の判別式について，

$$[(\alpha + g)^2(H_1 u_g - H_2) + \alpha g(1 - R_{x^n}x^{e\prime})H_1 u_g]^2$$
$$- 4(\alpha + g)^2 \alpha g(1 - R_{x^n}x^{e\prime})(H_1 u_g - H_2)^2$$
$$= [(\alpha + g)^2(H_1 u_g - H_2) - \alpha g(1 - R_{x^n}x^{e\prime})H_1 u_g]^2$$
$$+ 4(\alpha + g)^2 \alpha g(1 - R_{x^n}x^{e\prime})(H_1 u_g - H_2)H_2 > 0$$

が成立するので，$\Delta_2(\sigma) = 0$ を満たす σ は実数である．さらに，$\Delta_2(\sigma)$ の対称軸が正の部分にあり，$\Delta_2(0) > 0$ であることに注意すれば，$\Delta_2(\sigma) = 0$ を満たす正の実数解 $\sigma_1, \sigma_2 (0 < \sigma_1 < \sigma_2)$ が存在することが分かる．さらに，$b_1(\sigma) = 0$ を満たす $\sigma_\$ = (\alpha + g)/(H_1 u_g - H_2)$ について，

$$\Delta_2(\sigma_\$) = -\frac{\alpha g(\alpha + g)(1 - R_{x^n} x^{e'})H_2}{H_1 u_g - H_2} < 0 \qquad (6.26)$$

が成立することから，$\sigma_1 < \sigma_\$ < \sigma_2$ がいえる．

関数 $b_1 = b_1(\sigma)$ は単調減少関数であり，$b_1(0) = \alpha + g > 0$ が成立するので，$0 < \sigma < \sigma_1$ において，$b_1 > 0$ が成立する．また，$\sigma = \sigma_1$ は $\Delta_2(\sigma) = 0$ の小さい方の解であるから，$\sigma < \sigma_1$ において，$\Delta_2(\sigma) = b_1 b_2 - b_3 > 0$ が成立する．さらに，式 (6.24) により，$\sigma > 0$ において $b_3 > 0$ が成立する．したがって，Routh–Hurwitz 条件を適用することで，定常点は安定であると結論できる．■

命題 6.3 $H_1 u_g - H_2 > 0$ が成立すると仮定しよう．このとき，$\sigma = \sigma_1$ において，体系 S' は Hopf 分岐の条件をすべて満足する．すなわち，$\sigma = \sigma_1$ の近傍において，体系 S' の非定常的な周期解が存在する．

証明 Hopf 分岐の発生を確かめるためには，先に提示した命題 4.2 を利用すれば容易である．

$\sigma = \sigma_1, \sigma_2$ のときに $\Delta_2(\sigma) = 0$ が満たされるが，$\sigma = \sigma_2$ のときには，$b_2(\sigma_2) = b_3(\sigma_2)/b_1(\sigma_2) < 0$ であるから，このときには，純虚根を持たない．他方，$\sigma = \sigma_1$ のときには，$b_1(\sigma_1) > 0$ かつ $\Delta_2(\sigma_1) = b_1(\sigma_1) b_2(\sigma_1) - b_3(\sigma_1) = 0$ が成立する．さらに，$b_2(\sigma_1) > 0$ が成立することが分かる．さらに，σ_1 における $\Delta_2(\sigma)$ の傾きは負であることから，$\sigma = \sigma_1$ において Hopf 分岐が発生することがいえる．■

安定な極限周期軌道が発生する場合，経済は循環的成長を経験する．また，不安定な極限周期軌道が発生する場合においては，小さな衝撃が生じたときには，経済は定常状態に収束するけれども，大きな衝撃に対しては，定常点に復帰することなく不安定な運動を示す．これは，Leijonhufvud [1973] の回廊安定性に対応すると指摘されることが多い．しかし，Harrod [1973] においてもこのよう

な概念がみられる．Harrodは，Keynesの有効需要の原理を基礎にして，現実の経済成長率の不安定性・不均衡の累積過程に関する議論を展開し，学界に大きな影響を与えた．しかしながら，後年，「ハロッドのナイフ・エッジ（Harrod's knife-edge）」という極端な不安定性を示唆する命名に違和感を感じて，現実の成長率と保証成長率について，Harrodは次のように述べている．

> … いつでも両成長率の間には何らかの乖離が生じやすいのである．しかし，その乖離があまり大きなものでないならば，不安定性原理が働くとは考えられない．… 不安定性原理が働くに至るほど十分大きな乖離を生ぜしめるためには，… かなり大きな乖離が必要となるだろう．(Harrod [1973], 邦訳, p.51–52)

このように，supercriticalなHopf分岐だけでなく，subcriticalなHopf分岐も経済的に重要な意味をもつ．しかし，supercriticalなHopf分岐とsubcriticalなHopf分岐のどちらが発生するかは，動学体系で用いられている関数の高次の微係数に依存するので，経済的考察からは明確に述べることはできないのである．

さて，以上では，投資に関する企業の感応度に着目して，経済の動態現象について分析を行なってきた．ここでは，さらに，実質賃金率の予想に関して議論を拡張してみよう．つまり，調整係数 α を分岐パラメータとして解析的分析を行なうことにする．そのために，特性方程式の係数について α に関して再定義し再整理すれば，

$$b_1 = \alpha + g - B_1\sigma := b_1(\alpha) \tag{6.27}$$

$$b_3 = gH_2B_2\sigma\alpha := b_3(\alpha) > 0 \tag{6.28}$$

$$b_1b_2 - b_3 = (B_2g - B_1\sigma)\alpha^2 + [(g - B_1\sigma)(B_2g - B_1\sigma) - B_1g\sigma$$
$$-gH_2B_2\sigma]\alpha - (g - B_1\sigma)B_1g\sigma := \Delta_2(\alpha) \tag{6.29}$$

となる．ただし，

$$B_1 := H_1 u_g - H_2 > 0,\ B_2 := 1 - R_{x^n} x^{e\prime} > 0$$

とする.以下の命題を導くことができる.

命題 6.4 体系 S′ を考察する.

(1) もし,Harrod 効果が弱い $[H_1 u_g - H_2 < (1 - R_{x^n} x^{e\prime})g/\sigma]$ ならば,定常状態はすべての $\alpha > \alpha_2$ に対して,局所的に安定である.ただし,α_2 とは,$L(\alpha) = b_1(\alpha) b_2(\alpha) - b_3(\alpha) = 0$ についての大きい方の解である.さらに,Hopf 分岐の条件が $\alpha = \alpha_2$ で満たされるので,この近傍で周期解の存在が結論できる.

(2) Harrod 効果が強い $[(1 - R_{x^n} x^{e\prime})g/\sigma \leq H_1 u_g - H_2]$ としよう.このときには,定常状態はすべての $\alpha > 0$ に対して局所的に不安定である.

証明については,Appendix B を参照のこと.この命題から,経済の安定性が Harrod 効果の強さに大きく依存していることが分かる.Harrod 効果が弱いならば,予想の調整速度が速いことにより,経済は安定化する.しかしながら,Harrod 効果が十分強いならば,たとえ,完全予見 ($\alpha \to \infty$) のもとでも,経済は不安定化するのである.

6-5 数値計算

この節では,極限周期軌道の安定性とその個数について吟味する.これは,前節で検討されなかった問題である.我々は,関数形と数値パラメーターを特定化することによって,数値計算を実行しよう.

まず最初に,稼働率関数の逆関数と投資関数をそれぞれ次のように特定化する.

$$G(u) = -\ln\left(\frac{1}{0.23592u + 0.47502} - 1\right) + 0.1,$$
$$H(u - 1, g^L - g) = h_1[\exp(u - 1) - 1] + h_2(g^L - g).$$

ただし,関数 $G(u)$ は

$$u = \frac{1}{0.23592\left[1 + \exp\left(-\dfrac{x}{x^n} + 0.1\right)\right]} - 0.47502/0.23592$$

から導出され，この関数はいわゆるロジスティック方程式と同型であり，$x/x^n = 0.1$ において変曲点を有し，上限値として $\bar{u} = 2.2$ を持つ．

さらに，パラメーターに関しては，次の値が選択される．

$$h_1 = 1,\, h_2 = 19.5,\, \alpha = 2.0,$$
$$g^L = 0.05,\, s = 0.2,\, A = 0.25.$$

θ の値は $G'(1)$ の逆数値と一致するように決定される．つまり，

$$\theta = 0.87102$$

となる．

このような設定のもとでは，次のような定常値が求められる．

$$g_* = 0.05,\, R_* = 0.22,\, x_* = 1.$$

また，仮定 A が定常状態において成立していることに注意しておこう．つまり，

$$H_1 u_g - H_2 = 0.5 > 0$$

が成立する．以上より，この数値例において極限周期軌道の存在について確認することができる．分岐点を計算すれば，

$$\sigma_1 = 0.15661$$

となる．

そこで，$\sigma = 0.2$ と固定して数値計算を実行してみよう．このとき，一意かつ安定な極限周期軌道が存在することが分かる．つまり，supercritical な Hopf 分岐が発生しているのである．g-x^n 平面における極限周期軌道の投影図が図 6.3 において提示され，この図において，異なる 2 つの初期点から出発する軌道が

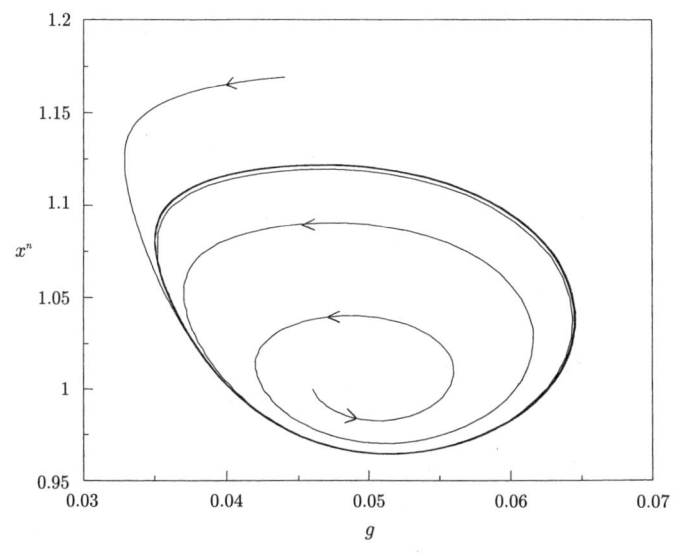

図 6.3 g-x^n 平面における極限周期軌道の投影図

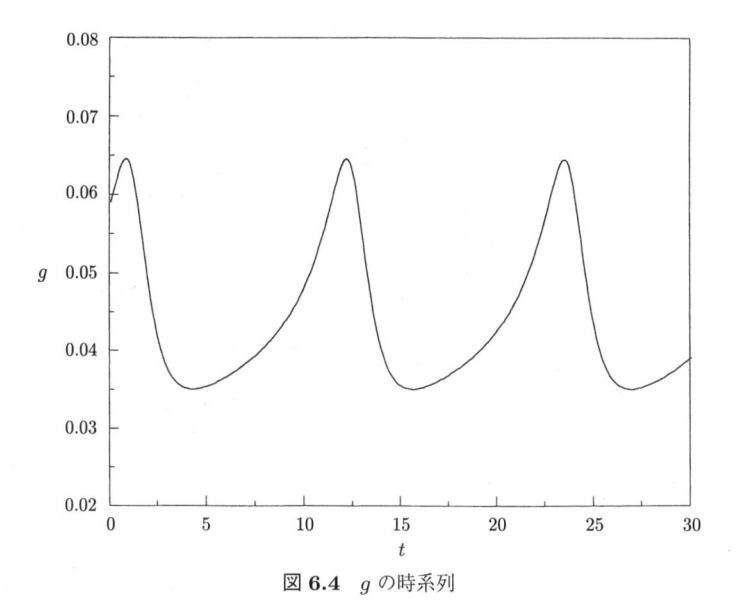

図 6.4 g の時系列

変数	景気の山	景気の谷
g	6.46	3.50
u	126.16	65.29
π	7.20	0.85
R	0.23	0.17
x^n	1.12	0.96

[注] g, u, π はすべてパーセント表示である．

表 6.1 景気循環の振幅の大きさ

変数	g の山に対する先行（−）もしくは遅行（＋）（年）	g の谷に対する先行（−）もしくは遅行（＋）（年）
g	-	-
u	-0.2 [山]	-0.4 [谷]
π	-0.1 [山]	-0.2 [谷]
R	0.2 [谷]	1.2 [山]
x^n	1.3 [山]	6.2 [谷]

表 6.2 転換点のタイミング

パラメーター	g の定常値	周期	g の山	g の谷
基準経路	5.00	11.4	6.46	3.50
$\alpha = 3$	5.00	9.4	6.03	3.87
$g^L = 0.051\,(5.1\%)$	5.10	9.8	6.20	3.93
$s = 0.8$	5.00	11.4	6.46	3.50

表 6.3 成長率の時間経路に対する比較動学

一意の極限周期軌道に収束していくことが見てとれる．時間の単位を1年と解釈すれば，極限周期軌道の周期は11.4年であり，それゆえに，この景気循環は，設備投資の変動によって生じているとされるJuglar循環に対応している．

図6.4において，gの時系列を示した．この図から，景気循環の拡張期と収縮期の期間の長さの非対称性が識別できる．これは，現実の景気循環においても観察される特徴である．我々のデータから算定すれば，拡張期間は7.9年であり，収縮期間は3.5年である．ゆっくりと景気が回復していき，そして景気のブームを享受する．しかしながら，そのブームは持続可能ではなく，やがて終焉する．景気の山に到達した後には，景気の状態が急激に悪化し，すぐさま景気の谷へと向かうのである．

我々は，g, u, π, R, x^n の時系列データに関して，景気の振幅の大きさと景気の転換点の時期について計算した．その結果は表6.1と表6.2に示される．

最後に，表6.3において，比較動学の結果をまとめる．パラメーターの変化が成長率の時間経路にどのような影響を与えるかを検討した．具体的には，α，g^L，sというパラメーターについて考察する．景気循環の周期が短くなり，かつ，成長率の振幅が小さくなるという意味で，αとg^Lの上昇は安定化効果を持つ．他方，sの上昇はいかなる効果ももたらさないことも観察された．

6-6 まとめ

本章で得られた結論は次のようなものである．

体系Sにおいては，均衡成長率が無限個存在し，一意に決定されない（命題6.1）．これは，企業が技術選択を予想利潤最大化によって，また，生産を利潤最大化によって決定するという想定によるところが大きい．定常状態において，実質賃金率と予想賃金率が等しくなり，利潤と予想利潤が等しくなるからである．このとき，利潤率 $((1-\theta)f(x_*))$ も一意に決定されないことが分かる．Harrod[1970]は，マクロ動学においてはありそうもないという条件付きながら，均衡利潤率が1つ以上存在する場合には，均衡成長率が1つ以上存在することを承

認している.

体系 S′ においては,主要な結論は命題 6.3 もしくは命題 6.4 である.この体系が循環的挙動を示すメカニズムは次のようなものである.定常状態にある経済において,何らかのショックによって,蓄積率 g が上昇したとしよう.蓄積率の上昇は有効需要の増大をもたらし,稼働率 u の上昇と実質賃金率 R の下落を招く.稼働率 u の上昇によって,企業は資本不足を認識しさらに蓄積率を上昇させる(Harrod の不安定性原理).ところが,実質賃金率の下落によって予想実質賃金率も下落し,企業は労働使用的な技術を選択する.これが,稼働率を下げる効果をもち,経済の上方への不均衡の累積過程が転換する要因となるのである.

Appendix A: 命題 6.1 の証明

体系 S は体系 S′ の特殊ケースと見ることができる.両者の違いは,投資関数の違いだけであるから,$H_1\sigma = \beta$ かつ $H_2 = 0$ とすればよい.このとき,体系 S のある定常点の近傍で評価された Jacobi 行列に対応する特性方程式は次のようになる.

$$\lambda^3 + b_1\lambda^2 + b_2\lambda + b_3 = 0$$

ただし,

$$b_1 = -u_g\beta + \alpha + g$$

$$b_2 = -(\alpha + g)u_g\beta + \alpha g(1 - R_{x^n}x^{e'})$$

$$b_3 = 0$$

ここで,$b_3 = 0$ であるから,特性根の 1 つはゼロであり,体系が安定な場合には初期値に応じて定常値に収束するといえる.

Appendix B: 命題 6.4 の証明

まず, 命題 6.4 (1) の部分について証明を行なうことにする. 関数 $L = L(\alpha)$ は U 字型の凹関数である. 以下の 2 つの場合分けを行なう.

(1-a) $g - B_1\sigma > 0$ の場合. $L(0) < 0$ であるから, 2 次方程式 $L(\alpha) = 0$ は相異なる 2 つの実数解 ($\alpha_1 < 0 < \alpha_2$) を持つ. したがって, $\alpha > \alpha_2$ であれば, $L(\alpha) > 0$ となり, 他方, $\alpha \in (0, \alpha_2]$ に対しては, $L(\alpha) \leq 0$ が成立する. さらに, $\alpha > 0$ に対して, $b_1(\alpha) > 0$ かつ $b_3(\alpha) > 0$ であることは明らかである. したがって, $\alpha > \alpha_2$ に対して, Routh–Hurwitz 条件が成立する.

(1-b) $g - B_1\sigma \leq 0$ の場合. 単調増加関数 $b_1 = b_1(\alpha)$ は, 非正の切片を持つことから, $b_1(\alpha_h) = 0$ を満たす, 非負の α_h が存在する. $\alpha = \alpha_h$ を関数 $L(\alpha)$ に代入すれば, $L(\alpha_h) = -b_3(\alpha_h) < 0$ が成立する. したがって, 2 次方程式 $L(\alpha) = 0$ は相異なる実数解を持つ ($\alpha_1 < \alpha_2$). さらに, 関数 $L = L(\alpha)$ の対称軸が正であり, $L(0) = -(g - B_1\sigma)B_1 g\sigma \geq 0$ であることから, $0 \leq \alpha_1 \leq \alpha_h < \alpha_2$ となることが分かる. 以上の考察から, $\alpha > \alpha_2$ であれば, Routh–Hurwitz の条件が満たされることが結論できる.

次に, $\alpha = \alpha_2$ において, Hopf 分岐が発生することを証明しよう. $\alpha = \alpha_2$ であれば, $b_1 b_2 - b_3 = 0, b_2 > 0, b_1 \neq 0$ が成立することが上の議論から分かる. これに加えて, $L'(\alpha_2) > 0$ も成立する. 以上より, 命題 6.3 と同様に, Hopf 分岐の条件が満たされるので, Hopf 分岐の発生が保証されるのである.

では, 命題 6.4(2) の証明に移る. まず, (2-a) $B_2 g - B_1\sigma < 0$ と (2-b) $B_2 g - B_1\sigma = 0$ に分類しよう.

(2-a) $B_2 g - B_1\sigma < 0$ の場合. このときには, 関数 $L = L(\alpha)$ は凸関数である. ここで, $g - B_1\sigma \geq 0$ であれば, 関数 $L = L(\alpha)$ は負の対称軸を持ち, $L(0) \leq 0$ となるので, $\alpha > 0$ に対して, $L(\alpha) < 0$ となる. 他方, $g - B_1\sigma \leq 0$ であれば, 2 次方程式 $L(\alpha) = 0$ は相異なる実数解 ($\alpha_1 < 0 < \alpha_2$) を持つ. また, 単調増加関数 $b_1 = b_1(\alpha)$ について, 正の α_h が存在して, $b_1(\alpha_h) = 0$ が成立する. ここで, $L(\alpha_h) = -b_3(\alpha_h) < 0$ であるから, $\alpha_2 < \alpha_h$ が成立する. したがって,

$0 < \alpha < \alpha_2$ のときには, $b_1(\alpha) < 0$ であり, そうでなければ, $L(\alpha) \leq 0$ が成立する. 以上より, 少なくとも1つの Routh–Hurwitz の条件が満たされないことから, (2-a) の場合には, すべての α に関して, 定常点は不安定である.

(2-b) $B_2 g - B_1 \sigma = 0$ の場合. このときには, 単に関数 $L = L(\alpha)$ が線型関数になるだけであり, (2-a) の場合と同様の考察が当てはまり, すべての α に関して, Routh–Hurwitz 条件が少なくとも1つは満たされない.

第7章

裁量的財政政策における政策ラグと「成長循環」モデル
——Hopf 分岐，周期倍化分岐，そして，カオス的成長循環

7-1 はじめに

　1960 年代から 1970 年代にかけて，裁量的財政政策の有効性について多くの議論がケインジアンとマネタリストとの間でなされた．経済の本質的な不安定性に着目し，政府の積極的介入の必要性を説くケインジアンに対して，市場メカニズムを信奉し，裁量的政策の無効性を主張するマネタリズムは反論を提出した．それは例えば，「失業を減少させるために継続的に過大な政府支出を行なうならば，経済にインフレを定着させることになり，政府の総需要管理政策はかえって有害である」という主張であったり，「政府支出は一時的には国民所得水準を上昇させ，失業率を減少させるかもしれないが，最終的には利子率の上昇により民間の投資支出が抑制され（クラウディング・アウト効果），国民所得水準の増大はさほど大きくはなく財政政策は無効である」という言明であったりした．

　本章では，財政政策のタイミングが経済の安定性に与える影響について考察する．財政政策が適切なタイミングで行なわれなければ，その政策は無効であるばかりか，経済の不安定性を増幅させる可能性があるとよく言われる．このような見解は Friedman [1948] もしくは Mankiw [1994] によって主張されている．裁量的財政政策には，政策ラグ，すなわち政策措置の実施に伴うタイムラグが存在し，経済安定政策の有効性はこの政策ラグの長さにおおいに依存するので

ある．例えば，政府が景気後退を認識し，政策変更を意図したとしよう．しかしながら，政策変更には議会による審議・議決が必要であり，概してこのような立法過程は長い時間を消耗する．そして，拡張的政策が実行される頃には景気は回復基調の状態にあって，その効果は，政府の意図に反し，経済の不安定化要因になるかもしれないというわけである．

最後にやや技術的な注意事項について述べておこう．我々のモデルは分布ラグを用いて財政政策に関するタイムラグを考慮する．Goodwin モデルの枠組みにおいて，分布ラグを利用した文献はいくつか存在する．例えば，Chiarella [1990, Chapter 5] と Farkas & Kotsis [1992] は賃金が労働市場の不均衡に緩慢にしか反応しないこと（賃金の硬直性）を考慮して，Phillips 曲線を修正して分析を行なっている．また，Fanti & Manfredi [1998] においては，profit-sharing の仮説と賃金決定における情報の非対称性の存在に着目して Phillips 曲線を拡張してモデルを構築している．上記の3論文は労働市場におけるタイムラグを考慮するために数理モデルを展開しているという共通基盤を保有している．これに対して，我々は，政策ラグという別の観点から Goodwin モデルを拡張しているのである．

以下では，次のような構成がとられる．第2節においては，記号の説明，基本モデルの設定を行なう．第3節では，モデルの分析を行ない，経済の定常状態の性質，安定条件を調べ，Hopf 分岐の定理による極限周期軌道の存在証明をする．第4節は財政政策にタイムラグを考慮した拡張モデルを分析する．このとき，数値計算によってカオスの発生が確認される．これを経済学的に述べれば，財政政策パラメーターの増大は経済を不安定化させるという結果が得られる．また，第5節では，資本蓄積を考慮したモデルを展開する．そして，第6節において結論が述べられる．

7-2　モデル

我々は，次のように記号を定める．

l：労働雇用量，n：労働供給量（$\dot{n}/n = \beta$），Q：生産量，W：貨幣賃金率，p：価格水準，π^e：予想インフレ率，$a = Q/l$：労働生産性（$\dot{a}/a = \alpha$，技術進歩成長率は一定），C_K：資本家消費，C_L：労働者消費，I：投資，G：政府支出，T：税収，B：債券，i：利子率，q：債券の市場価格．

ただし，Q, C_K, C_L, I, G, T，そして B はすべて実質タームで測られている．

労働分配率，雇用率はそれぞれ

$$u = \frac{Wl}{pQ} = \frac{W}{pa} \tag{7.1}$$

$$v = \frac{l}{n} = \frac{Q}{na} \tag{7.2}$$

のように表される．

［労働者］労働者は所得として，$Wl = upQ$ を受け取り，その一定割合 δ だけが税として差し引かれる．したがって，労働者の可処分所得は $(1-\delta)upQ$ であり，労働者はそれをすべて消費 pC_L に回すとする．つまり，

$$pC_L = (1-\delta)upQ. \tag{7.3}$$

［資本家］資本家の所得は，$(1-u)pQ + B - q\dot{B}$ であり，第 1 項は財の生産活動に由来する所得，第 2 項は債券保有による利子所得，第 3 項は新債券の引受による支出を示す．ここでは，Wolfstetter [1982] と同様に，政府がコンソル債を発行しており，発行債券はすべて資本家が購入すると仮定している．簡単化のため，資本家も労働者と同じように所得の一定割合 δ が所得税として差し引かれるとする．資本家は可処分所得の一定割合 c を消費に回すとする．つまり，資本家の消費 C_K は

$$pC_K = c(1-\delta)[(1-u)pQ + B - q\dot{B}], \ 0 < c < 1 \tag{7.4}$$

である.また,資本家は投資を行なう唯一の主体である.産出が需要によって決定されることを考慮するためには,貯蓄行動から独立な投資関数を設定することが是非とも必要である.どのような投資関数を想定するかは,経済学者ごとに異なり,それぞれの経済学者の経済観が反映される.ここでは,Kaldor [1961] の経済成長に関する「定型化された事実」の第5番目の事実に着目しよう.そこでは,投資比率と資本分配率の間に正の相関関係が成立し,実証研究においてもその存在が確認されることが述べられている.これを踏まえて,投資関数を次のように定める.

$$I = H(1-u)Q. \tag{7.5}$$

なお,関数 $H(1-u)$ が $dH/d(1-u) > 0, H(0) = 0$ を満たすことに注意.

資本家は,単位コストに一定のマークアップ率 m を上乗せして望ましい価格 p^D を決定するとする.つまり,

$$p^D = m\frac{Wl}{Q} = m\frac{W}{a}. \tag{7.6}$$

しかしながら,望ましい価格は常に実現されることはなく,現実の価格変動は次のように定式化される.

$$\frac{\dot{p}}{p} = \gamma\frac{\dot{p}^D}{p^D}, \ 0 < \gamma < 1. \tag{7.7}$$

ここで,$0 < \gamma < 1$ という仮定は価格硬直性を意味する(この点については,Sportelli [1995] 参照のこと).

[政府] 政府の税収の財源は,労働者と資本家の所得税の合計であるから

$$\begin{aligned} pT &= \delta[upQ + (1-u)pQ + B - q\dot{B}] \\ &= \delta[pQ + B - q\dot{B}]. \end{aligned} \tag{7.8}$$

と表される.また,政府支出は次のように定式化される.

$$pG = \delta pQ + \mu(v_* - v)pQ. \tag{7.9}$$

第1項は恒常的支出であり，政府が，経済の規模に比例して，支出することを示す．また，第2項は裁量的支出を示し，政府は，経済の均衡雇用率 v_* を基準に雇用政策を実施することを意味する．$\mu > 0$ のときには，不況時に政府支出を増やし，好況時に政府支出を減少させるような，反循環的な政策がとられる．また，$\mu < 0$ のときには，順循環的な政策をとることになる．Wolfstetter [1982] は，後者を古典派的政策，前者を Keynes 的政策と呼んでいる．さらに，Wolfstetter にならい，政府は財政赤字をすべて新債券発行によって賄うとする．したがって，政府の予算制約式は次のように表される．

$$q\dot{B} = B + p(G - T). \tag{7.10}$$

なお，本章では，金融当局が金融政策として利子率固定（$i(t) = i$）の政策を採用しているとする．これは，Moore [1988] の定義によれば，「水平線学派（the Horizontalist）」的見解である．この表現は，利子率－貨幣平面において貨幣供給関数が水平であることに因んでいる．水平線学派の基本的認識は，中央銀行は貨幣供給量を完全に制御することはできないという点にある．現代の貨幣経済のもとでは，貨幣のうち大部分が信用貨幣で占められており，この信用貨幣は銀行システムにおいて創造されているものである．銀行から企業に貸付が行なわれることによって，信用貨幣の供給が行なわれており，中央銀行が経済全体の貨幣供給量を完全に制御することは不可能なのである．したがって，貨幣市場において，貨幣供給量は，貨幣需要量によって決定されることになる．

これに対して，「垂直線学派（the Verticalist）」という表現も存在する．前述の説明から容易に類推できるように，垂直線学派は貨幣供給曲線が垂直であることを想定する．つまり，金融当局がハイパワードマネーを操作し，外生的に貨幣供給を制御できると考えるのである．このような垂直線学派の想定は，広く受け入れられ，入門的マクロ経済学のテキストにも見られる．しかしながら，Moore [1988] は，現代の信用貨幣経済のもとでは，信用貨幣が内生的に決定されているという事実に基づいて，水平線学派的見解の方が重要であることを強調

している．我々もMooreの指摘に従い，金融当局が利子率をある水準に固定し，貨幣需要に合わせて内生的に貨幣供給量の水準が決められるという水平線学派的見解を以下で採用する（なお，水平線学派と垂直線学派のさらに詳しい説明については，植村・磯谷・海老塚 [1998] の第2章を参照のこと）．また，Asada [1991a] と Franke & Asada [1994] においては，垂直線学派的見解を採用し，名目貨幣供給が一定率で増大し，名目利子率が内生的に決定するという分析枠組みの下で分析を実行している．

利子率一定の仮定により，t 時点における債券価格は以下のような一定値をとる．

$$\begin{aligned} q(t) &= \int_t^\infty \exp\{-i(\tau - t)\}d\tau \\ &= 1/i. \end{aligned} \tag{7.11}$$

［財市場］現代の資本制経済において財市場は，伸縮的な価格調整において常に需要と供給の一致する均衡状態にあるわけではない．前述したように，資本家がマークアップ率をもとに，価格を決定するのが通常であろう．ここでは，財市場の不均衡は数量調整，すなわち，在庫調整によって満たされると想定する．つまり，財市場において，超過需要（超過供給）が発生する場合には，在庫ストックの放出（積み増し）によって需給一致が達成されるのである．

生産調整方程式は，以下のように特定化される．つまり，財市場の超過需要に応じて生産量が決定されるのである．

$$\dot{Q} = \varepsilon(C_L + C_K + I + G - Q). \tag{7.12}$$

［労働市場］労働市場の不均衡は次のように貨幣賃金率の変化に反映される．

$$\frac{\dot{W}}{W} = F(v) + \pi^e, \ F(0) < 0, \ \lim_{v \to 1} F(v) = \infty, \ F' > 0. \tag{7.13}$$

このような貨幣賃金率と雇用率の関係は，インフレの影響も考慮に入れて貨幣賃金率の決定に交渉力を持つ労働組合の存在を念頭においている．雇用率が高く（失業率が低く）なれば，貨幣賃金率の上昇率は大きくなり，他方，雇用

率が低く（失業率が高く）なれば，貨幣賃金率の上昇率は低くなる（場合によっては，負の値もとる）のである．このような関係式は Phillips 曲線とも呼ばれ，Marx の言う産業予備軍効果でもある．したがって，以上の議論から，景気動向と順循環的に変動する実質賃金率の運動がモデルに組み込まれていることが理解できるであろう．

また，インフレ予想形成は適応的期待によってなされるとする．

$$\dot{\pi}^e = \theta\left(\frac{\dot{p}}{p} - \pi^e\right), \ \theta > 0. \tag{7.14}$$

7-3 モデル分析

7-3-1 微分方程式体系

我々は u, v, π^e に関する 3 変数の微分方程式体系から構成される体系 I を分析することになる．

体系 I

$$\dot{u} = (1-\gamma)[F(v) + \pi^e - \alpha]u \tag{7.15}$$

$$\dot{v} = \{\varepsilon[H(1-u) - (1-c)(1-\delta)(1-u) + \mu(1-c)(v_* - v)] - \alpha - \beta\}v \tag{7.16}$$

$$\dot{\pi}^e = \theta[\gamma(F(v) + \pi^e - \alpha) - \pi^e] \tag{7.17}$$

式 (7.15) は労働分配率の定義式から導かれる．まず，労働分配率の定義式を対数微分し，式 (7.6), (7.7), (7.13) を考慮すれば，

$$\begin{aligned}\frac{\dot{u}}{u} &= \frac{\dot{W}}{W} - \frac{\dot{p}}{p} - \alpha \\ &= (1-\gamma)[F(v) + \pi^e - \alpha]\end{aligned}$$

が得られる．これから，式 (7.15) が導かれる．

同様に，式 (7.16) も雇用率の定義式から導出される．対数微分を行ない，式 (7.3)，(7.4)，(7.5)，(7.8)，(7.9)，(7.10)，(7.12) を考慮すれば，式 (7.16) が得られる．

最後に，式 (7.17) に関しては，式 (7.14) に式 (7.6)，(7.7)，(7.13) を代入すればよい．

7-3-2　定常状態の性質

定常値 $(u_*, v_*, \pi^e{}_*)$ は $\dot{u} = \dot{v} = \dot{\pi}^e = 0$ として求められる．つまり，

$$F(v_*) = \alpha \tag{7.18}$$

$$\varepsilon[H(1-u_*) - (1-c)(1-\delta)(1-u_*)] - \alpha - \beta = 0 \tag{7.19}$$

$$\pi^e{}_* = 0 \tag{7.20}$$

関数 F の性質から $0 < v_* < 1$ が一意に存在することは明らか．そして，$0 < u_* < 1$ が一意に存在することを仮定する．さらに次の仮定をおく．

仮定 $H'(1-u_*) > (1-c)(1-\delta)$

この仮定の経済学的意味は，定常状態においては資本家の限界投資性向が資本家の限界貯蓄性向を上回るということである．このような状況は Kaldor [1940] においても想定されている．

また，定常値として $u = 0$ または $v = 0$ となる組み合わせのものが存在するが，経済的な意味に乏しいので以下では考慮しない．

では，定常値 $(u_*, v_*, \pi^e{}_*)$ の経済的性質はどのように解釈できるのだろうか．式 (7.14)，(7.20) より定常状態においては予想物価上昇率，したがって，物価上昇率はゼロとなる．さらに，式 (7.13)，(7.18)，(7.20) を考慮すれば，名目賃金率上昇率は労働生産性の上昇率と等しくなる．また，$1-v_*$ は自然失業率，もしくは，インフレ非加速失業率（NAIRU）と解釈できるだろう．最後に，生産の成長率 $\dot{Q}/Q$ は自然成長率 $(\alpha+\beta)$ となる．また式 (7.8)，(7.9) を式 (7.10) に

代入し,定常状態にあることに注意すれば,国債残高の増加率は i となること がわかるから,$i < \alpha + \beta$ となることを仮定する.この仮定により,経済が定常 状態にとどまる限り,国債残高 - GNP 比率 (B/Q) が長期的にはゼロとなる ことが保証される.

次に,政策パラメーターの変化が定常値にどのような影響を与えるかを見る. つまり,比較静学分析を試みる.財政政策パラメーターは定常状態に全く影響を 与えない.これは,財政政策発動の基準となる失業率が自然失業率であること による.また,所得税率の上昇は,物価上昇率と雇用率には影響しないが,労働 分配率に正の効果をもたらすことがいえる.なぜなら,式 (7.19) を考慮すれば,

$$\frac{du_*}{d\delta} = \frac{(1-c)(1-u_*)}{H' - (1-c)(1-\delta)} > 0$$

が成立するからである.

7-3-3 安定性分析と Hopf 分岐の定理

経済の局所安定性について分析を行なう.そのために,まず,定常値の近傍 で考慮した Jacobi 行列を求める.ただし,以下では,定常値を示す変数の右下 の添字 ($*$) は省略する.

$$J_1 = \begin{bmatrix} 0 & u(1-\gamma)F' & u(1-\gamma) \\ -v\varepsilon[H' - (1-c)(1-\delta)] & -v\varepsilon(1-c)\mu & 0 \\ 0 & \theta\gamma F' & -\theta(1-\gamma) \end{bmatrix}$$

これより,λ を特性根として,特性方程式は次のように示される.

$$\lambda^3 + b_1\lambda^2 + b_2\lambda + b_3 = 0.$$

ただし,

$$b_1 = v\varepsilon(1-c)\mu + \theta(1-\gamma) := b_1(\mu) \tag{7.21}$$

$$\begin{aligned} b_2 &= v\varepsilon(1-c)\theta(1-\gamma)\mu + v\varepsilon[H' - (1-c)(1-\delta)]u(1-\gamma)F' \\ &:= b_2(\mu) \end{aligned} \tag{7.22}$$

$$b_3 = v\varepsilon[H' - (1-c)(1-\delta)]\theta u(1-\gamma)F' > 0 \tag{7.23}$$

$$b_1 b_2 - b_3 = v^2 \varepsilon^2 (1-c)^2 \theta (1-\gamma)\mu^2$$
$$+ \{v\varepsilon(1-c)\theta^2(1-\gamma)^2 + v^2\varepsilon^2(1-c)[H' - (1-c)(1-\delta)]u(1-\gamma)F'\}\mu$$
$$- v\varepsilon[H' - (1-c)(1-\delta)]u\gamma(1-\gamma)\theta F' := \Delta_2(\mu) \tag{7.24}$$

まず,次のような定理が証明される.

命題 7.1 財政政策が十分 Keynes 的であれば ($\mu > \mu_H$),政府は局所的に経済を安定化させることができる.

証明 まず,関数 $b_1 = b_1(\mu)$ と $b_2 = b_2(\mu)$ がともに,正の切片と正の傾きを持つ 1 次関数であり,また,$\Delta_2 = \Delta_2(\mu)$ が下に凸の 2 次関数であることに注意しよう.さらに,$\Delta_2(0) < 0$ が成立することから,$\Delta_2(\mu) = 0$ は 2 つの異符号の実数解 ($\mu_{NH} < 0 < \mu_H$) を持つ.

次に,$b_1(\mu) = 0$ と $b_2(\mu) = 0$ とするような μ_1 と μ_2 を考えよう.$\Delta_2(\mu_1) = \Delta_2(\mu_2) = -v\varepsilon[H' - (1-c)(1-\delta)]\theta u(1-\gamma)F' < 0$ が成立することから,$\mu_{NH} < \mu_i < \mu_H$ $(i = 1, 2)$ が成立することが分かる.したがって,$\mu < \mu_{NH}$ においては,関数 $b_i(\mu)$ $(i = 1, 2)$ の単調増大性から,$b_i(\mu) < 0$ $(i = 1, 2)$ が成立し,$\mu_{NH} < \mu < \mu_H$ のときには,$\Delta(\mu) < 0$ となり,Routh–Hurwitz の条件が満たされない.他方,$\mu_H < \mu$ に対しては,すべての Routh–Hurwitz の条件が満たされる.以上より,$\mu_H < \mu$ のときにのみ,微分方程式の定常点の安定性が保証される.■

さらに,命題 7.1 から次の系が成立することが明らかである.

系 7.1 財政政策が古典派的であれば,経済は局所的に不安定である.

最後に,本節の主要な命題を述べよう.

命題 7.2 $\mu = \mu_H$ は一意の Hopf 分岐値であり,その近傍において,周期解が存在する.

証明 命題 7.1 の証明より，$\mu = \mu_H$ において，$b_1 > 0, b_2 > 0, \Delta_2 = 0, d\Delta_2/d\mu > 0$ が成立することが確認できる．したがって，第 4-5 節における命題 4.2 を適用できることから Hopf 分岐の発生が保証される．■

では，命題 7.2 の含意について考えてみよう．supercritical な Hopf 分岐が発生するとき，$\mu < \mu_H$ において安定な極限周期軌道が存在する．このとき，十分強い財政政策を実施することが可能であれば，政府は経済を安定化させることができる．もちろん財政政策パラメーターを大きくできなければ，経済は均衡値ではなく，永続的な循環過程に収束する．一方，subcritical な Hopf 分岐が起きるとき，$\mu_H < \mu$ において不安定な極限周期軌道が存在する（Leijonhufvud の回廊安定性）．このとき，小さな衝撃に対しては経済は安定であるけれども，大きな衝撃は経済を不安定過程に移行させてしまうという意味で，たとえ十分強い財政政策を発動したとしても，政府は経済を大域的に安定化させることはできない．

また，以上の議論では，どちらの分岐が発生するのかということは述べられていない．これを明確に述べるためには，微分方程式の 3 次の微係数を調べなければならない．3 次の微係数は経済学的意味が薄く，さらに，かなり面倒な計算が必要となるので，ここでは極限周期軌道の安定性の条件の導出は行なわない．そのかわりに，シミュレーション分析を実行する．関数形は次のように特定化する．

$$F(v) = 0.1 \left(\frac{1}{1-v} - 4.8 \right) \tag{7.25}$$

$$H(1-u) = 1.5(1-u)^5 \tag{7.26}$$

また，数値パラメーターを次のように特定化する．

$\alpha = 0.02, \beta = 0.01, \gamma = 0.5, \theta = 0.8,$
$\varepsilon = 0.1, c = 0.3, \delta = 2/7.$

このとき，経済の定常値は次のように計算される．

146　第 II 部　景気循環に関する 3 つのモデル

図 7.1　安定な極限周期軌道

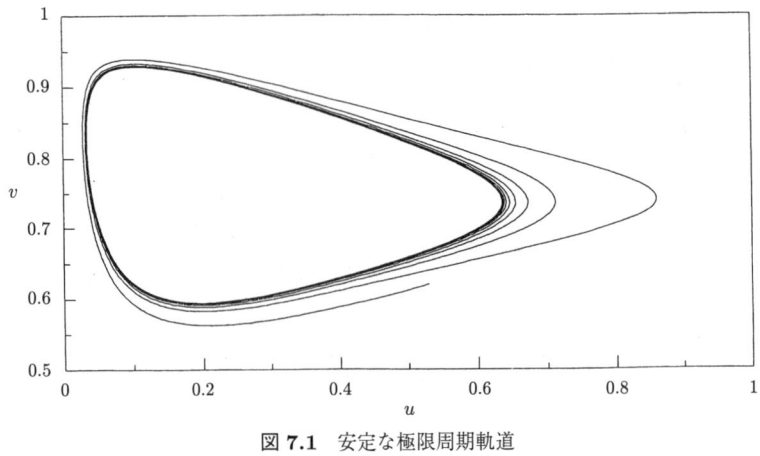

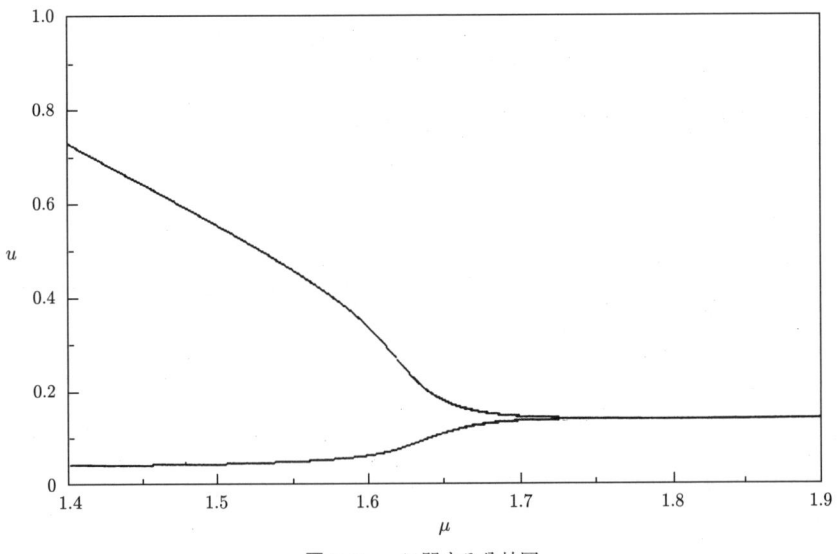

図 7.2　μ に関する分岐図

$u_* = 0.133(13.3\%)$, $v_* = 0.8(80\%)$, $\pi^e_* = 0(0\%)$

また，$\mu_H = 1.46$ であり，$\mu = 1.4$ と固定してシミュレーションを行なった結果が図 7.1 で示される．この図は極限周期軌道の u-v 平面における投影図である．そこでは，安定な極限周期軌道が観察される．労働分配率の最大値，最小値はそれぞれ 72.4, 3.6% であり，雇用率の最大値，最小値に関してはそれぞれ 93.3, 58.6% である．さらに，図 7.2 においては，財政政策パラメーター μ に関する分岐図を提示する．それぞれのパラメーターについて，景気循環の山と谷のときに観察される労働分配率をプロットしている．したがって，垂直線は景気の振幅を表すことになる．この分岐図から，μ の増大が景気の振幅を抑制しているという意味で，Keynes 政策が有効であることが読み取れるだろう．また，最終的には，μ の増大が完全に景気循環を消滅させていることからも，積極的な Keynes 政策が好ましいということが結論づけられる．

7-4　財政政策におけるタイムラグ

前節では，Keynes 的有効需要管理政策が経済の安定化をもたらすことを確認した．しかしながら，多くのマクロ経済学のテキストで述べられているように，安定化政策の有効性に関しては，多くの疑問が提出されている．現実の世界では，政府の統計処理能力や政治的過程のため，政府が的確な時期に瞬時に財政政策を実行できているとは言い難い．政策の実行のタイミングが多くの場合は遅れがちであり，かえって景気循環の振幅を増大させるという結果が発生してしまうのである．そのため，財政政策の強さだけではなく，財政政策実行のタイミングが経済に与える影響を考察することも Keynes の有効需要管理政策の是非を評価する上で非常に大切なことであろう．

このような問題意識は Friedman [1948] においても叙述的もしくは直観的に指摘されているが，数理的な分析はなされていない．これに対して，Phillips は単純な乗数モデルを動学的分析に拡張し，財政政策の効果について論じてい

る．彼は比例的安定化政策（proportional stabilization policy），積分的安定化政策（integral stabilization policy），微分的安定化政策（derivative stabilization policy）という3種類の安定化政策を提示している．

本節では，政策ラグを明示的に考慮して分析を行なうという主旨から，Phillips [1954]の提示した積分的安定化政策を拡張して我々の分析を進めよう（なお，前節で我々が採用した政策手法はPhillipsの言葉を借りれば，比例的安定化政策と呼ぶことができる）．

つまり，我々は次のような分布ラグを含んだ政府支出関数を導入する．

$$G(t)/Q(t) = \delta + \mu \int_{-\infty}^{t} [v_* - v(s)]w(s)ds. \tag{7.27}$$

ここで，

$$w(s) = \left(\frac{n}{\tau}\right)^n \frac{(t-s)^{n-1}}{(n-1)!} e^{-(n/\tau)(t-s)}, \tau > 0$$

である．ただし，n は正の整数をとる．この加重関数は $n = 1$ のとき，指数分布に他ならない．

また，$n \geq 2$ のときには，この関数は $s = t - (n-1)\tau/n$ において極値をもつ，ひとこぶ型であり，その平均と分散はそれぞれ，τ，τ^2/n となる．$\tau = 1.5$ として，$n = 2, 16, 74$ の場合の加重関数を図7.3に描く．これにより，n の増加とともに，加重関数が $s = t - \tau$ の回りでするどいピークを持つようになることが確認できるだろう．

このような政府支出関数を想定することは，政府支出額が一時点の雇用率ではなく，過去の雇用率の値にも依存して決定されていることを意味する．ただし，Phillipsの定式と我々の定式化との大きな違いとして，Phillipsの積分的安定化政策では，過去の経済データの単純和を求めて政策決定をしている（つまり，$w(s) \equiv 1$）のに対し，我々の積分的安定化政策では，過去の経済データに関する加重平均値が政府支出額を決定していることが挙げられる．我々の定式化では，政策ラグ（τ）を明示的に扱えるということが利点として指摘できる．

$\int_{-\infty}^{t} w(s)ds = 1$ が成立することに注意すれば，

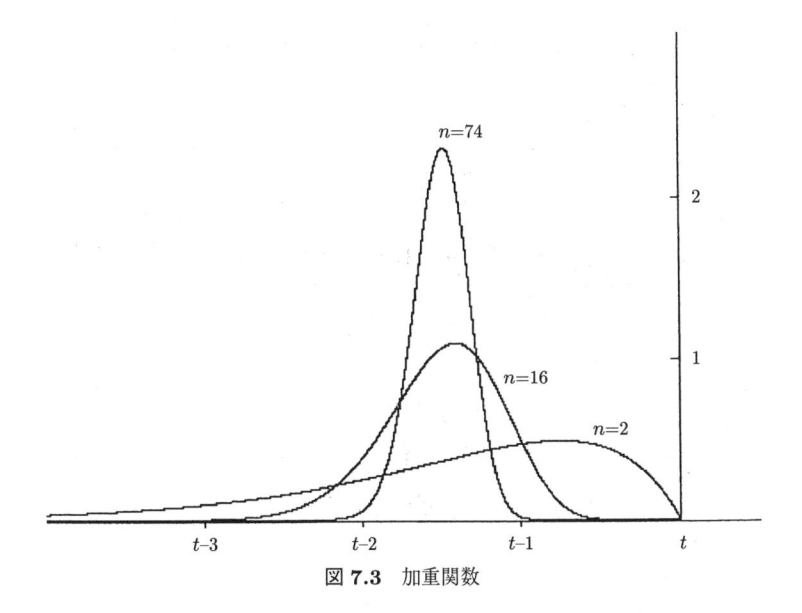

第 7 章 裁量的財政政策における政策ラグと「成長循環」モデル　149

図 7.3　加重関数

$$G(t)/Q(t) = \delta + \mu \left(v_* - \int_{-\infty}^{t} v(s)w(s)ds \right) \tag{7.28}$$

と変形できる．

これを考慮すれば，分析すべき体系は次のようにまとめられる．

体系 II

$$\dot{u} = (1-\gamma)[F(v) + \pi^e - \alpha]u \tag{7.15}$$

$$\dot{v} = \left\{ \varepsilon \left[H(1-u) - (1-c)(1-\delta)(1-u) + \mu(1-c)\left(v_* - \int_{-\infty}^{t} v(s)w(s)ds \right) \right] -\alpha - \beta \right\} v \tag{7.29}$$

$$\dot{\pi}^e = \theta[\gamma(F(v) + \pi^e - \alpha) - \pi^e] \tag{7.17}$$

となる．積分項が含まれることにより，体系 II は，積分－微分方程式である．上述の分布ラグを含む積分項は，MacDonald の linear chain trick を用いることによって，微分方程式体系に変換することができる（MacDonald [1978, pp.13–15]）．具体的には，

$$x_k(t) = \int_{-\infty}^{t} \left(\frac{n}{\tau}\right)^k \frac{(t-s)^{k-1}}{(k-1)!} e^{-(n/\tau)(t-s)} v(s)ds, \, k = 1, 2, \cdots, n \quad (7.30)$$

と定義しよう．これを時間に関して微分すると，

$$\dot{x}_1 = (n/\tau)[v(t) - x_1(t)], \, k = 1$$

$$\dot{x}_k = (n/\tau)[x_{k-1}(t) - x_k(t)], \, k = 2, \cdots, n$$

を得る．

したがって，体系 II を以下の $(n+3)$ 個の微分方程式体系 II′ に変換することができる．

体系 II′

$$\dot{u} = (1-\gamma)[F(v) + \pi^e - \alpha]u \quad (7.15)$$

$$\dot{v} = \{\varepsilon[H(1-u) - (1-c)(1-\delta)(1-u) + \mu(1-c)(v_* - x_n)] - \alpha - \beta\}v \quad (7.31)$$

$$\dot{\pi}^e = \theta[\gamma(F(v) + \pi^e - \alpha) - \pi^e] \quad (7.17)$$

$$\dot{x}_1 = (n/\tau)[v - x_1] \quad (7.32)$$

$$\dot{x}_k = (n/\tau)[x_{k-1}(t) - x_k(t)], \, k = 2, \cdots, n \quad (7.33)$$

体系 II′ の定常状態は前節の体系 I と本質的には変わらず，

$$F(v_*) = \alpha \quad (7.18)$$

$$\varepsilon[H(1-u_*) - (1-c)(1-\delta)(1-u_*)] - \alpha - \beta = 0 \quad (7.19)$$

$$\pi^e{}_* = 0 \tag{7.20}$$

$$x_{1*} = x_{2*} = \cdots = x_{n*} = v_* \tag{7.34}$$

で与えられる．定常状態で評価した Jacobi 行列 J_3 は次のようになる．

$$\begin{bmatrix} 0 & u(1-\gamma)F' & u(1-\gamma) & 0 & 0 & \cdots & 0 & 0 \\ -v\varepsilon[H'-(1-c)(1-\delta)] & 0 & 0 & 0 & 0 & \cdots & 0 & -v\varepsilon(1-c)\mu \\ 0 & \theta\gamma F' & -\theta(1-\gamma) & 0 & 0 & \cdots & 0 & 0 \\ 0 & n/\tau & 0 & -n/\tau & 0 & \cdots & 0 & 0 \\ 0 & 0 & 0 & n/\tau & -n/\tau & \cdots & 0 & 0 \\ \vdots & \vdots & \vdots & \vdots & \vdots & \ddots & \vdots & \vdots \\ 0 & 0 & 0 & 0 & 0 & \cdots & -n/\tau & 0 \\ 0 & 0 & 0 & 0 & 0 & \cdots & n/\tau & -n/\tau \end{bmatrix}$$

この Jacobi 行列から $(n+3)$ 次の特性方程式が得られる．

$$\lambda^{n+3} + b_1\lambda^{n+2} + \cdots + b_{n+2}\lambda + b_{n+3} = 0.$$

すべての係数 b_i を計算することは，非常な労力を要する．ここでは，b_1 と b_{n+3} の値について計算すると，

$$b_1 = -\mathrm{tr}J_3 = \theta(1-\gamma) + n^2/\tau$$

$$b_{n+3} = (-1)^{n+3}\det J_3 = (n/\tau)^n v\varepsilon[H'-(1-c)(1-\delta)]\theta F'u(1-\gamma)$$

を得る．このとき，

$$\lim_{\tau \to +\infty} b_{n+3} = 0$$

となり，τ が無限に大きくなるとき，Routh–Hurwitz の条件が満たされなくなることが分かる．さらに，財政政策のタイムラグが長くなるということは，財政政策が伸縮的に機能していないことを意味するので，有限のタイムラグの長さにおいて，経済が不安定化することが「予想」される．一般的な n の値については数学的に粗い分析しかできないので，以下では，より分析的な結果を獲

得するために，特に，$n=1$ の場合を分析する．さらに，興味深い例として，$n \to +\infty$ の場合に関しても考察を行なう．

(i) $n=1$ のケース　$n=1$ の場合には次の体系を分析することになる．

体系 II'-A

$$\dot{u} = (1-\gamma)[F(v) + \pi^e - \alpha]u \tag{7.15}$$

$$\dot{v} = \{\varepsilon[H(1-u) - (1-c)(1-\delta)(1-u) + \mu(1-c)(v_* - x_1)] - \alpha - \beta\}v \tag{7.35}$$

$$\dot{\pi}^e = \theta[\gamma(F(v) + \pi^e - \alpha) - \pi^e] \tag{7.17}$$

$$\dot{x}_1 = (1/\tau)[v - x_1] \tag{7.36}$$

定常点で評価された特性方程式の係数は以下のようになる．

$$b_1 = \theta(1-\gamma) + \eta > 0 \tag{7.37}$$

$$b_2 = v\varepsilon(1-c)\eta\mu + v\varepsilon[H' - (1-c)(1-\delta)](1-\gamma)F'u + \theta(1-\gamma)\eta > 0 \tag{7.38}$$

$$b_3 = v\varepsilon(1-c)\theta(1-\gamma)\eta\mu + (\theta+\eta)v\varepsilon[H' - (1-c)(1-\delta)](1-\gamma)F'u > 0 \tag{7.39}$$

$$b_4 = \eta\theta v\varepsilon[H' - (1-c)(1-\delta)](1-\gamma)F'u > 0 \tag{7.40}$$

ただし，$\eta = 1/\tau > 0$ とする．以上の係数をもとにして，以下の命題が証明できる．

命題 7.3　財政政策が十分 Keynes 的である場合 ($\mu > \mu_H$) を考えよう．このとき，政策ラグが十分長ければ ($\tau > \tau_1$)，経済は局所的に不安定となる．また，$\tau = \tau_1$ は一意の Hopf 分岐値であり，その近傍において，周期解が存在する．ただし，$\tau = \tau_1$ は $b_1 b_2 b_3 - b_1{}^2 b_4 - b_3{}^2 = 0$ を満たす．

証明　定常状態の安定性を調べるためには，Routh–Hurwitz 条件 $b_4 > 0, b_2 > 0, b_1 > 0, \Delta_3 = b_1 b_2 b_3 - b_1{}^2 b_4 - b_3{}^2 > 0$ に対応させて考えればよい．第 1–3 番目の条件は無条件に成立しているので，第 4 番目の条件が満たされれば，定常

状態は安定である．ここで，Δ_3 を η の関数とみなそう．このとき，$\Delta_3 = \Delta_3(\eta)$ は 3 次の多項式であり，

$$\Delta_3(\eta) = k_1 \eta^3 + k_2 \eta^2 + k_3 \eta + k_4$$

となる．ただし，

$$\begin{aligned}
k_1 &= v^2 \varepsilon^2 (1-c)^2 \theta (1-\gamma) \mu^2 \\
&\quad + \{v\varepsilon(1-c)\theta^2(1-\gamma)^2 + v^2\varepsilon^2(1-c)[H' - (1-c)(1-\delta)]u(1-\gamma)F'\}\mu \\
&\quad - v\varepsilon[H' - (1-c)(1-\delta)]u\gamma(1-\gamma)\theta F' \quad (7.41)
\end{aligned}$$

$$\begin{aligned}
k_2 &= \theta^2 \gamma (1-\gamma)^2 uF' v\varepsilon [H' - (1-c)(1-\delta)] \\
&\quad + v\varepsilon(1-c)\mu\theta(1-\gamma)\{\theta^2(1-\gamma)^2 + uF'v\varepsilon[H'-(1-c)(1-\delta)]\} \quad (7.42)
\end{aligned}$$

$$\begin{aligned}
k_3 &= -\gamma\theta u(1-\gamma)F'v\varepsilon[H'-(1-c)(1-\delta)](1-\gamma) \\
&\quad \times v\varepsilon\{uF'[H'-(1-c)(1-\delta)] + (1-c)\mu\theta\} < 0 \quad (7.43)
\end{aligned}$$

$$k_4 = -\gamma\{\theta u(1-\gamma)F'v\varepsilon[H'-(1-c)(1-\delta)]\}^2 < 0 \quad (7.44)$$

である．

ここで，前節の Δ_2 の定義に注意すれば，$k_1 = \Delta_2(\mu)$ である．したがって，$\mu > \mu_H$ のとき，$k_1 > 0$ である．このとき，$\lim_{\eta \to +\infty} \Delta_3(\eta) = +\infty$ となる．したがって，$\Delta_3(0) = k_4 < 0$ であることと合わせれば，$\Delta_3(\eta) = 0$ となる $\eta > 0$ が存在する．さらに，$\Delta_3'(0) = k_3 < 0$ であることと，$\lim_{\eta \to -\infty} \Delta_3(\eta) = -\infty$ を考慮すれば，3 次関数 $\Delta = \Delta_3(\eta)$ は $\eta > 0$ において極小値を，$\eta < 0$ において極大値をもつことが分かる．以上の考察より，$\eta > 0$ において，$\Delta_3(\eta) = 0$ となる η は一意であることが分かる．この値を $\eta = \eta_1$ としよう．$0 < \eta < \eta_1$ においては，$\Delta_3(\eta) < 0$ であり，$\eta_1 < \eta$ においては，$\Delta_3(\eta) > 0$ となる．したがって，$\tau < \tau_1 = 1/\eta_1$ のときには，Routh–Hurwitz の条件が成立する．さらに，$\Delta_3(\eta_1) = 0$, $b_1 > 0$, $b_3 > 0$, $b_4 > 0$, $d\Delta_3(\eta_1)/d\eta > 0$ が成立するから，$\eta = \eta_1$ において Hopf 分岐が成立することも確認できる．この点については第 4-5 節の命

題 4.3 を参照のこと．■

(ii) $n \to +\infty$ のケース　ここでは，$n \to +\infty$ の場合を考えよう．このとき，
$$\int_{-\infty}^{t} v(s)w(s)ds = v(t-\tau)$$
であり，固定的なタイムラグを考慮することに等しい．これにより我々が分析する動学システム II′–B は以下のようにまとめることができる．

体系 II′–B

$$\dot{u} = (1-\gamma)[F(v) + \pi^e - \alpha]u \tag{7.15}$$

$$\dot{v} = \{\varepsilon[H(1-u) - (1-c)(1-\delta)(1-u) + \mu(1-c)(v_* - v(t-\tau))] - \alpha - \beta\}v \tag{7.45}$$

$$\dot{\pi}^e = \theta[\gamma(F(v) + \pi^e - \alpha) - \pi^e] \tag{7.17}$$

これは，差分－微分方程式である．この差分－微分方程式を定性的に分析することは不可能である．そこで，コンピューターによるシミュレーション分析を実行する．ただし，Phillips 曲線と投資関数の関数型，そして，財政政策パラメーター以外の数値パラメーターは，すべて，前節と同じである．そして，$\tau = 3.3$ と特定化し，さらに，初期値を $u(0) = 0.63$，$v(s) = 0.8\,(-3.1 \leq s \leq 0)$，$\pi^e(0) = 0$ と固定している．$\mu = 6.2, 6.5, 6.7, 6.77, 6.81, 6.903, 7.0$ に設定して数値計算を実行した．得られた結果をそれぞれ図 7.4(a)–7.6(g) に示す（ただし，移行過程の循環は省略されている）．図 7.4(a)–7.4(g) が 3 次元空間におけるアトラクターであり，図 7.5(a)–7.5(g) が u-v 平面への投影図である．さらに，パワー・スペクトル密度（power spectrum density, PSD）に関する図も 7.6(a)–7.6(g) に付加した．

図 7.4(a) は周期解，図 7.4(b) は 2 周期解，図 7.4(c) は 4 周期解，図 7.4(d) は 8 周期解を示し，すべてが規則的循環である．この一連の図から周期倍化分岐が発生していることが読み取れる．また，図 7.5(a)–図 7.5(d) は，周期的アトラク

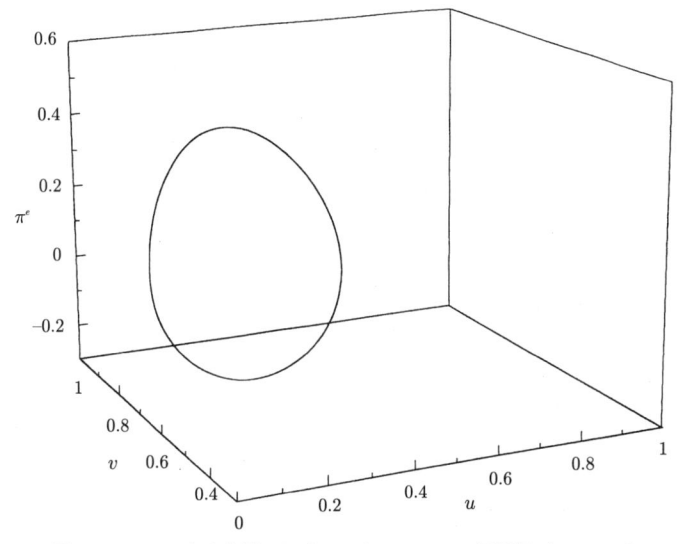

図 **7.4(a)**　3 次元空間におけるアトラクター：周期解（$\mu = 6.2$）

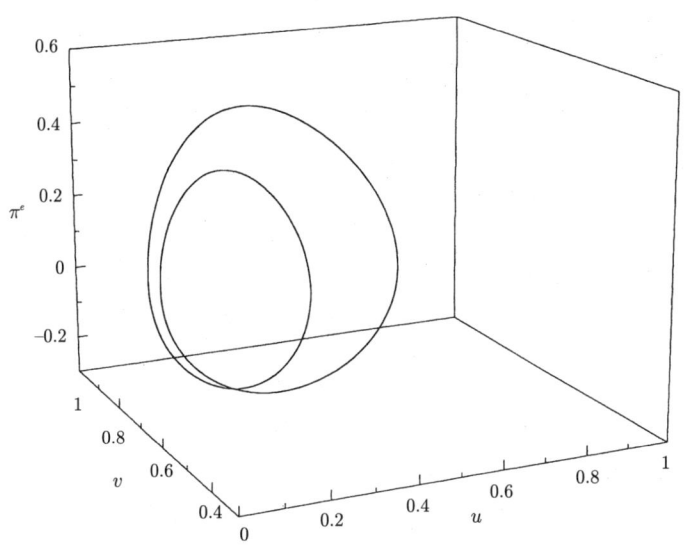

図 **7.4(b)**　3 次元空間におけるアトラクター：2 周期解（$\mu = 6.5$）

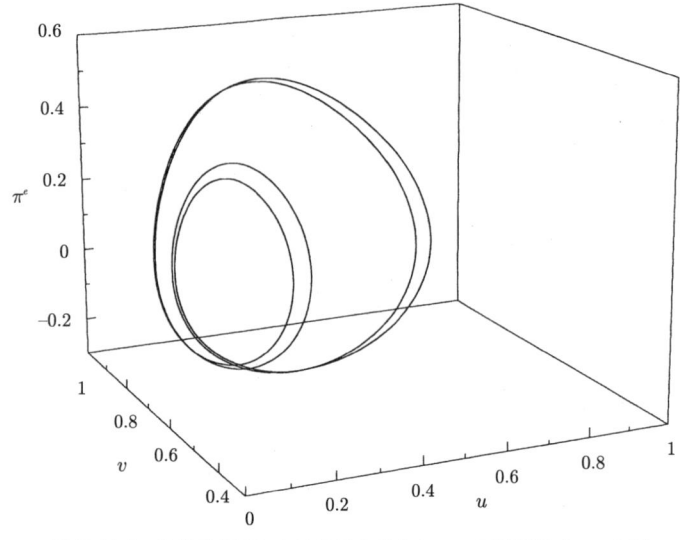

図 7.4(c)　3 次元空間におけるアトラクター：4 周期解（$\mu = 6.7$）

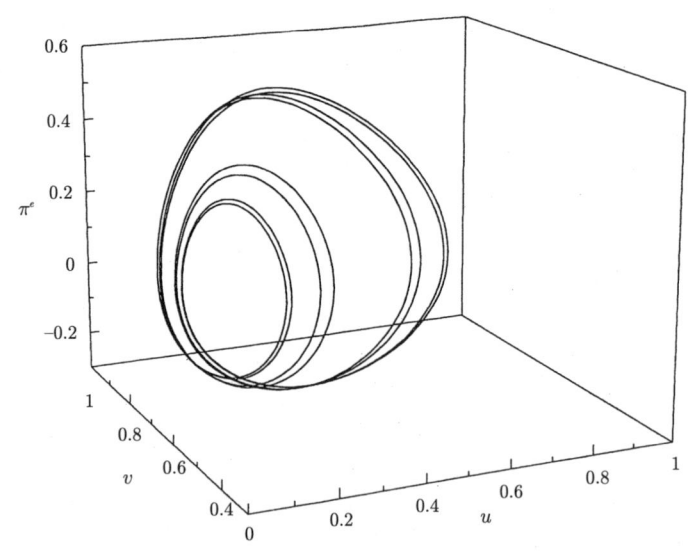

図 7.4(d)　3 次元空間におけるアトラクター：8 周期解（$\mu = 6.77$）

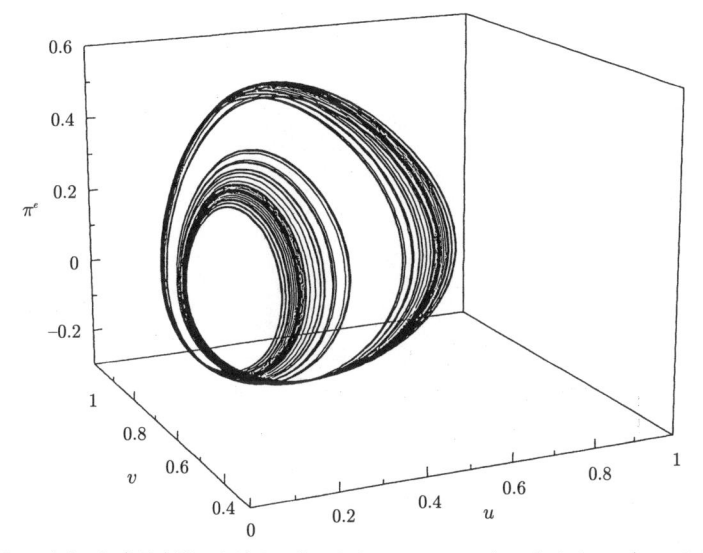

図 7.4(e)　3 次元空間におけるアトラクター：narrow-band カオス　($\mu = 6.81$)

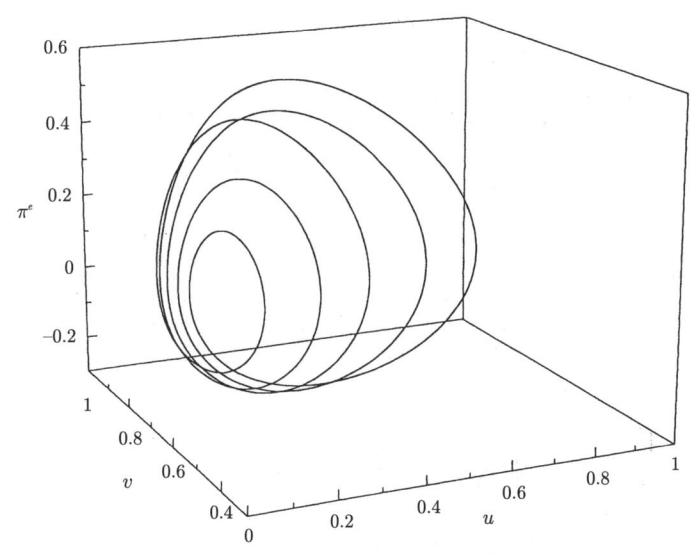

図 7.4(f)　3 次元空間におけるアトラクター：5 周期解　($\mu = 6.903$)

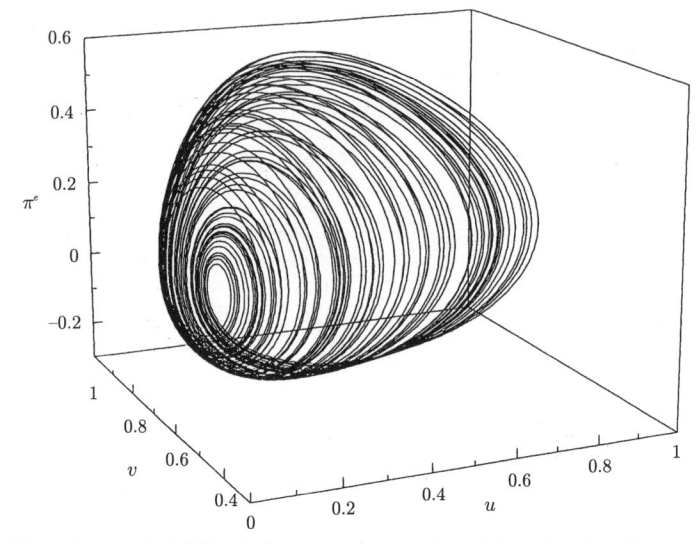

図 **7.4(g)** 3 次元空間におけるアトラクター：broad-band カオス（$\mu = 7.0$）

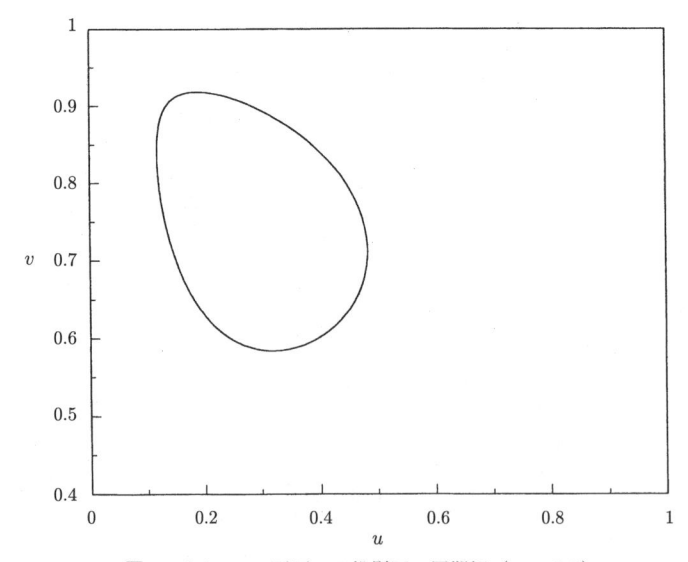

図 **7.5(a)** u-v 平面への投影図：周期解（$\mu = 6.2$）

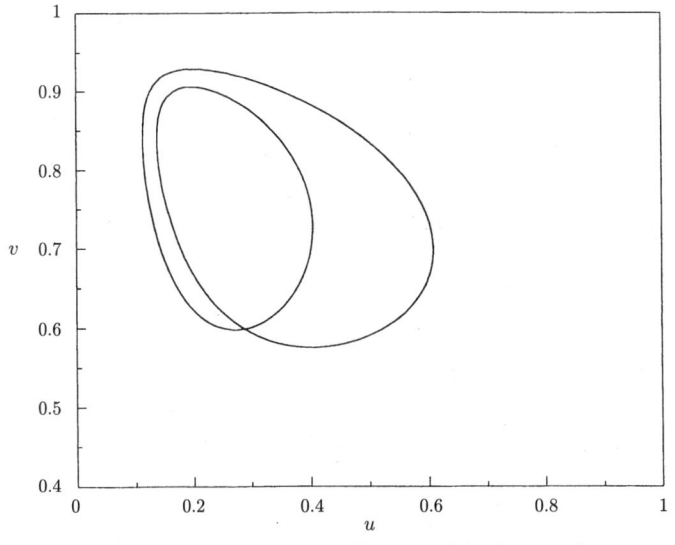

図 **7.5(b)**　u-v 平面への投影図：2 周期解（$\mu = 6.5$）

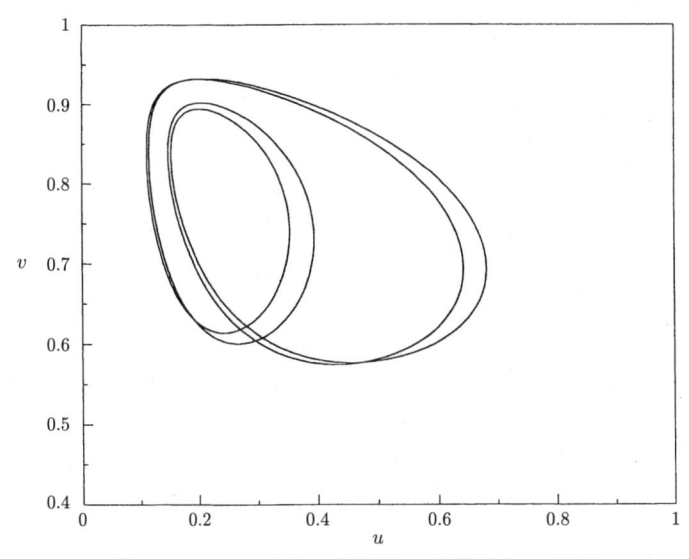

図 **7.5(c)**　u-v 平面への投影図：4 周期解（$\mu = 6.7$）

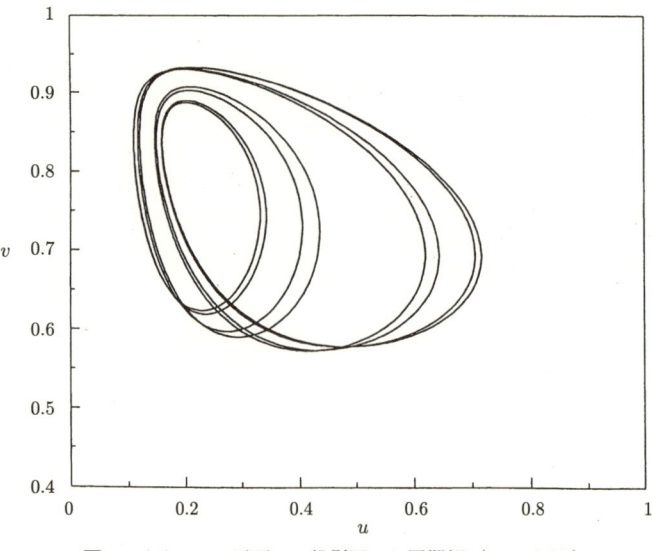

図 **7.5(d)** u-v 平面への投影図：8 周期解（$\mu = 6.77$）

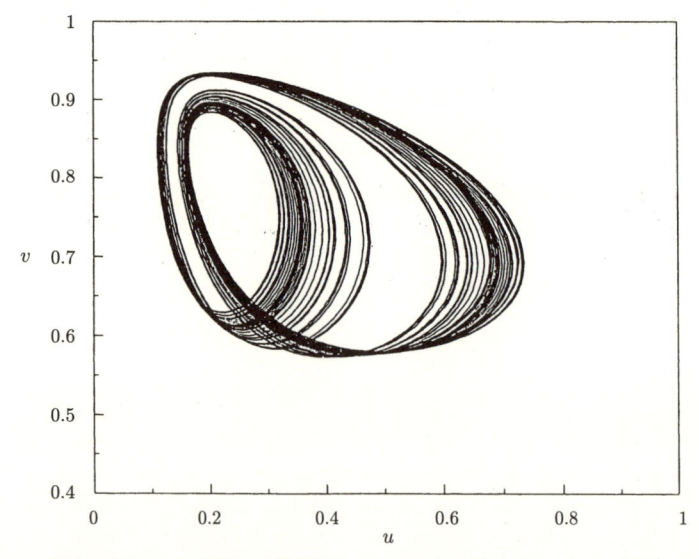

図 **7.5(e)** u-v 平面への投影図：narrow-band カオス（$\mu = 6.81$）

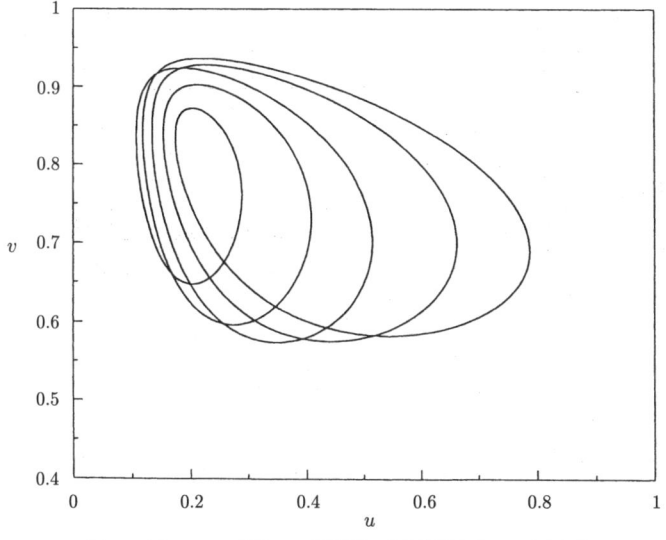

図 7.5(f) u-v 平面への投影図：5 周期解 ($\mu = 6.903$)

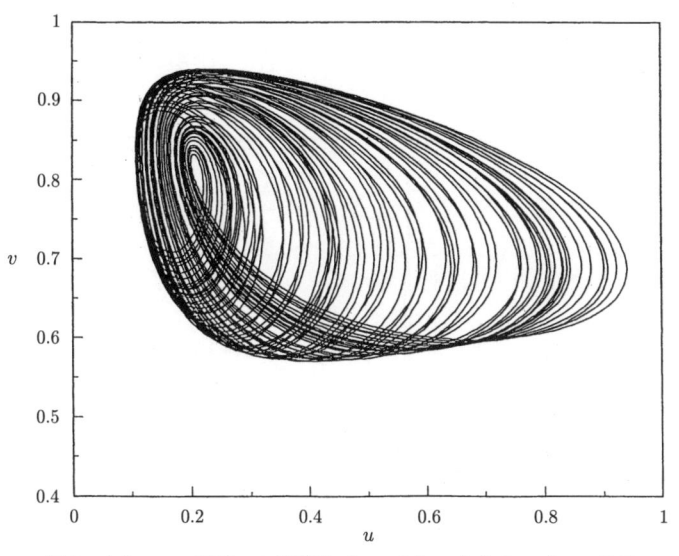

図 7.5(g) u-v 平面への投影図：broad-band カオス ($\mu = 7.0$)

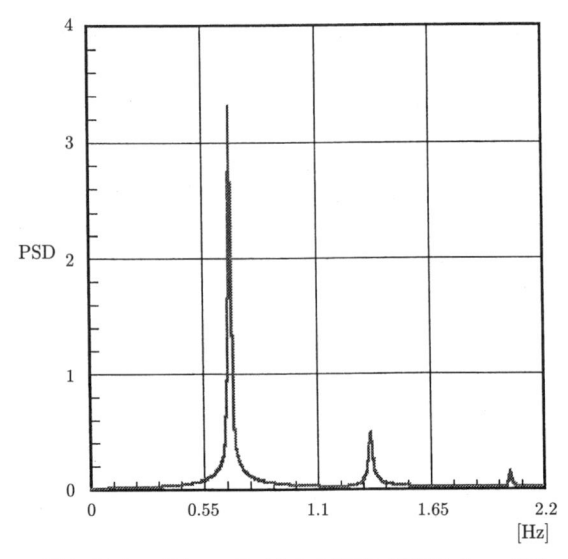

図 7.6(a)　パワー・スペクトル密度：周期解（$\mu = 6.2$）

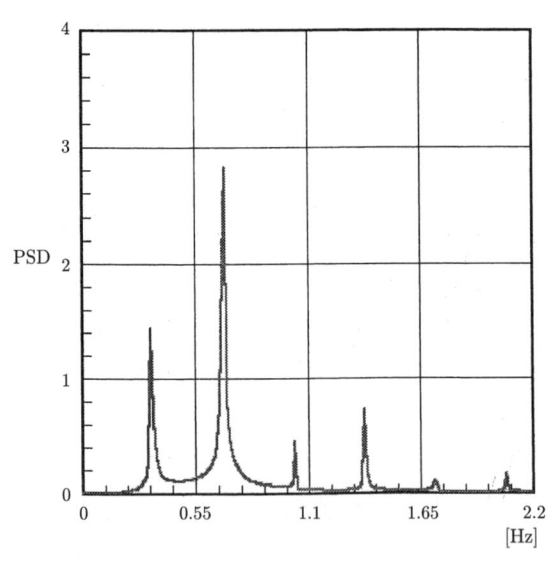

図 7.6(b)　パワー・スペクトル密度：2 周期解（$\mu = 6.5$）

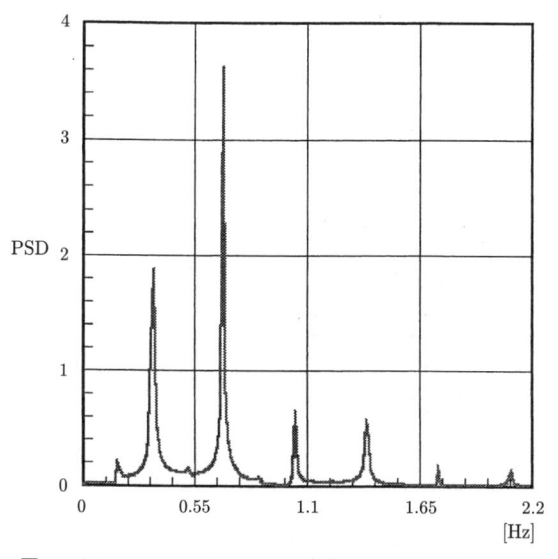

図 7.6(c)　パワー・スペクトル密度：4 周期解（$\mu = 6.7$）

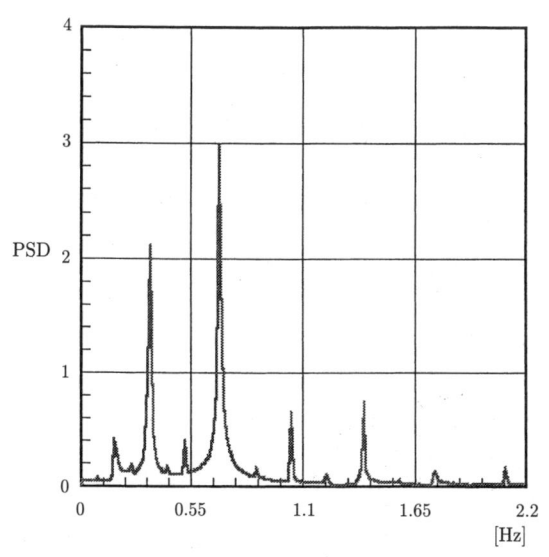

図 7.6(d)　パワー・スペクトル密度：8 周期解（$\mu = 6.77$）

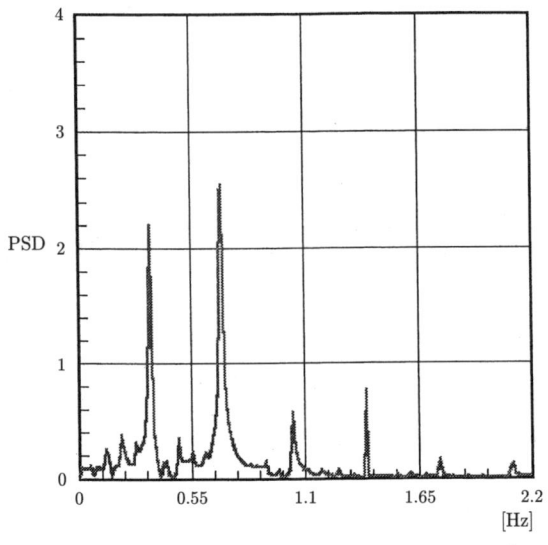

図 **7.6(e)**　パワー・スペクトル密度：narrow-band カオス（$\mu = 6.81$）

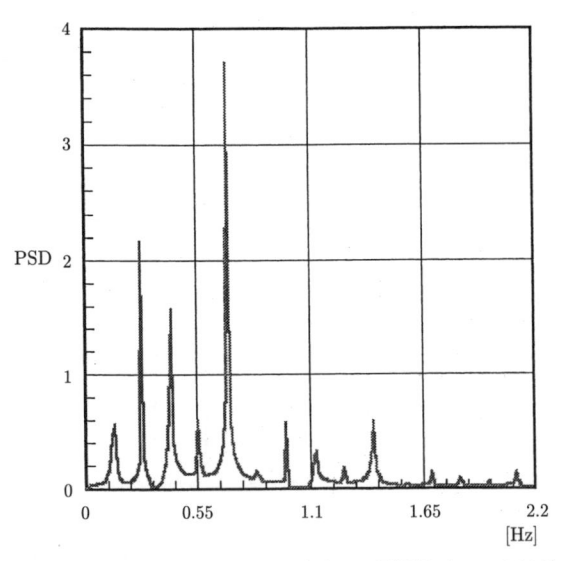

図 **7.6(f)**　パワー・スペクトル密度：5 周期解（$\mu = 6.903$）

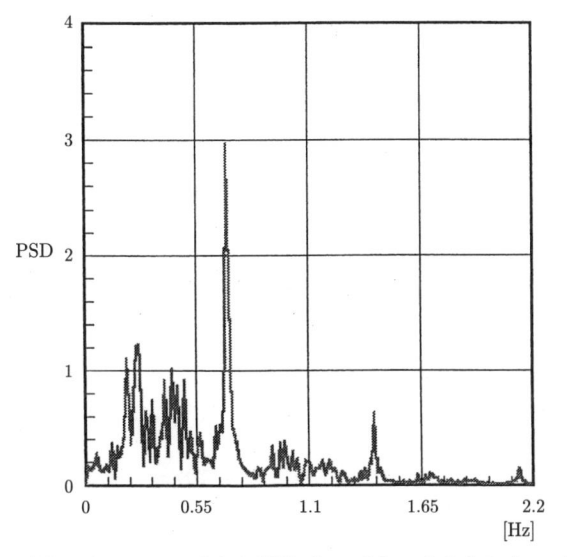

第 7 章 裁量的財政政策における政策ラグと「成長循環」モデル 165

図 7.6(g) パワー・スペクトル密度：broad-band カオス ($\mu = 7.0$)

ターの u-v 平面への投影図であり，これらによっても，同様の周期倍化分岐を観察することができる．さらに，パワー・スペクトル密度の変遷（図 7.6(a)–図 7.6(d)）を見ても，周期倍化分岐の発生を理解することができる．つまり，極限周期軌道の場合に，基本振動数 f_0（我々の例では，$f_0 \approx 0.7$ である）を観察し，さらに，分岐パラメーターの増大とともに，振動数の $f_0/2$, $f_0/4$, $f_0/8$ のスペクトルの出現を観察することができるからである．

　図 7.4(e) は narrow-band カオス，図 7.4(f) は 5 周期解，図 7.4(g) は broad-band カオスを示す．図 7.4(f) は規則的循環を示すが，図 7.4(e) と図 7.4(g) では，経済変数が一方的に発散することも定常状態に収束することもなく，不規則な景気循環の挙動を表す（これらの現象は u-v 平面への投影図 7.5(e)–7.5(g) においても確認できる）．カオスを示すこれらの図は，Rössler アトラクター，もしくは，'spiral-type' カオスによく似ている（この点に関しては，Rössler [1977, 1979] を参照のこと）．これらの図が本当にカオスであるかどうかを調べるためには，Liapunov 指数を計算することが標準的な手法であろう．最大 Liapunov

指数が正の値をとれば,カオス特有の性質である初期値に対する鋭敏性が保証される.具体的には,我々は,19000 個の $u(t)$ の時系列に関して,埋め込み次元を 5 にして Liapunov 指数を Sano & Sawada [1985] のアルゴリズムを用いて計算した.その結果,図 7.4(e) において,最大 Liapunov 指数が 0.04 であり,図 7.4(g) においては,最大 Liapunov 指数が 0.18 であることを確認できた.これらの結果より,カオスの発生が確かめられたと言えるだろう.なお,Wolf, Swift, Swinney, & Vastano [1985] において,Rössler アトラクター(Rössler 方程式に関しては第 5 章参照のこと)に対する最大 Liapunov 指数が 0.13 であることが報告されていることに注意されたい(この場合には,数値パラメーターとして,$a = 0.15$, $b = 0.20$, $c = 10.0$ と設定されている).さらに,注意しなければならないのは,カオスが発生していてもなお,パワー・スペクトルにするどい頂点(peak)が存在することである(図 7.6(e) と図 7.6(g) を参照).カオス・アトラクターとパワー・スペクトルにおけるするどい頂点の共存という現象は,non-mixing カオス(もしくは,phase coherence)と呼ばれ,Rössler アトラクターでも観察できる.この話題に関する詳しい議論は,Crutchfield, Farmer, Packard, Shaw, Jones, & Donnelly [1980] と Farmer, Crutchfield, Froehling, Packard, & Shaw [1980] を参照されたい.

　財政政策パラメーターと景気循環の関係を分岐図を用いて別の観点から見てみよう.その分岐図は図 7.7 で表されており,所与の μ に対して景気循環の山と谷における労働分配率の値をプロットすることによって作図された.$\mu < 4.0$ においては,μ の増大にしたがって景気の振幅が減少しており,より強い財政政策は経済を安定化させる要因となっている.ところが,$4.0 < \mu$ においては,μ の増大にしたがって景気の振幅は増大し,しかも景気循環の動学過程は複雑になっている.図 7.8 は $6.7 < \mu < 7.0$ において拡大された分岐図であり,周期倍化分岐の発生が観察される.また,$\mu = 6.91$ あたりでは周期性の窓が出現しており,低周期解が観察される.

　上の図から明らかなように,財政政策のパラメーターが大きくなると,景気循環の振幅が増大し,かつ,景気循環の挙動が複雑化している.つまり,このような二重の意味で,政府が強い財政政策を採用すると,経済の不安定化を招

図 **7.7** 分岐図

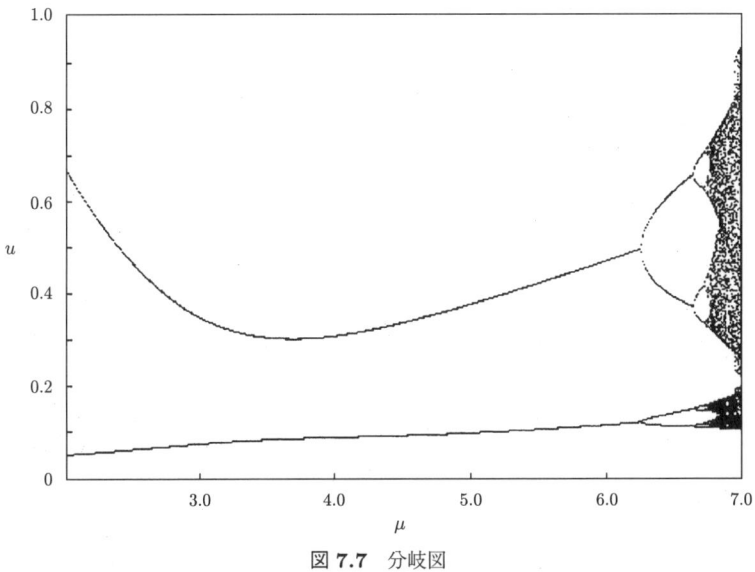

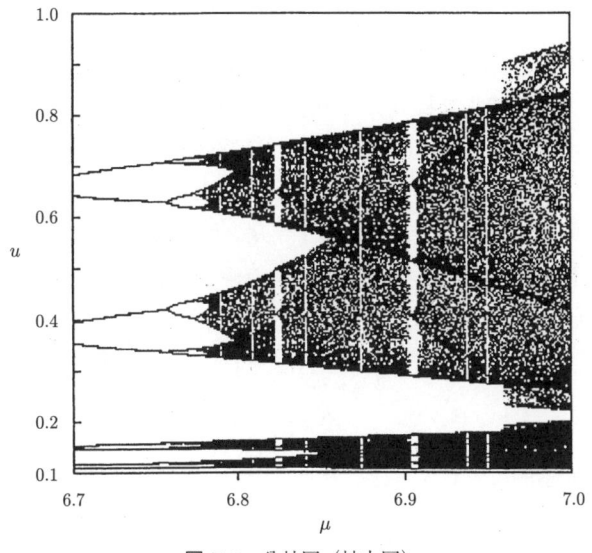

図 **7.8** 分岐図（拡大図）

いていることが結論づけられる．

7-5　資本蓄積を考慮したKeynes–Goodwinモデル

今までに分析してきた成長循環モデルにおいては，投資の生産効果，つまり，資本蓄積が明示的に取り扱われていない．ここでは，この点を取り入れたモデルを，Yoshida & Asada [2001] に基づいて提示してみよう．

まず，以下のように，新しい変数として産出－資本係数

$$\sigma = \frac{Q}{K} \tag{7.46}$$

を導入しよう．なお，σ は，間接的に稼働率を示す経済指標と解釈でき，以降で重要な役割を担う変数である．

投資家の行動を示す投資関数は

$$I = H(1-u, i-\pi^e)Q, \ H_1 = \partial H/\partial(1-u) > 0, \ H_2 = \partial H/\partial(i-\pi^e) < 0 \tag{7.5'}$$

に変更する．第2要素は標準的なKeynes的原理であり，予想実質利子率の上昇が投資を減少させる効果を持つことを示している．これは，投資の限界効率の概念から導き出されるものである．なお，ここでも，水平線学派の主張に従い，「名目」利子率一定を仮定するが，この仮定は便宜的なものである．インフレ率などの経済指標の状況によって名目利子率を変化させるTaylor [1993] ルールを導入しても，我々の議論の本質に影響を与えることはない．ただ単に，以下に示すJacobi行列に，形式的な変更が付加されるだけである．

投資は資本ストックを増大させることから，

$$\dot{K} = I \tag{7.47}$$

であることを明示的に考慮する．これは投資の生産能力増大効果である．また，政府の支出行動は以下のように変更される．

$$pG = \delta pQ + \mu(\sigma_* - \sigma)pQ. \tag{7.9'}$$

ただし，政府が正確にマクロ経済の構造を認識し，稼働率の均衡水準（σ_*）を知っていることを仮定している（なお，稼働率の均衡水準については，後に正確に定義される）．さらに，財市場の調整過程が，設備稼働率の変動によることを以下のように定式化する．

$$\dot{\sigma} = \left(\frac{\dot{Q}}{K}\right) = \varepsilon\left(\frac{C_L + C_K + I + G - Q}{K}\right), \ \varepsilon > 0. \tag{7.12'}$$

式 (7.12′) は，財市場における資本 1 単位あたりの超過需要の大きさに応じて，資本設備の稼働率が変動することを示している．

最後に，賃金調整過程にも新たに改訂を加えよう．

$$\frac{\dot{W}}{W} = F(\sigma) + \pi^e, \ F'(\sigma) > 0, F(0) < \alpha < F(\bar{\sigma}). \tag{7.13'}$$

この定式化は，Franke & Asada [1994] モデルによる．つまり，稼働率（σ）が雇用率もしくは労働市場の逼迫度の代理変数であると解釈するのである．Franke & Asada モデルで述べられているように，この方法により，1 つの変数（雇用率）を省くことができる．このような単純化は景気変動における 2 変数の高い相関関係によって正当化される（Franke & Asada [1994, p.277] 参照のこと）．式 (7.13′) における最後の条件は，$F(\sigma) = \alpha$ を満たす σ が存在することを保証する条件である．ただし，$\bar{\sigma}$ は資本設備の物理的最大稼働の状態での産出－資本係数である．

労働者の消費関数，資本家の消費関数，資本家の価格設定態度，現実の価格変動，政府の税収，政府の予算制約式は変更を加えない．これらの条件のもとで，以下の微分方程式体系が得られる．

体系 III

$$\dot{u} = (1 - \gamma)[F(\sigma) + \pi^e - \alpha]u \tag{7.48}$$

$$\dot{\sigma} = \varepsilon[H(1-u, i-\pi^e) - (1-c)(1-\delta)(1-u) + \mu(1-c)(\sigma_* - \sigma)]\sigma \quad (7.49)$$

$$\dot{\pi}^e = \theta[\gamma(F(\sigma) + \pi^e - \alpha) - \pi^e] \quad (7.50)$$

これから，体系 III の定常状態は

$$F(\sigma_*) = \alpha \quad (7.51)$$

$$H(1-u_*, i-\pi^e{}_*) - (1-c)(1-\delta)(1-u_*) = 0 \quad (7.52)$$

$$\pi^e{}_* = 0 \quad (7.53)$$

である．この定常状態のもとで表された Jacobi 行列は

$$J_2 = \begin{bmatrix} 0 & (1-\gamma)F'u_* & (1-\gamma)u_* \\ -\varepsilon[H_1 - (1-c)(1-\delta)]\sigma_* & -\varepsilon(1-c)\sigma_*\mu & -\varepsilon H_2 \sigma_* \\ 0 & \theta\gamma F' & -\theta(1-\gamma) \end{bmatrix}$$

であり，Jacobi 行列を比較してみれば，体系 I と体系 III は数学的に同一の構造を持つことが分かるだろう（ただし，投資の利子率感応性を考察している点は異なるが，これは本質的な問題ではない．詳細な分析は Yoshida & Asada [2001] を参照されたい）．したがって，前節で得られたすべての命題が，体系 III においても同様に成立することが確認できる．特に，政策ラグの存在がカオス的変動を引き起こすという結論は保持されるのである．

7-6 まとめ

本章では，Goodwin の「成長循環」のモデルを基に新たなモデルを構築した．Goodwin モデルは，Say の法則を前提にした古典的な経済モデルであるのに対し，我々のモデルでは，現代資本制経済の特徴として，有効需要の原理と政府の安定化政策を考慮し，モデル分析を行なった．このように Goodwin の古典的モデルを現代資本制経済に関するモデルに発展させても，成長循環モデルの基

本的な性質は変わることがない.特に,雇用率の上昇→実質賃金率の増加→労働分配率の増大→利潤の減少→投資の減少→雇用率の減少という成長循環の動学過程は本章のモデルでも保持されたままである.

本章の主目的は,政府の安定化政策が景気循環にどのような影響を与えるか,つまり,その政策効果について考察することであった.本章で得られた結論は次のようなものである.財政政策にタイムラグがない場合,Keynes 的財政政策は定常状態へ経済を導くという点で有効である.ただし,余り強力でない財政政策が採用されるときには,ある一定の振幅をもつ景気循環に収斂してしまうことが示された.それに対して,財政政策に政策ラグが存在する場合には,Keynes 的財政政策は経済を不安定化させてしまうことが観察された.しかも,より強い政策は景気循環の振動をさらに増大させてしまい,最終的にはカオス的状況を出現させてしまうのである.Keynes 的裁量政策はこのような意味でむしろ有害である.

しかしながら,第 5-5 節の分析と同様に,本章の結論は安定化政策の有効性を完全に否定するものではない.その根拠として,より短い政策ラグの場合(例えば,$\tau = 1$)には,政策ラグがないモデルと同じように,Keynes 政策は安定化効果を持つ.このとき,強い財政政策を実施すれば,成長循環が完全に消滅するのである.したがって,本章の経済的含意は Keynes 的マクロ経済学の意義を減ずるものではない.安定化政策を実行する際には,政策ラグをできるだけ短縮するような配慮が必要となるということが本章の最終結論なのである.

第8章

貨幣経済における異時点間の最適化モデル
――景気循環と持続的不況

8-1 はじめに

　上の2つの章において，主として Post Keynesian の観点からモデル分析を行なってきた．近年では，マクロ経済学において，経済主体の合理的行動を前提とした分析，つまり，マクロ経済学といえども，厳密なミクロ的基礎を背景にもつ分析が，要求されることが多くなった．技術的にいえば，工学分野における最適制御理論を経済学に適用することがマクロ経済学における主要な分析手法の1つとして幅広く採用されている．例えば，大学院で標準的に用いられるテキストとして，Blanchard & Fisher [1989] が挙げられるが，その中では，最適制御理論を用いた分析が主要な位置を占めている．
　このような傾向に対応して，本章では，貨幣経済モデルにおいて，最適制御理論を応用することを試みる．マクロ経済学の動学的分野では，Brock [1974, 1975] や Sidrauski [1967] などが先駆的業績である．これらの論文は貨幣保有に対する効用を明示的にモデルに取り込み，貨幣供給成長率の変化がどのような経済学的帰結をもたらすか（貨幣の超中立性）について分析している．
　本章の最大の特徴は，このような貨幣的マクロ動学モデルに，これまで無視されることの多かった「有効需要の原理」を導入して，モデルを再構築することにある．つまり，本章では，財市場における完全な数量調整を想定し，需要量が供給量を決定するメカニズムを導入して，モデル分析を行なうのである．しかしながら，注意しなければならないのは，財市場における完全な数量調整の

想定を単に採用するだけであれば，価格水準の決定メカニズムが不問に付されてしまうということである．そこで，このような不備を克服するために，本章では2種類のインフレ Phillips 曲線を導入する．これにより，価格調整メカニズムを考慮することができるようになり，整合的なモデルが構築できるのである．このようなモデル設定のもとで，マクロ経済に対する貨幣供給の影響を検討することが本章の主要な目的である．

最後に，本章の分析が1980年代に確立した new Keynesian の範疇に分類できることを述べておこう．上述したように，本章のモデル設定の特徴として，厳密なミクロ的基礎を重視していること，さらに，価格硬直性を導入していることが挙げられるが，この2点は，特に，new Keynesian のメルクマールとして強調されることが多い．1970年代において新しい古典派（new classical）がミクロ理論の不在を理由に伝統的な Keynesian を批判して以来，モデル構築の際に厳密なミクロ的基礎を考慮することが，new Keynesian が共通して重視するようになった方法論である．さらに，new Keynesian は，経済主体の最適化行動の想定を採用するけれども，不完全競争や価格の硬直性を考慮して，景気循環を説明しようとする傾向を持つ．実物的景気循環理論が伸縮的な価格調整による市場均衡を想定し，技術的撹乱による景気循環を強調することを念頭に置けば，このような new Keynesian の理論は，実物的景気循環理論とは対照的である．

また，Mankiw & Romer [1991] の導入部において，彼らは new Keynesian の特徴として，貨幣供給量などの名目変数の変化が産出などの実物変数に影響を与えることを強調し，new Keynesian の多くが new monetarist と呼ばれ得る可能性について言及している．本章の分析においても，貨幣供給成長率が経済の動学経路にどのような影響を与えるか，もしくは，金融政策がマクロ経済にどのような効果を持つかということが考察される．本章の結論を端的に述べれば，「貨幣が重要である（Money matters.）」ことが確認され，貨幣供給成長率の値によって，内生的景気循環が発生したり，不況もしくは恐慌経路が出現したりすることが示される．

以下の構成は次のようになる．まず，第2節において，加速的インフレ Phillips

曲線を導入してモデルの設定を行なう．次に，第3節では，それをもとに，モデル分析を行なう．第4節では，新たなインフレ Phillips 曲線を採用し，別のモデル分析を展開し，その政策的含意を述べる．第5節では，結論をまとめる．

8-2 モデルの設定

8-2-1 主体行動

まず，モデルの基本構造としての経済主体の行動について記述していこう．経済主体として政府，企業，消費者の3者を考える．

政府行動

政府の予算制約式は

$$\dot{M}_t^s = p_t(g_t - \tau_t) \tag{8.1}$$

もしくは

$$\dot{m}_t^s = g_t - \tau_t - \pi_t m_t^s \tag{8.2}$$

である．ただし，M_t^s は名目貨幣供給量，g_t は政府支出，τ_t は消費者に対する一括税である（なお，τ_t が負値をとることを排除しない．その場合には，τ_t は政府からの一括所得移転と解釈すればよい）．また，物価水準 p_t について，$m_t^s = M_t^s/p_t$ と $\pi_t = \dot{p}_t/p_t$ が成立する．つまり，π_t は物価上昇率である．

ここで，政府が名目貨幣供給量 M_t^s を一定率で変化させていくことを想定しよう．つまり，

$$\dot{M}_t^s/M_t^s = \theta \tag{8.3}$$

とする．このように政府（適切には，中央銀行）が貨幣供給量を完全に制御し，経済システムにとって貨幣供給量を外生的であることを想定することは，垂直線学派的貨幣観を採用していることに等しい（これについては，第7-2節を参

照のこと). さらに, 貨幣供給成長率を政策ターゲットとして一定の率を保つという想定は, monetarist の考え方を踏襲している.

また, 政府支出 g_t も外生的に決定され, 時間を通じて一定値をとるとしよう. つまり,

$$g_t = g = \text{const.}$$

企業行動

簡単化のため, 労働の投入がなくとも, 設備 k を稼働することにより, 企業は生産活動が実行できるとする. 企業が設備を正常に稼働すれば, $y^n = \sigma k$ だけの潜在 (能力) 生産量を産出することができるとする (σ は一定). ただし, ここで潜在 (能力) 生産量というときには, 経済的潜在生産量のことを指す. 例えば, 8 時間操業を通常の状態とする自動車工場を想定しよう. さらに, その工場では 8 時間稼働により自動車が月産 100 台であるとする. この 100 台が経済的潜在生産量である. 他方, 時間制約だけを考えて, 単純計算すれば, 24 時間稼働により, この工場では月産 300 台が可能である. この 300 台を物理的潜在生産量と呼ぶことができる. この単純化された事例から分かるように, 一般には経済的潜在生産量は物理的潜在生産量を下回る. また, 好況期には, 総需要の水準が経済的潜在生産量を越える可能性があることも理解できるだろう.

現実経済では, 経済の総需要が常に能力生産量に等しいとは限らない. 総需要が潜在的生産量を超過するときには, 企業は設備の稼働率を上げて総需要を満たし, 逆の場合には, 稼働率を落とすことにより, 生産量を減らすのである. つまり, 企業は有効需要の過不足に応じて生産に関する数量調節を行なうのである.

$$y_t^s = \delta_t \sigma k. \tag{8.4}$$

ここで, δ_t は設備の稼働率をあらわし, $\delta_t = 1$ であるとき, 設備が正常に稼働されていることを示す. また, $\delta_t > 1$ のとき, 設備の過度稼働を示し, 他方, $\delta_t < 1$ のとき, 遊休設備の存在を意味する.

明示的に労働を考えないので，t 時点における企業の利潤は $p_t y_t^s$ で与えられる．さらに，制約条件として

$$y_t^s = \delta_t \sigma k, \quad y_t^s \leq D_t^e \tag{8.5}$$

が存在する．ここで，D_t^e は t 時点における総需要の予想水準である．いうまでもなく，制約条件の前者は生産技術であり，後者は企業が直面する需要制約である．企業は予想総需要水準に等しい財を設備稼働率を調整することによって生産を行なえば，利潤が最大になる．したがって，企業の最適解は $y_t^s = D_t^e$ である．

企業は一定量の株式 $\bar{E}$ を発行しているとする．資本の蓄積を考慮しないので，株式の新規発行は考慮しない．企業の利潤は株式保有者にすべて分配され，配当されるとする．株価の実質値を q_t とすると，株式の実質収益率は

$$r_t = \frac{\dot{q}_t}{q_t} + \frac{y_t^s / \bar{E}}{q_t} \tag{8.6}$$

によって与えられる．これを積分することにより，t 時点における企業の割引現在価値が次のように得られる．

$$q_t \bar{E} = \int_t^\infty y_v^s \exp(-\int_t^v r_s ds) dv. \tag{8.7}$$

消費者行動

無限期間生存する家計が消費と実質残高に対して選好をもち，その効用は

$$\int_0^\infty \{u(c_t) + v(m_t^d)\} \exp(-\rho t) dt \tag{8.8}$$

で表される．ただし，c_t は t 時点における消費需要であり，m_t^d は t 時点における実質残高に対する需要である．また，効用関数の形状に関して，$u'(c) > 0$, $u''(c) < 0$, $\lim_{c \to 0} u'(c) = \infty$, $\lim_{c \to +\infty} u'(c) = 0$, $v'(m) > 0$, $v''(m) < 0$, $\lim_{m \to 0} v'(m) = \infty$ の仮定を置いている．ただし，消費の効用関数に対して，分析の単純化のために，$u(c) = \ln c$ と特定化する．この関数は上の条件を満たす．A_t を名目資産額，$Q_t (= p_t q_t)$ を株価，E_t^d を株式保有量，そして $d_t = y_t^s / \bar{E}$ を株式 1 単位当た

りの配当とすれば，

$$\dot{A}_t = \dot{Q}_t E_t^d + p_t d_t E_t^d - p_t \tau_t - p_t c_t, \ \ A_t = p_t m_t^d + Q_t E_t^d \tag{8.9}$$

が成立する．$a_t = A_t/p_t, q_t = Q_t/p_t$ と物価水準でデフレイトして，上の予算制約式を実質タームで書き直せば，

$$\dot{a}_t = \dot{q}_t E_t^d + d_t E_t^d - \tau_t - c_t - \pi_t m_t^d, \ \ a_t = m_t^d + q_t E_t^d \tag{8.10}$$

となる．さらに，ここで，株式の実質収益率（r）の定義式を式 (8.10) に代入すれば，

$$\begin{aligned} \dot{a}_t &= r_t q_t E_t^d - \tau_t - c_t - \pi_t m_t^d, \ \ a_t = m_t^d + q_t E_t^d \\ &= r_t (a_t - m_t^d) - \tau_t - c_t - \pi_t m_t^d \end{aligned} \tag{8.11}$$

が得られる．

式 (8.11) は瞬間的な予算制約を示すものに過ぎない．生涯予算の観点から，追加的な制約条件として，

$$\lim_{s \to \infty} a_s \exp(-\int_0^s r_v dv) \geq 0 \tag{8.12}$$

が成立しなければならない．これは，消費者が Ponzi ゲームに従事することを禁止する条件である．ただし，効用関数は消費と実質残高に対して厳密な増加関数であるから，上の制約条件は等号で成立しなければならない．

家計は初期の実質資産 a_0，政府からの移転所得の流列 $\{\tau_t\}_{t=0}^\infty$，インフレ経路 $\{\pi_t\}_{t=0}^\infty$，実質利子率の流列 $\{r_t\}_{t=0}^\infty$，実質株価の流列 $\{q_t\}_{t=0}^\infty$ を所与として，予算制約式 (8.11) を制約として生涯効用を最大化するように消費経路と実質残高の経路を選択する．

このような異時点間の動学的最適化は最大値原理を適用することによって解くことができる．具体的には，以下のような Hamiltonian 関数

$$H = [u(c_t) + v(m_t^d)] \exp(-\rho t) + \mu_t [r_t(a_t - m_t^d) - \tau_t - c_t - \pi_t m_t^d] \tag{8.13}$$

を設定し，この Hamiltonian 関数に対して以下の条件を考える．

$$\partial H/\partial c_t = u'(c_t)\exp(-\rho t) - \mu_t = 0 \tag{8.14}$$

$$\partial H/\partial m_t^d = v'(m_t^d)\exp(-\rho t) - \mu_t(r_t + \pi_t) = 0 \tag{8.15}$$

$$\dot{\mu}_t = -\partial H/\partial a_t = -\mu_t r_t \tag{8.16}$$

これらの条件 (8.14)–(8.16) が消費者問題の最適化条件を構成する．ただし，μ_t は状態変数 a_t の共役変数である（最大値原理の詳細については，Chiang [1992] もしくは Léonard & Long [1992] などを参照のこと）．ここで，式 (8.14) と式 (8.16) を考慮することにより，

$$\dot{c}_t = (r_t - \rho)c_t \tag{8.17}$$

を得る（ここで，$u(c) = \ln c$ を用いていることに注意）．この式は，t 時点において消費が $r_t - \rho$ の率で成長することを示している．また，積分演算を施すことにより，式 (8.17) は次のように変形することもできる．

$$c_v = c_t \exp(\int_t^v (r_s - \rho)ds). \tag{8.17'}$$

この式は，v 時点と t 時点の消費の関係を示している．

さらに，Ponzi ゲーム禁止条件と式 (8.16) を考慮することにより，横断条件は次のように与えられることに注意すべきである．

$$\lim_{t\to\infty} \mu_t a_t = 0. \tag{8.18}$$

8-2-2　マクロ均衡の記述

このモデルで取り上げられている市場は財市場，貨幣市場，そして，株式市場の3市場である．Walras の法則を考慮することにより，財市場と貨幣市場を分析することで十分である．完全予見均衡は，計画された消費需要と計画された生産量，そして，計画された貨幣需要量と計画された貨幣供給が一致し，すべての予想された変数が正確に実現しているときである．また，我々は代表的

個人の仮定を採用し，これにより，便宜上としてのマクロ経済を記述することにする．

財市場の均衡は次のように表わされる．

$$y_t^s = c_t + g \tag{8.19}$$

ここで注意しなければならないのは，この均衡条件は，すでに述べたように，Keynes 的な数量調節で達成されているということである．つまり，我々のモデルでは，財の需給一致条件によって，稼働率 δ が決定されているのである．これに対して，Gray [1984] や Obstfeld & Rogoff [1983] などの新古典派的枠組みは，価格が十分伸縮的で財市場の需給一致が価格調節でなされるという理論的構造を持っている．つまり，財市場の均衡条件が価格を決定しているのである．

また，貨幣市場均衡は

$$m_t^s = m_t^d \tag{8.20}$$

で与えられる．ただし，式 (8.14) と式 (8.15) を考慮することにより，

$$r_t + \pi_t = v'(m_t^d)c_t \tag{8.21}$$

を得る．この式に対して，陰関数定理を用いることにより，貨幣需要関数が次のように表される．

$$m_t^d = L(c_t, r_t + \pi_t) \tag{8.22}$$

このとき，

$$dm_t^d/dc_t = -v'(m_t^d)/(c_t v''(m_t^d)) > 0, \quad dm_t^d/d(r_t + \pi_t) = 1/(c_t v''(m_t^d)) < 0$$

であり，さらに，$r_t + \pi_t \to 0$ のとき，$m_t^d \to \infty$ が成立する．これは，名目利子率が下限のゼロに近づくとき，貨幣需要が無限大に増大することを意味する．

また，企業価値の定義式 (8.7) は，式 (8.17′) と財市場の均衡条件 (8.19) を考慮することによって，

$$q_t \bar{E} = c_t/\rho + \int_t^\infty g \exp(-\int_t^v r_s ds) dv \qquad (8.23)$$

が成立する．

ここで，価格変化について明示的に考えるために，財市場の潜在的不均衡とインフレが連関していることを想定しよう．その際に，インフレに関する方程式として，

$$\dot{\pi}_t = \alpha[(c_t + g)/y^n - 1], \alpha > 0 \qquad (8.24)$$

を考える．第 1 項は能力生産量を基準にした超過需要，もしくは，潜在的超過需要が物価上昇に影響を与えることを示す．また，$(c_t + g)/y^n = \delta_t$ と式変形できることから，これは，稼働率とインフレの関係を示すものであり，いわゆる Phillips 曲線である．このような定式化は，Buiter & Panigirtzoglou [1999] を参照のこと．我々は，これを加速的インフレ Phillips 曲線と呼ぶことにしよう．ここで，我々が強調しておきたいことは，インフレ Phillips 曲線がミクロ的基礎を考慮して導出できるという点である．Roberts [1995] は new Keynesian モデルにおける価格硬直性を強調しており，Rotemberg [1982] による価格調整費用モデルを，さらに，Calvo [1983] と Taylor [1979] による非同期的契約モデルを紹介している．これらのモデルはミクロ的基礎として企業の価格設定を明示的に取り扱い，インフレ Phillips 曲線を導出している．

8-3 モデルの分析

市場均衡経路は $c_t + g = y_t^s$ かつ $m_t^d = m_t^s (= m_t)$ で定義される．経済の市場均衡経路を示す微分方程式体系は以下のように集約することができる．なお，以下では，混乱のない限り，時間を示す添字の t を省略することにする．

体系 I

$$\dot{c} = [v'(m)c - \pi - \rho]c \tag{8.25}$$

$$\dot{m} = (\theta - \pi)m \tag{8.26}$$

$$\dot{\pi} = \alpha[(c+g)/y^n - 1] \tag{8.27}$$

式 (8.25) は，式 (8.17) と式 (8.21) を考慮することにより，また，式 (8.26) は $m = M/p$ の対数微分と式 (8.3) を考慮することにより導出できる．さらに，式 (8.27) は加速的インフレ曲線である．

ここで，微分方程式 (8.25) と (8.26) とをそれぞれ積分すれば，

$$c_t = c_0 \exp\left(\int_0^t [v'(m(s))c(s) - \pi - \rho]\,ds\right) \tag{8.28}$$

$$m_t = m_0 \exp\left(-\int_0^t (\theta - \pi(s))ds\right) \tag{8.29}$$

が得られる．これにより，初期条件が $(c_0, m_0) > 0$ であれば，すべての時間 t に対して $(c_t, m_t) > 0$ が成立することが分かる．つまり，市場均衡経路 $\{(c_t, m_t)\}_{t=0}^{\infty}$ が経済的に有意味な解の性質，つまり，正値条件を満たすことが確認できる．

定常状態は $\dot{c} = \dot{m} = \dot{\pi} = 0$ で定義されるので，

$$v'(m_*)c_* = \theta + \rho \tag{8.30}$$

$$\pi_* = \theta \tag{8.31}$$

$$c_* + g = y^n \tag{8.32}$$

となる．変数右下の記号 $(*)$ は定常状態を表す．

これにより，長期均衡（定常状態）において，貨幣の超中立性が成立することが分かる．定常状態において，貨幣供給成長率は，経済の実物部門（消費水準）に影響を与えないけれども，インフレ率を増加させる効果を持つ．さらに，貨幣供給成長率の増大は，定常状態における実質貨幣残高を減少させることも

理解できるだろう．これを正確に記述すれば，

$$m_* = m_*(\theta), \quad dm_*/d\theta = 1/(v''c_*) < 0 \tag{8.33}$$

となる．

では，線型近似を行なうことにより定常状態の近傍での動学過程について考察してみよう．このときの Jacobi 行列は

$$\begin{bmatrix} v'(m_*)c_* & v''(m_*)c_*{}^2 & -c_* \\ 0 & 0 & -m_* \\ \alpha/y^n & 0 & 0 \end{bmatrix}$$

で表される．これに対応する特性方程式は

$$P(\lambda) = \lambda^3 + b_1\lambda^2 + b_2\lambda + b_3 = 0 \tag{8.34}$$

であり，ただし，

$$b_1 = -v'(m_*)c_* < 0 \tag{8.35}$$

$$b_2 = \alpha c_*/y^n > 0 \tag{8.36}$$

$$b_3 = \alpha v''(m_*)m_*c_*{}^2/y^n < 0 \tag{8.37}$$

$$b_1 b_2 - b_3 = -\alpha v'(m_*)(1 - \eta(m_*))c_*{}^2/y^n. \tag{8.38}$$

ここで，

$$\eta(m_*) = -\frac{m_* v''(m_*)}{v'(m_*)} > 0 \tag{8.39}$$

と定義している．これは，異時点間の代替の弾力性の逆数，もしくは，相対的危険回避度を示す．

命題 8.1 $\eta(m_*) < 1$ であるならば，均衡経路は定常状態それ自身である．他方，$\eta(m_*) > 1$ であるならば，均衡経路の多値性が生ずる．

証明 特性方程式 $P(\lambda) = 0$ において，$b_3 < 0$ であることから，少なくとも 1 つの特性根が正の実数であることが分かる．ここで，特性根を $\lambda_1 > 0, \lambda_2, \lambda_3$ とする．

$$b_3 = -\lambda_1 \lambda_2 \lambda_3 < 0 \tag{8.40}$$

より，

$$\lambda_2 \lambda_3 > 0 \tag{8.41}$$

が成立する．

$$b_2 = \lambda_1 \lambda_2 + \lambda_2 \lambda_3 + \lambda_3 \lambda_1 > 0$$

$$b_1 b_2 - b_3 = -(\lambda_1 + \lambda_2)(\lambda_2 + \lambda_3)(\lambda_3 + \lambda_1)$$

を考慮すれば，

$$\begin{aligned} b_1 b_2 - b_3 &= -[(\lambda_1)^2 + (\lambda_2 + \lambda_3)\lambda_1 + \lambda_2 \lambda_3](\lambda_2 + \lambda_3) \\ &= -[(\lambda_1)^2 + b_2](\lambda_2 + \lambda_3) \end{aligned}$$

を導出できる．したがって，$b_1 b_2 - b_3 > 0$ ならば，特性根 $\lambda_2 + \lambda_3 < 0$ である．この事実に，式 (8.41) を考慮することによって，特性根 λ_2, λ_3 の実数部分はともに負であることが分かる．同様にして，$b_1 b_2 - b_3 < 0$ ならば，特性根 λ_2, λ_3 の実数部分はともに正であることが分かる．制御変数が c と m の 2 個であることに注意すれば，上の命題を得ることができる．■

$\eta(m_*) < 1$ であれば，均衡経路は一意に確定し，また，$\eta(m_*) > 1$ であれば，均衡経路は不確定となる．このような均衡経路の不確定性は，サンスポットや景気循環に関連付けられる（この点については，Benhabib & Farmer [1999] に詳しい）．

したがって，この命題のもつ政策的含意は，政府が θ を適切に制御し，$\eta(m_*) < 1$ を保つことができれば，経済が安定化するということになる．しかしながら，この言説が常に正しいとは限らない．このことについてさらに詳しく検討して

みよう．分岐パラメーターとして θ を選択すれば，以下の命題が証明できる．

命題 8.2 $\eta(m_*(\theta_H)) = 1$, $d\eta(m_*(\theta))/d\theta|_{\theta=\theta_H} \neq 0$ を満たす分岐パラメーター $\theta = \theta_H$ が存在するとしよう．このとき，Hopf 分岐の定理を適用することにより，内生的景気循環の発生が確認できる．

証明 Hopf 分岐の定理を適用するためには (i) 特性解が 1 組の純虚数解と残りの解はゼロとなる実数部分を持たないことと，(ii) その虚数解の実数部分が停留的ではないことを証明すれば良い．命題 4.2 に提示されているように，$b_1(\theta) \neq 0$, $b_2(\theta) > 0$, $\Delta(\theta) = b_1 b_2 - b_3 = 0$ を満たす $\theta = \theta_H$ が存在し，さらに，$d\Delta(\theta)/d\theta|_{\theta=\theta_H} \neq 0$ を示すことができれば，3 変数の Hopf 分岐の定理を適用できる．式 (8.38) より，

$$\left.\frac{d\Delta(\theta)}{d\theta}\right|_{\theta=\theta_H} = \alpha v'(m_*) \frac{(c_*)^2}{y^n} \eta'(m_*) \left.\frac{dm_*}{d\theta}\right|_{\theta=\theta_H}$$

が成立することに注意すれば，上の命題の主張が結論できる．■

命題 8.2 は極限周期軌道の存在に関する命題である．経済的により意味のある結果を得るために，2 つの仮定を追加しよう．つまり，相対的危険回避度の増大と supercritical な Hopf 分岐の想定である．後者の想定は，定常状態が不安定なときに安定な極限周期軌道が発生することを表現し，他方，前者の想定は相対的危険回避度が m に関して増大的であることを意味する．つまり，

$$\eta'(m) > 0 \tag{8.42}$$

であり，この想定に関しては Arrow [1971, pp.96–98] において説明され正当化されている．この追加的想定のもとで，以下の系を得る．

系 8.1 命題 8.2 において，相対的危険回避度の増大性と supercritical 分岐を想定しよう．このとき，$\theta > \theta_H$ において，安定な極限周期軌道が存在し，$\theta < \theta_H$ においては，均衡経路の多値性が発生する．

証明 命題 8.1，命題 8.2，式 (8.33) を考慮すれば明らか．■

ここで，たとえ，$\theta > \theta_H$，つまり，$\eta(m_*) < 1$ が成立したとしても，均衡経路の不確定性が観察されることに注意しよう．なぜなら，$\theta > \theta_H$ のときには，不安定な定常状態から乖離して安定な極限周期軌道に収束する無数の軌道が存在し，この循環的軌道が均衡経路として許容されるからである（この循環的軌道上では，最適条件と市場均衡条件が満たされていることに注意）．命題 8.1 の結果は局所的な結果であり，Hopf 分岐の定理を応用することにより，不安定な定常状態の周囲に極限周期軌道が存在するという隠された動学的構造が顕示されたのである．また，このことにより，貨幣供給量を一定率で増大させる金融政策では，経済を安定化できない可能性があることが経済学的見地から結論できるのである．

以下では，貨幣の効用関数 $v(m)$ について，よく用いられる特定の関数形を 2 つとりあげ，その帰結について考察しよう．

具体例 1 まず最初に，CRRA（constant relative risk aversion，相対的危険回避度一定）型と呼ばれる効用関数を考察する．つまり，

$$v(m) = \frac{m^{1-\gamma} - 1}{1 - \gamma}, \ \gamma > 0, \ \gamma \neq 1$$

を考察する．この場合には，$\eta(m_*) = \gamma = \text{const.}$ となることに注意しよう．したがって，命題 8.1 を適用すれば，$\gamma < 1$ のときには，定常状態 (c_*, m_*, π_*) それ自体が，均衡経路である．また，$\gamma > 1$ のときには，均衡経路の不確定性が生じることになる．なお，貨幣供給成長率が変化するとき，その変化が，定常状態における実質残高とインフレ率の「水準」に影響を与えるけれども，定常状態の「質的変化」をもたらさないことは注意しておくべき事実である．

具体例 2 次に，以下のような関数型

$$v(m) = -\frac{B}{\beta} e^{-\beta m}$$

を考察しよう．これは，CARA（constant absolute risk aversion，絶対的危険

回避度一定）型と呼ばれる．この場合には，$\eta(m_*) = \beta m_*$ となり，相対的危険回避度が m_* に関して増大的である．$\theta + \rho < B(y^n - g)$ である限り，$m_* = -(1/\beta)\ln\{(\theta+\rho)/[B(y^n-g)]\} > 0$ が存在する．さらに，$\theta_H = B(y^n-g)e^{-1} - \rho$ のとき，$\eta(m_*(\theta_H)) = 1, d\eta(m_*(\theta))/d\theta|_{\theta=\theta_H} < 0$ が成立するので，命題 8.2 により Hopf 分岐による内生的景気循環が発生することが分かる．

8-4 モデルの修正：持続的不況と恐慌の発生

8-4-1 修正モデル

前節では，加速的インフレ Phillips 曲線の想定のもとで，景気循環の発生について論証した．ここでは，先ほど提示した加速的インフレ Phillips 曲線 (8.24) に対して代替的な Phillips 曲線を採用して，モデル分析を行ない，不況径路や恐慌径路の発生について考察する．具体的には，代替的な Phillips 曲線として，

$$\pi = \alpha[c/y^n - 1] + \theta \tag{8.43}$$

を考える．（簡単化のため，最初の議論では，政府支出を考察しない．もちろん，政府支出は不況を考えるうえで重要な要素であり，第 8-4-3 項において政府支出を導入した議論を展開する）．このような Phillips 曲線は，Roberts [1995] で紹介されているように，企業の微視的基礎から導出できる．彼は，この式を New Keynesian Phillips 曲線と呼んでいる．また，これらの安定な関係について，Emery & Chang [1997] においてもアメリカのデータを用いて検証がなされている．

このような変更のもとで，式 (8.17), (8.21), そして，(8.43) を考慮することにより，消費の動学方程式を，また，$\dot{m}/m = \theta - \pi$ と式 (8.43) を考慮することにより，実質残高の動学方程式を得る．これら 2 本の動学方程式が，以下の体系 II–A を構成する．

体系 II–A

$$\dot{c} = [\frac{(v'(m)y^n - \alpha)}{y^n}c + \alpha - \theta - \rho]c \tag{8.44}$$

$$\dot{m} = -\alpha[c/y^n - 1]m \tag{8.45}$$

であり，さらに，横断条件を考える．

8-4-2 位相図による考察

まず，$\dot{c} = 0$ となるのは，$c = 0$ と

$$c = \frac{\alpha - \theta - \rho}{\alpha - v'(m)y^n} y^n := h(m)$$

が満たされる場合である．また，$\dot{m} = 0$ となるのは，2 直線 $m = 0$ と $c = y^n$ 上にあるときである．これらの情報をもとに，位相図による分析を行なうことにする．ただし，以下では，3 つの場合に分けて考える．

(i) $0 < \rho + \theta < \alpha$ の場合：不況経路

まず，定常点 (c_*, m_*) が一意に存在することを確認しよう．最初に，$c_* = y^n$ となることは明らかであろう．したがって，この定常点を「完全稼働定常点」と呼ぼう．ここで，$v'(m)y^n = \alpha$ を満たす m を m_c と定義する．$m < m_c$ であれば，$c = h(m) < 0$ となるので，経済的な意味はない．したがって，関数 $c = h(m)$ を考えるときには，定義域を $m > m_c$ に限定しよう．このとき，

$$h'(m) = \frac{(\alpha - \theta - \rho)v''(m)(y^n)^2}{(\alpha - v'(m)y^n)^2} < 0 \tag{8.46}$$

が成立すること，さらに，$\lim_{m \to m_c+} h(m) = +\infty$ そして $\lim_{m \to +\infty} h(m) = (\alpha - \theta - \rho)y^n/\alpha < y^n$ が成立することから，m_* が一意に存在することが分かる．ただし，$v'(m_*)y^n = \theta + \rho$ が成立し，$m_c < m_*$ である．以上により，完全稼働定常点の一意性は証明された．このときの位相図は図 8.1 に示される．

完全予見動学経路の候補として，3 種類の動学経路が考えられる．1 つは完全稼働点 (c_*, m_*) へ収束する鞍点経路である．2 番目として，$(c_t, m_t) \to (\infty, 0)$ $(t \to$

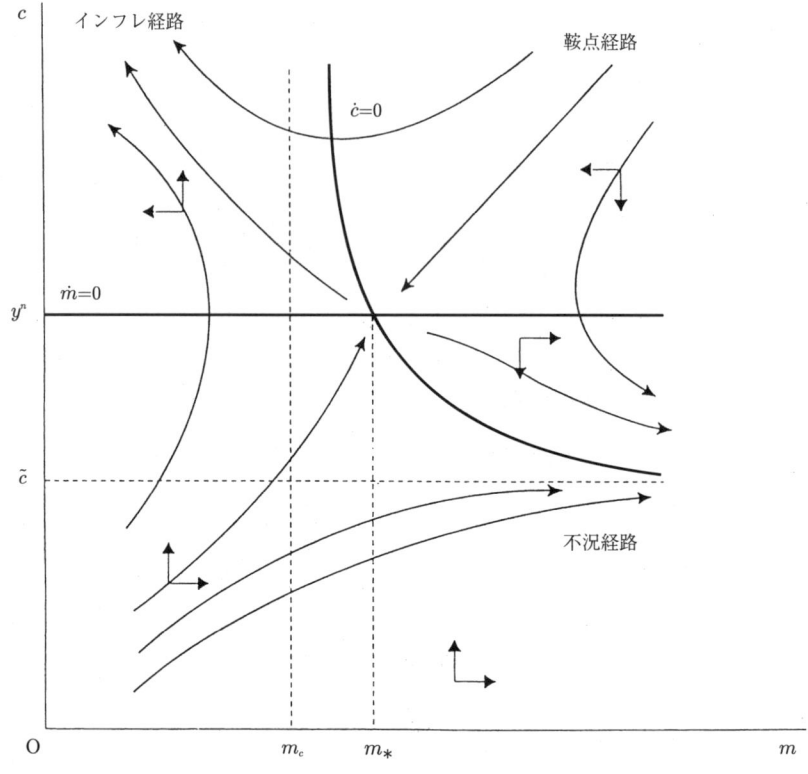

図 8.1 不況経路：$0 < \rho + \theta < \alpha$ の場合

∞) となるインフレ経路，そして，3番目として，$(c_t, m_t) \to (\tilde{c}, \infty)\,(t \to \infty)$ となる不況経路である．ただし，

$$\tilde{c} = \frac{\alpha - \rho - \theta}{\alpha} y^n < y^n \tag{8.47}$$

である．不況経路上では，最終的に，実質貨幣残高は発散し（$m \to +\infty$），流動性の罠に陥ることになる．このとき，物価上昇率は $\pi = -\rho < 0$ となり，経済はデフレーションを経験する．さらに，$r + \pi = v'(m)c$ が成立することから，名目利子率がゼロへと落ち込んでいくことになる．

それでは，これら3種類の経路が完全予見均衡になり得るかを順番に検討していこう．まず，完全稼働点への収束経路は，横断条件を満たすので，完全予見均衡経路であることは容易に確認できる．次に，インフレ経路は，有限時間内に，消費が発散してしまうので，これは，完全予見均衡経路とはならない（これは，微分方程式の解の最大存在区間に関する議論である．詳細については，吉田 [1999, p.98] 参照）．では，最後に，不況経路はどうであろうか．式 (8.16)，(8.21)，および (8.26) を考慮することにより，

$$\frac{\dot{\mu}}{\mu} + \frac{\dot{m}}{m} = -r + (\theta - \pi) = \theta - v'(m)c$$

を得る．さらに，式 (8.6) と式 (8.16) により，

$$\frac{\dot{\mu}}{\mu} + \frac{\dot{q}}{q} = -r + [r - y^s/(qE)] = -y^s/(qE) < 0$$

が成立する．したがって，常に，

$$\lim_{t \to \infty} \mu q E = 0$$

が成立するのに対して，

$$\lim_{t \to \infty} \left(\frac{\dot{\mu}}{\mu} + \frac{\dot{m}}{m} \right) = \theta$$

が成立する．したがって，$\theta > 0$ であれば，横断条件が満たされないが，$\theta < 0$ であれば，横断条件が満たされる．

以上の議論をまとめて，次の命題を得る．

命題 8.3 $0 < \rho + \theta < \alpha$ が成立しているとしよう．このとき，$\theta > 0$ であれば，完全稼働点 (c_*, m_*) へ収束する鞍点経路が唯一の均衡経路である．また，$\theta < 0$ であれば，不況経路も均衡経路となり，均衡経路の多値性が生ずる．なお，不況経路では，流動性の罠とデフレーションが観察される．

このように市場均衡経路が多値性をもつ場合，モデルに内包される論理から均衡経路を確定できない（均衡経路の不確定性）．近年多くの文献において，均

衡経路の不確定性が論じられているが，それらは，安定な定常点の存在から発生する均衡経路の不確定性である．この場合には，終局的経済状態は同一である．しかしながら，我々のモデルでは，安定な定常点による不確定性という論理とは異なる立場から，均衡経路の不確定性を論じることができる．最終的経済状態が，完全稼働点と過少稼動点の2つが存在することによって，均衡経路の不確定性が現れるのである．均衡経路の不確定性を論じるときには，Keynesの血気の論理を持ち出すことが多いけれども，終局的経済状態が複数存在するモデルの方がより鮮明に Keynes の血気の理論を浮かび上がらせるのである．

(ii) $\alpha < \rho + \theta$ の場合：恐慌経路

(i) と同様の手順で，$h'(m) > 0$, $\lim_{m \to 0+} h(m) = 0$ かつ，$\lim_{m \to m_c-} h(m) = +\infty$ が成立するので，定常点 (c_*, m_*) が一意に存在することが証明できる．ただし，$\alpha < \theta + \rho$ であるから，$m_* < m_c$ である．このときの位相図は図 8.2 に示される．

この場合にも 3 種類の動学経路が存在する．完全稼働点への鞍点経路，インフレ経路，そして，恐慌経路である．恐慌経路上では，$(c_t, m_t) \to (0, \infty) \, (t \to \infty)$ となり，消費水準はゼロに漸近し，他方で，実質貨幣残高が無限大に発散していく．もちろん，恐慌経路上においても，不況経路と同様に，名目利子率が下限であるゼロに収束し，流動性の罠が成立していることが確認できる．

では，これらの経路が均衡経路となり得るかどうかについて検討していこう．完全稼働点への鞍点経路が均衡経路となり，インフレ経路が均衡経路となり得ないことは，前述の議論から容易に判断できる．また，恐慌経路について検討すれば，(i) と同様に，$\theta > 0$ であれば，横断条件が満たされないが，$\theta < 0$ であれば，横断条件が満たされることが分かる．したがって，以上の議論をまとめることによって，以下の命題が得られる．

命題 8.4 $(0 <)\alpha < \rho + \theta$ が成立しているとしよう．このとき，$\theta > 0$ であれば，完全稼働点 (c_*, m_*) へ収束する鞍点経路が唯一の均衡経路である．また，$\theta < 0$ であれば，恐慌経路も均衡経路となり，均衡経路の多値性が生ずる．なお，恐慌経路では，流動性の罠とデフレーションが観察される．

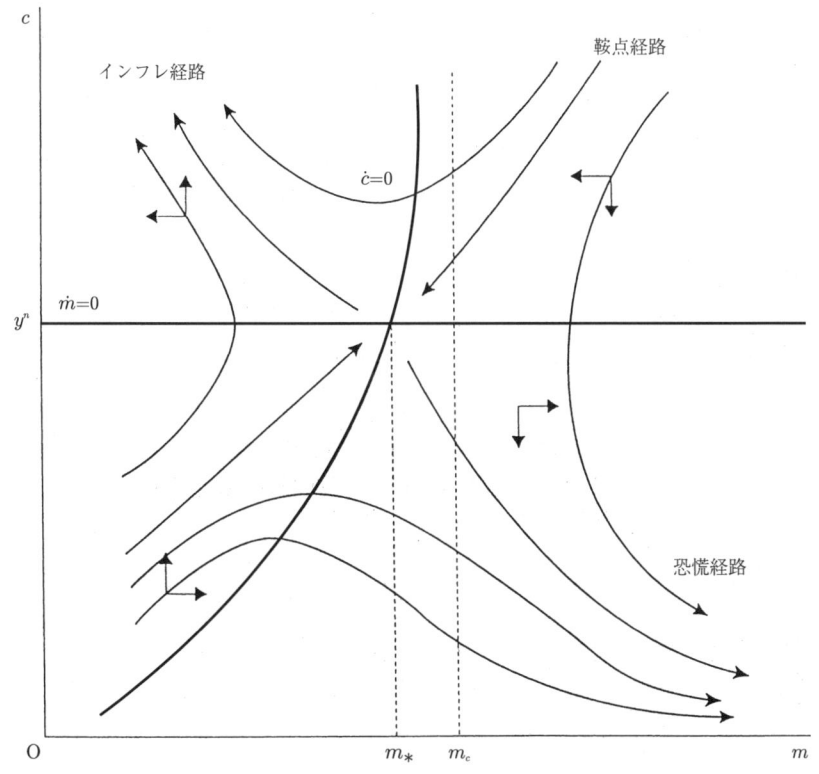

図 8.2 恐慌経路：$\alpha < \rho + \theta$ の場合

(iii) $\rho + \theta < 0(< \alpha)$ の場合

この場合には，定常点は存在しない．図 8.3 で示されるように，終局的にはインフレ経路のみである．しかしながら，我々のモデルでは，インフレ経路は無限期間にわたる計画問題という条件に反するから，この場合には，市場均衡経路そのものが存在しないということになる．

命題 8.5 $\rho + \theta < 0(< \alpha)$ が成立しているとしよう．このとき，完全稼働点 (c_*, m_*) が存在せず，均衡経路は存在しない．

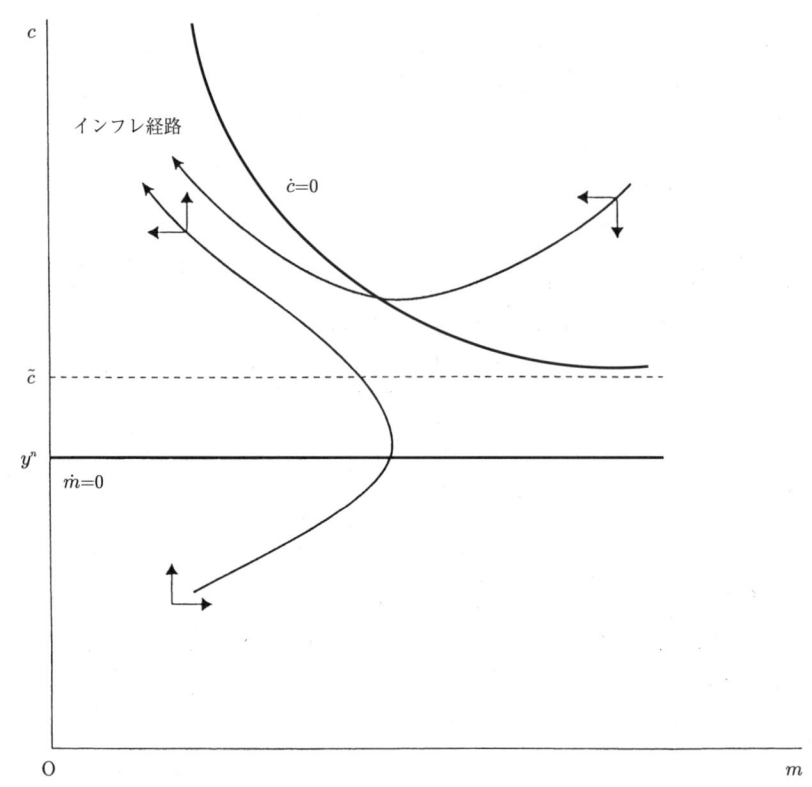

図 8.3 インフレ経路：$\rho + \theta < 0 (< \alpha)$ の場合

　以上の3つの場合分けを流動性の罠の状態における稼働率 $\tilde{c}/y^n = (\alpha - \rho - \theta)/\alpha$ を基準に分類すれば，以下のようになる．$(\alpha - \rho - \theta)/\alpha < 0$ であれば，恐慌経路が存在し，$0 < (\alpha - \rho - \theta)/\alpha < 1$ のときには，不況経路が発生することになる．また，$1 < (\alpha - \rho - \theta)/\alpha$ となるときには，均衡経路そのものが存在しないのである．したがって，経済が収縮過程を持つかどうかは，$(\alpha - \rho - \theta)/\alpha$ の大きさに依存することが分かるだろう．

8-4-3 政策的含意

不況経路が発生するときの政策的含意を考えるために，政府支出（g）も考慮することにしよう．当然，我々は，

$$0 < \rho + \theta < \alpha$$

という想定をおく（恐慌経路においても，以下と同様の結論を導くことができる）．

財政政策を考慮するということは，財市場に新しい需要項目が付加されることを意味するので，Phillips 曲線は以下のように変更される．

$$\pi = \alpha[(c+g)/y^n - 1] + \theta. \tag{8.43'}$$

したがって，経済の動学方程式体系は以下のように整理することができる．

体系 II–B

$$\dot{c} = [\frac{(v'(m)y^n - \alpha)}{y^n}c - \alpha\frac{g}{y^n} + \alpha - \theta - \rho]c, \tag{8.48}$$

$$\dot{m} = -\alpha[(c+g)/y^n - 1]m. \tag{8.49}$$

流動性の罠（$m \to +\infty$）が発生するとき，流動性の罠の状態における消費水準は

$$\tilde{c} = \frac{\alpha - \rho - \theta}{\alpha}y^n - g \tag{8.50}$$

で与えられる．これにより，流動性の罠の状態における拡張的財政政策は，100 パーセントのクラウディング・アウトを生むことが分かる．式 (8.50) を別の角度から見れば，

$$\tilde{c} + g = \frac{\alpha - \rho - \theta}{\alpha}y^n < y^n \tag{8.50'}$$

と書きかえることができる．不等号左辺はこの経済における総需要を表す．こ

れにより，流動性の罠の状態に陥った経済の総需要の水準は財政政策とは無関係に決定されており，さらに，その水準は，能力産出量より少ないことが分かる．つまり，流動性の罠にある経済では，拡張的財政政策を実施しても，総需要は増加せず，国民所得水準も増加しないことが結論づけられる．具体的に述べれば，政府支出の増加は，それに等しい増税を含意するだけであり，消費者は増税分を相殺するために消費を減少させるのである．また，流動性の罠の状態では，名目利子率 $r+\pi=0$ と $r=\rho$ ($\dot{c}=0$ より) が成立しているので，物価上昇率は財政政策に影響を受けず，$\pi=-\rho$ が常に成立していることも分かる．

多くの場合，流動性の罠は IS–LM モデルの文脈で議論されるけれども，完全予見を前提にした異時点間の最適化モデルにおいても，流動性の罠という現象を観察することができるということが以上の議論で明らかになった．ただし，政策的含意は2つのモデルで全く異なることに十分注意しなければならない．IS–LM モデルでは，利子率の下限が存在し，LM 曲線に水平な部分が生じるときに，流動性の罠が発生する．したがって，財政政策の効果が非常に顕著であり，他方，拡張的金融政策は景気回復に無力である．このような事情により，特に初期 Keynesian は財政政策の有効性を主張したのである．しかしながら，体系 II では，全く正反対の結論を得た．我々のモデルでは，拡張的金融政策が有効であり，一括税をもとにした拡張的財政政策は民間消費の 100 パーセントのクラウディング・アウトを引き起こすのである．このような違いは，IS–LM モデルが貨幣供給量一定という静学的枠組みを持つのに対し，我々のモデルが貨幣供給成長率を考慮して明示的に動学的最適化モデルを構築していることに起因する．我々の動学的貨幣経済モデルでは，インフレは貨幣の保有コストを引き上げるので，消費者は余分な貨幣を保有することを止め，貨幣保有を消費に向ける行動を選択する．このような経路によって，拡張的金融政策は有効需要増大効果を持つのである．

8-5 まとめ

　我々は，異時点間の最適化を用いた貨幣的マクロ動学に対して，有効需要の原理を考慮しつつ，2種類のインフレPhillips曲線を導入したモデルを提示した．特に，完全予見のもとで消費者が生涯効用を最大化することを想定するという究極の合理性の仮定のもとで，不況や恐慌が起きる可能性について検討するのが本章の最大の目的であった．できるだけ新古典派的分析装置を利用し，最低限の逸脱によって市場経済の欠陥を論証するという意味で，本章の分析は新古典派に対する内在的批判を試みる側面を持つ．なお，本章では，分析の簡単化のために労働について明示的に考えることをしなかったが，これについては，稼働率が労働の代理変数の役割を果たし，稼働率が高い場合には雇用が増大し，稼働率が低い場合には雇用が減少していると考えるのが合理的である．

　本章での具体的な検討事項は，貨幣供給成長率が一定水準に維持される金融政策のもとで，経済がどのような動学的経路をたどるかということであった．特に，金融政策の変化が，実物経済に影響を与えるかどうか議論することは，いわゆる貨幣の超中立性に関する話題であり，貨幣経済学における主要な論点の1つである．

　まず，加速的インフレPhillips曲線を導入した体系Iにおいては，循環的な均衡経路（景気循環）が発生したり，均衡経路の多値性が生じたりすることが確認された（命題8.1と命題8.2を参照のこと）．具体例として，絶対的危険回避度一定（CARA）型の効用関数を想定する場合には，景気循環が発生することが示された．

　また，体系IIにおいては，パラメーターの組み合わせにより，不況経路や恐慌経路が発生することが論証された．同時に，均衡経路が多値性をもつことも示された．この均衡経路の多値性により，均衡経路の不確定性という現象が発生するのである．つまり，モデルに内包される原理からだけでは，完全予見能力を持つ合理的経済主体でさえ，唯一の均衡経路を選択することができないのである．

ただし，体系Iと体系IIで考察された均衡経路の不確定性には無視できない差異が存在する．このことについて補足しておこう．体系Iにおける均衡径路の不確定性は，経済に一意に存在する定常点（もしくは，極限周期軌道）に収束する経路が多数存在することから生じる．つまり，体系Iにおける均衡径路の不確定性とは，経済の初期点の選択に関する不確定性であり，経済の最終状態には，不確定性が存在せず，経済主体はただ1つの最終結果を予見しているのである．これに対して，体系IIでは，初期点の選択に関する不確定性だけでなく，完全稼働点か過少稼働点かという終端点の不確定性が存在している．つまり，終端点の選択は，経済主体の血気もしくは将来展望に委ねられるのである．したがって，経済主体の予想が強気であれば，完全稼働点に収束していくであろうし，反対に，弱気の予想であれば，過少稼働状態へと向かい，人々は際限のない貨幣保有を選好するのである（流動性の罠）．

また，体系IIで得られた政策的含意は，流動性の罠の状態においては，拡張的財政政策は無効であるが，拡張的金融政策は有効であるということである．これは，IS–LMモデルから得られる結論とは正反対のものである．

最後に，我々のモデルとOno [1994, 2001]モデルとの関連性について言及しておく．第8-4節で分析された体系IIは，Onoモデルの構造と基本的に同一である．しかしながら，以下の2点は両モデルの重要な差異である．まず，第1点は，Onoモデルが財市場の需給一致がショートサイドで決定されるという不均衡モデルであるのに対し，我々のモデルは企業の生産決定が稼働率に反映されることを前提にし，財市場の需給一致が完全な数量調整によってなされることを考慮している．これによって，明確に財市場における有効需要の問題を我々のモデルで考察することが可能になっている．次に，第2点は貨幣効用に関する想定に関わるものである．Onoモデルでは，やや特異ではあるが本質的な想定として貨幣の限界効用の不飽和（$\lim_{m \to +\infty} v'(m) > 0$）を前提することによって，また，そのときにのみ，不況経路が発生することが主張されている．これに対し，$\lim_{m \to +\infty} v'(m) = 0$という通常よく用いられる仮定を採用したとしても，我々のモデルでは，不況経路と恐慌経路の発生を理論的に論証できている．これが2番目の相違点であり，この相違の理由は，我々が名目貨幣量の負の成

長率を積極的に考えることによって，デフレ現象を分析していることに起因している．なお，Ono [1994] は，貨幣的動学経済における源流的論考をさまざまな角度から展開しており，まぎれもなく，貨幣経済の動学理論に関する必読文献である．

おわりに

　本書を終えるにあたり，本書で取り扱った Kaldor モデル，Goodwin モデル，そして，Harrod モデルを中心に，そのまとめについて記しておこう．まず，第2章で，Kaldor の景気循環理論を取り扱ったが，Levinson & Smith の定理や Poincaré–Bendixson の定理を援用することにより，厳密に数学モデルとして定式化できることを知った．しかしながら，経済学的観点から評価すると，Kaldor モデルには，経済成長の考察が抜け落ちている．景気循環を，成長のない定常状態のまわりでの循環現象として捉えているのである．このことは，現実の経済現象から判断して，Kaldor モデルの欠点として指摘することができ，これは是正されるべき点である．

　Kaldor モデルが「成長なき景気循環論」であるのに対し，第3章で述べた Goodwin モデルは成長と循環を同時に説明する理論的モデルである．単に経済の循環運動を考察しているだけでなく，成長現象をも射程に入れており，成長循環の見事な論証に成功している．この「成長循環」モデルは，景気循環を労働者と資本家の対立によって解釈するという視点から構築されており，Marx 経済学の影響が色濃く現れている．また，成長循環の概念は，Medio モデルと Pohjola モデルにも引き継がれている．しかしながら，残念なことに，これらのモデルには有効需要の概念が欠落している（Medio 論文は有効需要に関する記述があるが，その数学的分析は不十分である）．現実の景気循環を問題にするときには，この点に関して更なる展開が必要である．

　上で述べたことから，必然的に，有効需要を考慮した循環的成長モデルを構築することに対して，我々の努力を向けなければならないことは明白であろう．このような問題意識から第6章と第7章が提示されている．特に，第6章では，Harrod の不安定性原理を再考することを試みた．Harrod の不安定性原理は，

Harrodのナイフ・エッジとも呼ばれ，資本が完全に稼動されている状態の保証成長率と現実の成長率に何らかの理由で乖離が少しでも生じるならば，その乖離が更に増幅されて，不均衡の累積過程が発生することを強調するものである．しかしながら，Harrodの不安定性理論を景気循環の理論としてみるとき，上方への不均衡の累積過程が反転する契機は労働の完全雇用の天井であり，これは，Hicksの制約循環論と同様に，非常に厳しい景気循環を想定していることになる．以上の点に鑑み，第6章では，技術選択の安定化作用に着目し，内生的な循環的成長モデルを確立したのである．

第7章では，第3章で整理したGoodwinモデルに対して，有効需要を明示的に取り入れることによって，Goodwinモデルの欠点を克服しようとした．さらに，現代資本制経済においては，政府行動の重要性も軽視することはできない．それ故に，このモデルでは，景気循環を安定化させる意図を持つ政府の裁量的財政政策をもモデルに取り込んだ．ここで注目すべきは，政策ラグが長い場合に，政府が強い裁量的財政政策を実行するならば，経済の動学過程が複雑化し，さらに，成長循環の振幅が大きくなるという逆説的な結論である．しかしながら，このことは，裁量的安定化政策の無効性を主張しているのではなく，政策担当者に対して，できるだけ政策ラグを短縮することが求められていると解釈すべきである．実際，政策ラグが短い場合には，裁量的安定化政策によって経済が安定化することが示されたのである．

また，第8章のモデルは，Kaldor, Goodwin, Harrodなどのいわゆるpost Keynesianの分析とはやや異なり，new Keynesianの分析を提示した．これは，1970年代において新しい古典派（new classical）がミクロ理論の不在を理由に伝統的なKeynesianを批判して以来，モデル構築の際に厳密なミクロ的基礎を考慮することを強調する潮流を意識してのことである．もちろん，動学的最適化の理論を援用しつつも，Keynes的経済学の最重要項目である有効需要の原理を取り入れることは忘れていない．この章では，金融政策の有効性に焦点を当てて分析を行ない，景気循環もしくは不況経路・恐慌経路の発生には，金融政策が大きく関わることを示した．

本書の性格上，数学的展開ばかりを強調してきた．本書が純粋理論の構築を

指向するといえども，景気循環理論が現実経済と遊離しているという印象を与えてしまうことは，筆者の望むところではない．最後にこの点について再確認させて頂きたい．筆者の研究の原点には，不況に関する強い関心があることを本書の第1-1節で述べた．さらに，不況による社会的損失をいかに防ぐかを理論的に解明することが景気循環理論の主要課題であると筆者は考える．特に，1990年前半のバブル景気の崩壊以後から続く長期的な不況は「失われた10年」と呼ばれ，物的資本，人的資本に関わらず，日本経済の潜在的生産能力をいたずらに浪費してきた．

政府・日本銀行の政策担当者だけに，このような事態に対するすべての責任があると主張するつもりは毛頭ない．しかしながら，景気回復の基調が未確定の状態にもかかわらず，1997年4月の消費税増税を実施したり，2000年8月のゼロ金利解除を実行したりしたことは大きな失敗であった．内閣府経済社会総合研究所が設定する景気基準日付において，第12循環の山は1997年5月であり，第13循環の山は2000年10月である．消費税増税実施とゼロ金利解除の時期とそれぞれの景気循環の山の時期を比較して判断できることは，2つの政策が極めて悪いタイミングで実行されたか，もしくは，直接的に景気回復の腰を折ったということである．第7章で強調したように，政府は，できるだけ早く景気動向の情報を収集・分析し，的確な政策を実行していかなければならない．もし，政策のタイミングを間違えるならば，景気の不安定化を招くことになる．

また，国債残高の累積的増大による財政政策の手詰まりを反映して，インフレターゲット政策など，不況脱出のための日銀の政策的役割を重視する声が大きく叫ばれ始めている．第8章で述べたことは，金融政策の重要性である．特に，第8-4節では，デフレの放置が如何に景気悪化の要因になり得るかを論じた．継続的物価の下落は消費意欲を将来に遅延させ，貨幣保有を増大させるのである．これは，まさにKeynesの言う流動性の罠である．しかしながら，伝統的Keynesianとは異なり，この際の処方箋は金融緩和である．しかも，継続的な金融緩和であり，これにより，正のインフレ率を呼び起こして，消費意欲を喚起することで景気回復を図るのである．

もちろん，本書で主として述べてきたことは，特定の前提のもとに純粋理論

を構築し，その範囲内での分析結果である．更に，具体的かつ実践的な提言をするためには，本格的な計量経済分析による検討を経る必要があろう．この点に関しては，現在の筆者の能力をすでに超えるものであるから，これ以上，現実の経済政策の可否を論じることは自重しなければならない．本書の議論が日本経済再生に関する現実の政策的議論に結び付くことがあるならば，望外の喜びである．

参考文献

筆者が経済動学に魅了されたのは，学部学生時代に，置塩 [1977] を知ったことが契機である．この著作は論文集であり，実質賃金率の動学過程・均衡成長経路の不安定性・技術進歩などに関する置塩信雄教授の本質的な問題意識と緻密な分析を見ることができる．さらに，学部4年生の夏に甲南大学図書館にて，偶然，大和瀬 [1987] と遭遇した．この著作には，非線型微分方程式と経済学に対するその応用に関する専門的議論を見ることができた（もちろん，この書籍のすべてをその当時に理解したわけでない）．この著作の草稿は公刊よりもかなり早い時期に完成されていたそうであるから，大和瀬達二教授の先見性には驚きを禁じえない．この2つの著作は，筆者の経済動学に関する研究の原点であるといってもよい．以下に，非線型動学を取り扱った経済学および数学の代表的な書籍のいくつかを掲げておく．

大和瀬達二 [1987]，『経済学におけるダイナミカルシステムの理論』，税務経理協会

置塩信雄 [1977]，『現代経済学』，筑摩書房

Devaney, R.L. [1989], *An Introduction to Chaotic Dynamical Systems*, Second edition, Addison-Wesley: Menlo Park [後藤憲一（訳）[1990]，『カオス力学系入門 第2版』，共立出版]

Guckenheimer, J. & P. Holmes [1983], *Nonlinear Oscillations, Dynamical Systems, and Bifurcations of Vector Fields*, Springer: New York

Lorenz, H. W. [1993], *Nonlinear Dynamical Economics and Chaotic Motion*, Springer: Berlin [小野崎保・笹倉和幸（訳）[2000]，『非線形経済動学とカオス』，日本経済評論社]

Medio, A. [1992], *Chaotic Dynamics*, Cambridge University Press: Cambridge

Perko, L. [1996], Differential Equations and Dynamical Systems, Springer: New York

以下は各章を執筆するにあたり，上に提示した文献以外の参考文献である．

邦語文献

浅田統一郎 [1997]，『成長と循環のマクロ動学』，日本経済評論社
足立英之 [1985]，資本蓄積と技術選択，経済研究年報，32, 47–78
植村博恭・磯谷明徳・海老塚明 [1998]，『社会経済システムの制度分析』，名古屋大学出版会
置塩信雄 [1982]，経済分析における微分方程式と定差方程式の援用について，神戸大学経済研究，29, 1–24
小野善康 [1992]，『貨幣経済学の動学理論』，東京大学出版会
国府寛司 [1997]，力学系とカオス，数理科学，No.412, 54–61
国府寛司 [2000]，『力学系の基礎』，朝倉書店
酒井凌三 [2002]，『有効需要と経済変動　ケインズ経済学研究』，三恵社
高橋陽一郎 [1988]，『微分方程式入門』，東京大学出版会
田原昭四 [1983]，『景気変動と日本経済』，東洋経済新報社
長島弘幸・馬場良和 [1992]，『カオス入門』，培風館
西村和雄・矢野誠 [1993–1994]，経済成長とカオス，連載 1–12，経済セミナー
二神孝一 [1991]，準成長循環，季刊理論経済学，164–173
森田善久 [1996]，『生物モデルのカオス』，朝倉書店
安井琢磨 [1952]，自励振動と景気循環，季刊理論経済学，3, 169–185
安井琢磨 [1953]，自励振動と景気循環——一つの訂正——，季刊理論経済学，4, 208–212
山口昌哉 [1973]，『非線型現象の数学』，朝倉書店
山口昌哉 [1996]，『カオス入門』，朝倉書店
吉田和男（編著）[2002]，『複雑系経済学へのアプローチ』，東洋経済新報社
吉田博之 [1995]，Harrod の knife-edge 再考——Hopf 分岐の適用——，六甲台論集経済学編，42, 57–70
吉田博之 [1997]，裁量的財政政策における政策ラグと内生的景気循環：「成長循環」モデル，六甲台論集経済学編，43, 35–48
吉田博之 [1999]，貨幣経済における Keynes 的動学径路：数量調整下での動学的最適化モデル，名古屋学院大学論集（社会科学篇），35, 93–100
吉田博之 [2000a]，経済学における Lotka–Volterra 方程式の応用，数理解析研究所講究録 1128, 54–58, 京都大学数理解析研究所
吉田博之 [2000b]，経済安定化政策はカオス的景気循環を招く：Hopf 分岐，周期倍化分岐，そして，数値シュミレーション，数理解析研究所講究録 1128, 46–53, 京都大学数理解析研究所
吉田博之 [2000c]，貨幣経済学における動学的特性：流動性の罠と有効需要，名古屋学院大学論

集 (社会科学篇), 37, 101-111
和田貞夫 [1989], 『動態的経済分析の方法』, 中央経済社

外国語文献

Alexander, S. S. [1950], Mr. Harrod's dynamic economics, *The Economic Journal*, 60, 724-739

an der Heiden, U. [1979], Delays in physiological systems, *Journal of Mathematical Biology*, 8, 345-364

an der Heiden, U. & M. C. Mackey [1982], The dynamics of production and destruction: Analytic insight into complex behavior, *Journal of Mathematical Biology*, 16, 75-101

Araki, Y. [1995], Chaotic fluctuations in productivity improving investment, in N. Aoki, K. Shiraiwa, & Y. Takahashi (eds.), *Proceedings of the International Conference on Dynamical Systems and Chaos*, Vol.1, 353-358, World Scientific: Singapore

Arneodo, A., P. Coullet, & C. Tresser [1981], Possible new strange attractors with spiral structure, *Communications in Mathematical Physics*, 79, 573-579

Arneodo, A., P. Coullet, & C. Tresser [1982], Oscillators with chaotic behavior: An illustration of a theorem by Shil'nikov, *Journal of Statistical Physics*, 27, 1, 171-182

Arrow, K. J. [1971], *Essays in the Theory of Risk-Bearing*, North-Holland: Amsterdam

Asada, T. [1987], Government finance and wealth effect in a Kaldorian cycle model, *Zeitshrift für Nationalökonomie*, 47, 143-166

Asada, T. [1991a], On a mixed competitive-monopolistic macrodynamic model in a monetary economy, *Zeitshrift für Nationalökonomie*, 54, 33-53

Asada, T. [1991b], Lags in policy response and macroeconomic stability, *The Economic Review of Komazawa University*, 23, 31-48

Asada, T. [1995], Kaldorian dynamics in an open economy, *Zeitshrift für Nationalökonomie*, 62, 239-269

Asada T., T. Inaba, & T. Misawa [2000], A nonlinear macrodynamic model with fixed exchange rates: Its dynamics and noise effect, *Discrete Dynamics in Nature and Society*, 4, 319-331

Asada T., T. Misawa, & T. Inaba [2000], Chaotic dynamics in a flexible exchange rate system: A study of noise effect, *Discrete Dynamics in Nature and Society*, 4, 309–317

Asada, T. & W. Semmler [1995], Growth and finance: An intertemporal model, *Journal of Macroeconomics*, 17, 623–649

Asada, T. & H. Yoshida, [2000], Nonlinear dynamics of policy lag in Simple Macroeconomic Models, *Proceedings of 2000 International Symposium on Nonlinear Theory and its Applications*, Volume 2, 523–526

Asada, T. & H. Yoshida [2001], Stability, instability and complex behavior in macrodynamic models with policy lag, *Discrete Dynamics in Nature and Society*, 5, 281–295

Asada, T. & H. Yoshida [2003], Coefficient criterion for four-dimensional Hopf bifurcations: A complete mathematical characterization and applications to economic dynamics, *Chaos, Solitons, and Fractals*, 18, 525–536 (in press)

Asea, P. K. & P. J. Zak [1999], Time-to-build and cycles, *Journal of Economic Dynamics & Control*, 23, 1155–1175

Bellman, R. & K. L. Cooke [1963], *Differential-Difference Equations*, Academic Press: New York

Benassy, J.-P. [1984], A non-Walrasian model of business cycle, *Journal of Economic Behavior and Organization*, 5, 77–89

Benhabib, J. & R. E. A. Farmer [1999], Indeterminacy and sunspots in macroeconomics, in *Handbook of Macroeconomics*, Vol. 1A, Chapter 6, North-Holland: Amsterdam

Benhabib, J. & T. Miyao [1981], Some new results on the dynamics of the generalised Tobin model, *International Economic Review*, 22, 589–596

Benhabib, J. & K. Nishimura [1979], The Hopf bifurcation and the existence of closed orbits in multisector models of optimal economic growth, Journal of Economic Theory, 35, 284–306

Benhabib, J. & R. Perli [1994], Uniqueness and indeterminacy: On the dynamics of endogenous growth, *Journal of Economic Theory*, 63, 113–142

Benhabib, J., S. Schmitt-Grohe, & M. Uribe [2001], Monetary policy and multiple equilibria, American Economic Review, 91, 167–186

Benhabib, J., S. Schmitt-Grohe, & M. Uribe [2002], Avoiding liquidity traps, *Journal of Political Economy*, 110, 535–563

Bischi, G. I., R. Dieci, G. Rodano, & E. Saltari [2001], Multiple attractors and global bifurcations in an Kaldor-type business cycle model, *Journal of Evolutionary Economics*, 11, 527–554

Blanchard, O. J. & S. Fisher [1989], *Lectures on Macroeconomics*, MIT Press: Cambridge, MA

Brock, W. A. [1974], Money and growth: The case of long run perfect foresight, *International Economic Review*, 15, 750–777

Brock, W. A. [1975], A simple perfect foresight monetary model, *Journal of Monetary Economics*, 1, 133–150

Brock, W. A. & W. D. Dechert [1991], Non-linear dynamical systems: Instability and chaos in economics, in W. Hildenbrand & H. Sonnenschein (eds.), *Handbook of Mathematical Economics*, Vol. IV, Elsevier: Amsterdam

Buiter, W. H. & N. Panigirtzoglou [1999], Liquidity trap: How to avoid them and how to escape them, NBER Working Paper 7245

Burns, A. F. & W. C. Mitchell [1947], *Measuring business cycles*, National Bureau of Economic Research: New York

Calvo, G. A. [1979], On models of money and perfect foresight, *International Economic Review*, 20, 83–103

Calvo, G. A. [1983], Staggered prices in a utility-maximizing framework, *Journal of Monetary Economics*, 12, 383–398

Campbell, J. Y. [1994], Inspecting the mechanism An analytical approach to the stochastic growth model, *Journal of Monetary Economics*, 33, 463–506

Chang, W. W. & D. J. Smyth [1971], The existence and persistence of cycles in a non-linear model: Kaldor's 1940 model re-examined, *Review of Economic Studies*, 38, 37–44

Chiang, A. C. [1992], *Elements of Dynamic Optimization*, McGraw-Hill: Singapore

Chiarella, C. [1990], *The Elements of a Nonlinear Theory of Economic Dynamics*, Springer: New York

Chiarella, C. & P. Flaschel [1996], Real and monetary cycles in models of Keynes-Wicksell type, *Journal of Economic Behavior and Organization*, 30, 327–351

Coleman, C. S. [1983], Biological cycles and the fivefold way, in M. Braun, C. S. Coleman, & D. A. Drew (eds.), *Differential Equation Model*, Chapter 18, 251-278, Springer: New York

Crutchfield, J., D. Farmer, N. Packard, R. Shaw, G. Jones, & R. J. Donnelly [1980], Power spectral analysis of a dynamical systems, *Physics Letters*, 76A,

1-4

Cugno, F. & L. Montrucchio [1982], Cyclical growth and inflation: A qualitative approach to Goodwin's model with money prices, *Economic Notes*, 11, 93–107

Dana, R. A. & P. Malgrange [1984], The dynamics of a discrete version of a growth cycle model, in J. P. Ancot (ed.), *Analysing the Structure of Econometric Models*, M. Nijhoff: Boston

DeBaggis, H. F. [1952], Dynamical systems with stable structures, in S. Lefschetz (ed.), *Contributions to the Theory of Non-linear Oscillations*, Vol.II, 37–59, Princeton University Press

Desai, M. [1973], Growth cycles and inflation in a model of the class struggle, *Journal of Economic Theory*, 6, 527–545

Dohtani A., T. Misawa, T. Inaba, M. Yokoo, & T. Owase [1996], Chaos, complex transients and noise: Illustration with a Kaldor model, *Chaos, Solitons and Fractals*, 7, 2157–2174

Duménil, G. & D. Lévy [1987], The macroeconomics of disequilibrium, *Journal of Economic Behavior and Organization*, 8, 377–395

Emery, K. M. & C.-P. Chang [1997], Is there a stable relationship between capacity utilization and inflation?, *Federal Reserve Bank of Dallas Economic Review*, 14–20

Fanti, L. & P. Manfredi [1998], A Goodwin-type growth cycle model with profit-sharing, *Economic Notes*, 27, 371–402

Farkas, M. & M. Kotsis [1992], Modelling predator-prey and wage-employment dynamics, in G. Feichtinger (ed.), *Dynamic Economic Models and Optimal Control*, Elsevier: Amsterdam, 513–526

Farmer, D., J. Crutchfield, H. Froehling, N. Packard, & R. Shaw [1980], Power spectra and mixing properties of strange attractors, in R. H. G. Helleman (ed.), *Nonlinear Dynamics* Annals of New York Sciences, 357, 453–472

Farmer, R. E. A. [1996], *The Macroeconomics of Self-Fulfilling Prophecies*, MIT Press

Flaschel, P. [1988], Fiscal policy in an accelerator-augmented classical growth cycle, in P. Flaschel & M. Krüger (eds.), *Recent Approaches to Economic Dynamics*, Peter Lang: Frankfurt

Flaschel, P., R. Franke, & W. Semmler [1997], *Dynamic Macroeconomics: Instability, Fluctuations, and Growth in Monetary Economies*, MIT Press: Cambridge, MA

Franke, R. & T. Asada [1994], A Keynes-Goodwin model of the business cycle, *Journal of Economic Behavior and Organization*, 24, 273–295

Friedman, M. [1948], A monetary and fiscal framework for economic stability, *American Economic Review*, 38, 245–264

Friedman, M. [1969], *The Optimum Quantity of Money and Other Essays*, Aldine: Chicago

Frisch, R. [1933], Propagation problems and impulse problems in dynamic economics, in *Economic Essays in Honour of Gustav Cassel*, Allen and Unwin: London

Frisch, R. & H. Holme, [1935], The characteristic solutions of a mixed difference-differential equation occurring in economic dynamics, *Econometrica*, 3, 225–239

Gandolfo, G. [1997], *Economic Dynamics*, Springer: Berlin

Goodwin, R. M. [1951], The nonlinear accelerator and the persistence of business cycles, *Econometrica*, 19, 1–17

Goodwin, R. M. [1967], A growth cycle, in C. H. Feinstein (ed.), *Socialism, Capitalism and Economic Growth*, Cambridge University Press: Cambridge

Goodwin, R. M. [1990], *Chaotic Economic Dynamics*, Oxford University Press: Oxford [有賀裕二 (訳) [1992], 『カオス経済動学』, 多賀出版]

Goodwin, R. M. [1993], A Marx-Keynes-Schumpeter model of economic growth and fluctuation, in R. H. Day & P. Chen (eds.), *Nonlinear Dynamics and Evolutionary Economics*, Oxford University Press: Oxford

Grasman, J. & J. J. Wentzel [1994], Co-existence of a limit cycle and an equilibrium in Kaldor's business cycle model and its consequences, *Journal of Economic Behavior and Organization*, 24, 369–377

Gray, J. A. [1984], Dynamic instability in rational expectations models: An attempt to clarify, *International Economic Review*, 25, 93–122

Harrod, R. F. [1939], An essay in dynamic theory, *The Economic Journal*, 49, 14–33

Harrod, R. F. [1970], Harrod after twenty-one years, A comment, *Economic Journal*, 80, 737–741

Harrod, R. F. [1973], *Economic Dynamics*, Macmillan: London [宮崎義一 (訳) [1976], 『経済動学』, 丸善]

Hayes, N. D. [1950], Roots of the transcendal equation associated with a certain mixed difference - differential equation, *Journal of London Mathematical Society*, 25, 226–232

Hicks, J.R. [1937], Mr. Keynes and the "classics"; A suggested interpretation, *Econometrica*, 5, 147–159

Hicks, J. R. [1950], *A Contribution to the Theory of the Trade Cycle*, Clarendon: Oxford [古谷弘（訳）[1951],『景気循環論』, 岩波現代叢書]

Hirsh, M. W. & S. Smale [1974], *Differential Equations, Dynamical Systems, and Linear Algebra*, Academic Press: New York [田村一郎・水谷忠良・新井紀久子（訳）[1976],『力学系入門』, 岩波書店]

Hommes, C. H. [1995], A reconsideration of Hick's non-linear trade cycle model, *Structural Change and Economic Dynamics*, 6, 435–459

Hopf, E. [1942], Abzweigung einer periodischen Lösung von einer stationären Lösung eines Differential-Systems, *Berichte der Mathematisch-Physikalischen Königlich-Sächsischen Academie der Wissenschaften Leipzig*, 94, 1–22 [英訳は, Maraden & McCracken [1976], *The Hopf Bifurcation and its Applications*, Springer: New York において所収]

Ichimura, S. [1955], Towards a general non-linear macrodynamic theory of economic fluctuations, in K. K. Kurihara (ed.), *Post-Keynesian Economics*, Rutgers University Press: New Brunswick

Ioannides, Y. M. & B. Taub [1992], On dynamics with time-to-built investment technology and non-time-separable leisure, *Journal of Economic Dynamics and Control*, 16, 225–241

Ito, T. [1978], A note of the positivity constraint in Olech's theorem, *Journal of Economic Theory*, 17, 312–318

James, R. W. & M. H. Belz [1938], The significance of the characteristic solutions of mixed difference and differential equations, *Econometrica*, 6, 326–343

Jarsulic, M. [1993], Complex dynamics in a Keynesian growth model, *Metroeconomica*, 44, 43–64

Jorgenson, D. W. [1960], On stability in the sense of Harrod, *Economica*, 27, 243–248

Kaizouji, T. [1994], Multiple equilibria and chaotic tâtonnement: Applications of the Yamaguti-Matano theorem, *Journal of Economic Behavior and Organization*, 24, 357–362

Kaldor N. [1940], A model of the trade cycle, *Economic Journal*, 50, 78–92

Kaldor, N. [1961], Capital accumulation and economic growth, in F. A. Lutz & D. C. Hague (eds.), *The Theory of Capital*, St. Martin's Press: New York

Kalecki, M. [1935], A macrodynamic theory of business cycles, *Econometrica*, 3, 327–344

Kosobud, R. F. & W. D. O'neill [1972], Stochastic implications of orbital asymptotic stability of a nonlinear trade cycle model, *Econometrica*, 40, 69–86

Krugman, P. R. [1998], It's baaack: Japan's slump and the return of the liquidity trap, *Brooking Papers on Economic Activity*, 2, 137–205

Kuang Y. [1993], *Delay Differential Equations with Applications in Population Dynamics*, Academic Press: Boston

Kuznetsov Y. A. [1998], *Elements of Applied Bifurcation Theory*, Second edition, Springer: New York

Leijonhufvud, A. [1973], Effective demand failures, *Swedish Journal of Economics*, 75, 27–48, Reprinted in A. Leijonhufvud [1981], *Information and Coordination: Essays in Macroeconomic Theory*, Oxford University Press: New York [中山靖夫（監訳）[1984],『ケインズ経済学を超えて』, 東洋経済新報社]

Leijonhufvud, A. [1985], Ideology and analysis in macroeconomics, in P. Koslowski (ed.), *Economics and Philosophy*, J. C. B. Mohr: Tübingen, Reprinted in A. Leijonhufvud [2000], *Macroeconomic Instability and Coordination*, Edward Elgar: Cheltenham

Léonard, D. & N. V. Long [1992], *Optimal Control Theory and Static Optimization in Economics*, Cambridge University Press: Cambridge

Levinson, N. & O. K. Smith [1942], A general equation for relaxation oscillations, *Duke Mathematical Journal*, 9, 382–403

Li, T. Y. & J. A. Yorke [1975], Period three implies chaos, American Mathematical Monthly, 82, 985–992

Liu, W. M. [1994], Criterion of Hopf bifurcations without using eigenvalues, *Journal of Mathematical Analysis and Applications*, 182, 250–256

Lorenz, H. W. [1986], On the uniqueness of limit cycles in business cycle theory, *Metroeconomica*, 38, 281–293

Lorenz, H. W. [1987], Strange attractors in a multisector business cycle model, *Journal of Economic Behavior and Organization*, 8, 397–411

Lorenz, H. W. [1992], Complex dynamics in low-dimensional continuous-time business cycle models: The Šil'nikov case, *System Dynamics Review*, 8, 233–250

MacDonald, N. [1978], *Time lags in biological models*, Springer: Berlin

Mackey, M. C. [1989], Commodity price fluctuations: Price dependent delays and nonlinearities as explanatory factors, *Journal of Economic Theory*, 48, 497–509

Mackey, M. C. & L. Glass [1977], Oscillation and chaos in physiological control systems, *Science*, 197, 287–289

Malinvaud, E. [1982], Wages and unemployment, *The Economic Journal*, 92, 1–12

Mankiw, N. G. [1994], *Macroeconomics*, Second edition, Worth Publishers: New York

Mankiw, N. G. & D. Romer [1991], *New Keynesian Economics*, Vol.1, Imperfect competition and sticky prices, MIT Press: Cambridge, MA

Matsumoto, A. [1997], A non-linear macro model of endogenous inventory oscillations, *Research in Economics*, 51, 101–129

May, J. [1970], Period analysis and continuous analysis in Patinkin's macroeconomic model, *Journal of Economic Theory*, 2, 1–9

May, R. M. [1972], Limit cycles in predator-prey communities, *Science*, 177, 900–902

May, R. M. [1976], Simple mathematical models with very complicated dynamics, *Nature*, 261, 459–467

Medio, A. [1980], A classical model of business cycle, in E. J. Nell (ed.), *Growth, Profits, and Property*, Cambridge University Press: Cambridge

Medio, A. [1991], Discrete and continuous-time models of chaotic dynamics in economics, *Structural Change and Economic Dynamics*, 2, 99–118

Minorsky, N. [1962], *Nonlinear Oscillations*, Van Nostrand: New York

Moore, B. J. [1988], *Horizontalist and Verticalist: The macroeconomics of credit money*, Cambrigde University Press: Cambridge

Morishima, M. [1958], A contribution to the nonlinear theory of the trade cycle, *Zeitshrift für Nationalökonomie*, 18, 165–173

Nelson, R. R. [1961], A note on stability and the behaviour assumptions of Harrod-type models, *Economic Journal*, 71, 335–349

Newhouse, S., D. Ruelle, & F. Takens [1978], Occurrence of strange axiom A attractors near quasi periodic flows on T^m, $m \geq 3$, *Communications in Mathematical Physics*, 64, 35–40

Nikaido, H. [1975], Factor substitution and Harrod's knife-edge, *Zeitshrift für Nationalökonomie*, 35, 149–154

Nikaido, H. [1980], Harrodian Pathology of neoclassical growth: The irrelevance of smooth factor substitution, *Zeitshrift für Nationalökonomie*, 40, 111–134

Nishimura, K. & M. Yano [1995], Nonlinear Dynamics and Chaos in Optimal Growth: An Example, *Econometrica*, 63, 981–1001.

Nozaki, M. [1999], Money, government and adaptive expectation in business cycle theory, *Journal of Policy Studies*, 1, 91–99

Nusse, H. E. & C. H. Hommes [1990], Resolution of chaos with application to a modified Samuelson model, *Journal of Economic Dynamics and Control*, 14, 1–19

Obstfeld, M. [1984], Multiple stable equilibria in an optimizing perfect-foresight model, *Econometrica*, 52, 223–228

Obstfeld, M. & K. Rogoff [1983], Speculative hyperinflations in maximizing models: Can we rule them out?, *Journal of Political Economy*, 91, 675–687

Ochi, Y. & K. Shimomura [1989], Harrodian instability and smooth factor substitution, *Kochi University Review*, No.35, 25–40

Okishio, N. [1964], Instability of Harrod-Domar's steady growth, *Kobe University Economic Review*, 10, 19–27

Okishio, N. [1984], The decision of new investment, technique and the rate of utilization, *Kobe University Economic Review*, 30, 15–32

Olech, C. [1963], On the global stability of an autonomous system on the plane, Contribution to Differential Equations, 1, 389–400

Ono, Y. [1994], *Money, Interest, and Stagnation-Dynamic Theory and Keynes's Economics*, Oxford University Press: Oxford

Ono, Y. [2001], A reinterpretation of Chapter 17 of Keynes's *General Theory*: Effective demand shortage under dynamic optimization, *International Economic Review*, 42, 207–236

Onozaki T., G. Sieg, & M. Yokoo [2000], Complex dynamics in a cobweb model with adaptive production adjustment, *Journal of Economic Dynamics and Control*, 41, 101–115

Perko L. [1996], *Differential Equations and Dynamical Systems*, Second edition, Springer: New York

Phillips, A. W. [1954], Stabilization policy in a closed economy, *Economic Journal*, 64, 290–321

Phillips, A. W. [1957], Stabilization policy and the time forms of lagged responses, *Economic Journal*, 67, 265–277

Pohjola, M. T. [1981], Stable, cyclic and chaotic growth: The dynamics of a discrete-time version of Goodwin's growth cycle, *Zeitshrift für Nationalökonomie*, 41, 27–38

Rampa, G. & L. Rampa [1988], Fluctuating growth with induced innovations,

Metroeconomica, 39, 31–42

Rankin, N. [1992], Imperfect competition, expectations and the multiple effects of monetary growth, Economic Journal, 102, 743–753

Roberts, J. M. [1995], New Keynesian economics and the Phillips curve, Journal of Money, Credit, and Banking, 27, 975-984

Robinson, J. [1962], Essays in the Theory of Economic Growth, Macmillan: London [山田克巳（訳）[1963],『経済成長論』, 東洋経済新報社]

Robinson, J. [1970], Harrod after twenty-one years, Economic Journal, 80, 731–737

Rose, H. [1967], On the nonlinear theory of the employment cycle, Review of Economic Studies, 34, 138–152

Rössler, O. E. [1977], Continuos chaos, in Haken (ed.), Synergetics-A workshop, 184–197, Springer: Berlin

Rössler, O. E. [1979], Continuous chaos – Four prototype equations, in O. Gurel & O. E. Rössler (eds.), Bifurcation theory and applications in scientific disciplines, Annals of New York Sciences, 316, 376–392

Rotemberg, J. J. [1982], Stickey prices in the United States, Journal of Political Economy, 60, 1187–1211

Ruelle, D. [1979], Strange attractors, Mathematical Intelligencer, 2, 126–137

Rustichini, A. [1989], Hopf bifurcation for functional differential equations of mixed type, Journal of Dynamics and Differential Equations, 1, 145–177

Samuelson, P. A. [1939], Interactions between the multiplier analysis and the principle of acceleration, Review of Economic Statistics, 21, 75–77

Samuelson, P. A. [1983], Foundations of Economic Analysis, Enlarged edition, Harvard University Press: Cambridge, MA. [佐藤隆三（訳）[1986],『経済分析の基礎』, 勁草書房]

Sano, M. & Y. Sawada [1985], Measurement of the Lyapunov spectrum from a chaotic time series, Physical Review Letters, 55, 1082–1085

Sarkovskii, A. N. [1964], Coexistence of cycles of a continuous map of a line into itself, Ukranichkii Matematicheskii Zhurnal, 16, 61–71

Sasakura, K. [1992], Boundedness of economic variables and Olech's theorem, Zeitshrift für Nationalökonomie, 56, 209–217

Sasakura, K. [1994], On the dynamic behavior of Schinasi's business cycle model, Journal of Macroeconomics, 16, 423–444

Sasakura, K. [1996], The business cycle model with a unique stable limit cycle,

Journal of Economic Dynamics and Control, 20, 1763–1773

Sato, Y. [1985], Marx–Goodwin growth cycles in a two-sector economy, Zeitshrift für Nationalökonomie, 45, 21–34

Schinasi, G. J. [1981], A non-linear dynamic model of short-run fluctuations, Review of Economic Studies, 48, 649–656

Schinasi, G. J. [1982], Fluctuations in a dynamic, intermediate-run IS–LM model: Applications of the Poincaré–Bendixson theorem, Journal of Economic Theory, 28, 369–375

Schumpeter, J. A. [1939], Business Cycles – A theoretical, historical, and statistical analysis of the capitalist process, McGraw-Hill: New York [吉田昇三 (監修) [1958–1964], 『景気循環論 I–V』, 有斐閣]

Sethi, R. & R. Franke [1995], Behavioural heterogeneity under evolutionary pressure: Macroeconomic implications of costly optimization, Economic Journal, 105, 583–600

Shah, A. & M. Desai [1981], Growth cycles with induced technical change, Economic Journal, 91, 1006–1010

Shibata, A. & N. Saitô [1980], Time delays and chaos in two competing species, Mathematical Biosciences, 51, 199–211

Sidrauski, M. [1967], Rational choice and patterns of growth in a monetary economy, American Economic Review, 57, 534–544

Skott, P. [1989], Effective demand, class struggle and cyclical growth, International Economic Review, 30, 231–247

Solow, R. M. [1956], A contribution to the theory of economic growth, Quarterly Journal of Economics, 70, 65–94

Sportelli, M. C. [1995], A Kolmogoroff generalized predator-prey model of Goodwin's growth cycle, Zeitshrift für Nationalökonomie, 61, 35–64

Sportelli, M. C. [2000], Dynamic complexity in a Keynesian growth cycle model involving Harrod's instability, Zeitshrift für Nationalökonomie, 71, 167-198

Staude, U. [1981], Uniqueness of periodic solutions of the Lienard equation, in R. Conti (ed.), Recent advances in differential equations, 393–403, Academic Press: New York

Takamasu, A. [1995], On the effectiveness of fiscal policy in the Goodwin's growth cycle model, in N. Aoki, K. Shiraiwa & Y. Takahashi (eds.), Proceedings of the International Conference on Dynamical Systems and Chaos, Vol.1, 433–436, World

Scientific: Singapore

Taylor, J. B. [1979], Staggered wage setting in a macro model, *American Economic Review*, 69, 108–113

Taylor, J. B. [1993], Discretion versus policy rules in practice, *Carnegie-Rochester Conference Series on Public Policy*, 39, 195-214

Tu, P. N. V. [1994], *Dynamical Systems: An introduction with applications in economics and biology*, Second revised and enlarged edition, Springer: Berlin [永田良・堂谷昌孝・笹倉和幸・大阿久博（訳）[1997]，『経済分析とダイナミカルシステム』, 文化書房博文社]

Turnovsky, S. J. [1977], On the formulation of continuous time macroeconomic models with asset accumulation, *International Economic Review*, 18, 1–28

van der Ploeg, F. [1987], Growth cycles, induced technical change, and perpetual conflict over the distribution of income, *Journal of Macroeconomics*, 9, 1–12

Varian, H. R. [1979], Catastrophe theory and the business cycle, *Economic Inquiry*, 17, 14–28

Velupillai, K. [1979], Some properties of Goodwin's growth cycle, *Zeitshrift für Nationalökonomie*, 39, 245–257

Wiggins, S. [1990] *Introduction to Applied Nonlinear Dynamical Systems and Chaos*, Springer: New York [丹波敏雄（監訳）[1992]，『非線形の力学系とカオス』, シュプリンガー・フェアラーク東京]

Wolf, A., J. B. Swift, H. L. Swinney, & J. A. Vastano [1985], Determining Lyapunov exponents from a time series, *Physica* 16D, 285–317

Wolfstetter, E. [1982], Fiscal policy and the classical growth cycle, *Zeitshrift für Nationalökonomie*, 42, 375–393

Woodford, M. [1994], Monetary policy and price level determinacy in a cash-in-advance economy, *Economic Theory*, 4, 345–380

Ye, Y.-Q. et al. [1986], *Theory of Limit Cycles*, American Mathematical Society: Providence

Yoshida, H. [1999], Harrod's "knife-edge" reconsidered: An application of the Hopf bifurcation theorem and numerical simulations, *Journal of Macroeconomics*, 21, 537–562

Yoshida, H. & T. Asada [2001], Dynamic analysis of policy lag in a Keynes-Goodwin model: Stability, instability, cycles, and chaos, NGU Discussion Paper No.53 (なお, http://www.wiwi.uni-bielefeld.de/~semmler/cem/において,

Center for Empirical Macroeconomics Working Paper No.21 [Department of Economics, University of Bielefeld] として最新版を公開中.)

Zhang, Z. [1958], On the uniqueness of limit cycles of certain equations of nonlinear oscillations, *Doklady Akademii nauk SSSR*, 119, 659–662

索　引

あ　行

IS–LM モデル　　30, 31, 109, 194, 196
Araki モデル　　97
安定化政策　　19, 85, 100, 109, 110, 147, 148, 170, 171, 200
　　積分的—　　148
　　微分的—　　148
　　比例的—　　148
安定性交替分岐　　70, 72–74, 76
鞍点　　37, 45, 49, 59, 93, 187, 189, 190
鞍点－結節点分岐　　70–72, 74, 76
鞍点分離線　　37
異時点間の最適化モデル　　172, 194
位相的に推移的　　66
一様分布　　10
一致系列　　5
陰関数定理　　77, 78, 179
インフレ経路　　177, 188–192
S 字型投資関数　　25, 31, 33, 35, 101, 106, 109
横断条件　　178, 187, 189, 190
Ono モデル　　196
Olech の定理　　23, 24, 42, 46

か　行

解の最大存在区間　　189
回復期　　4
回廊安定性　　84, 125, 145
カオス
　　—・アトラクター　　166
　　an der Heiden & Mackey の—　　95, 96, 109
　　位相—　　64
　　Shibata & Saitô の—　　97, 99
　　spiral-type—　　165
　　Devaney の—　　66
　　—動学　　87, 93
　　narrow-band—　　157, 160, 164, 165
　　non-mixing—　　166
　　broad-band—　　158, 161, 165
　　Mackey & Glass の—　　94, 95, 109
　　Li & Yorke の—　　64, 65
　　—理論　　13, 15, 86, 87, 93
拡張期　　4, 5, 131
撹拌集合　　64, 65, 97
渦状点　　37
渦心点　　57
加速度係数　　7
加速度原理　　6, 24, 31, 34
稼働関数　　114–117
稼働率　　5, 58, 94, 114–117, 119, 132, 168, 169, 175, 176, 179, 180, 192, 195, 196
　　—関数　　115–117, 119, 120, 127
　　—指数　　5
貨幣の超中立性　　172, 181, 195
Kaldor モデル　　15, 23, 24, 26, 34, 43, 46, 87, 100, 199
完全予見　　14, 15, 127, 194, 195
危険回避度
　　絶対的—　　186, 195
　　相対的—　　182, 184–186
技術革新　　6, 10, 93
技術選択　　114, 119, 131, 200
Kitchin 循環　　3, 6
恐慌経路　　173, 190–193, 195, 196, 200
極限周期軌道　　13–15, 24, 31, 37, 39–42, 45, 46, 48, 51, 55, 57, 76, 83, 106, 107, 109, 127–129, 131, 136, 145, 147, 165,

184, 185, 196
安定な―　　37, 39–41, 84, 106, 125, 128, 145–147, 184, 185
一意の―　　29–32, 34, 128, 131
半安定な―　　37, 41
不安定な―　　37, 39, 40, 83, 106, 125, 145
極限集合　　38–40
　α―　　39
　ω―　　39
極限点　　38, 39
　α―　　39
　ω―　　39
均衡経路の多値性　　182, 184, 189, 190, 195
均衡経路の不確定性　　183, 185, 189, 190, 195, 196
金融政策　　85, 139, 173, 185, 194–196, 200, 201
Goodwin
　―型方程式　　31, 32
　―の成長循環　　19, 48, 170
　―モデル　　48, 49, 52, 54, 55, 57, 67, 136, 170, 199, 200
熊手型分岐　　70, 74–76
クラウディング・アウト　　135, 193, 194
景気基準日付　　5, 201
景気動向指数　　5
血気　　121, 190, 196
結節点　　37
構造安定　　24, 35–37, 41, 45, 52
構造不安定　　37, 38, 57
後退期　　4
効用関数　　176, 177, 185, 195
雇用率　　52, 54, 57–60, 67, 137, 139–143, 147, 148, 169, 171
Kolmogorov のサイクル定理　　48, 56, 57, 59
Kondratiev 循環　　3, 6

さ 行

在庫　　6, 93, 140
在庫循環　　6
財政政策　　87, 101, 109, 135, 136, 143–145, 147, 151, 152, 154, 166, 171, 193, 194, 196, 200, 201

最大値原理　　177, 178
Sano & Sawada のアルゴリズム　　166
差分－微分方程式　　19, 87, 94, 95, 97–100, 102, 109, 154
差分方程式　　7, 8, 13, 16, 18, 19, 21, 48, 60, 67, 68, 71, 86, 88, 93
Samuelson モデル　　16, 18
産業予備軍　　54, 141
産出－資本係数　　168, 169
指数分布　　148
失業率　　135, 140, 141, 143
　インフレ非加速―（NAIRU）　　142
　完全―　　5
　自然―　　142, 143
実質賃金率　　48, 52, 54, 67, 119, 120, 122, 126, 131, 132, 141, 171, 203
実物的景気循環理論　　86, 173
資本－産出係数　　48, 52, 53, 57, 68, 112
資本蓄積（率）　　25, 54, 103, 112, 136, 168
資本分配率　　58, 138
Jarsulic モデル　　95
Sarkovskii の定理　　48, 63, 64
Schur の条件　　21, 22
周期解　　28
周期倍化分岐　　61, 88, 98, 135, 154, 165, 166
収縮期　　4, 5, 131
Juglar 循環　　3, 6, 131
主循環　　6
Schumpeter の分類　　3, 4
小循環　　6
乗数　　6, 23, 24, 147
初期値に対する鋭敏性　　66, 88, 89, 97, 166
初期値問題　　27, 99, 100
Shil'nikov の定理　　93
振動論　　13, 23, 27, 28, 30, 32, 34
垂直線学派　　139, 140, 174
水平線学派　　139, 140, 168
Staude の定理　　32
政策ラグ　　19, 87, 100, 101, 109, 110, 135, 136, 148, 152, 170, 171, 200
生産関数　　69, 114–117
成長率
　貨幣供給―　　172, 173, 175, 181, 185, 194, 195

技術進歩— 68, 137
均衡— 131
自然— 112, 113, 142
長期期待— 121, 122
望ましい— 114, 121, 122
保証— 112–114, 126, 200
政府支出 101, 135, 137–139, 148, 174, 175, 186, 193, 194
Say の法則 53, 67, 113, 170
積分—微分方程式 150
設備投資循環 6
先行系列 5
双曲型周期解 37
双曲型定常点 37, 52, 70

た 行

第一積分 50
多数循環仮説 3
単一循環仮説 3
単峰型関数 60, 94
遅行系列 5
Chang & Smyth モデル 23, 43
Zhang の定理 31, 32
中期循環 6
長期波動 6
沈滞期 4
適応的期待 14, 119, 141
天井 10, 114
　　完全雇用の— 12, 114, 200
　　景気循環の— 10
投資 6, 7, 24, 25, 32, 33, 53, 58, 67, 97, 101, 119, 122, 124, 126, 137, 138, 168, 171
　　設備— 6, 131
　　独立— 6, 7, 10
　　誘発— 6, 7

な 行

Newhouse, Ruelle, & Takens のシナリオ 87
ノイズ 13, 14

は 行

Burns & Mitchell の分類 3, 4

putty-clay 技術 114, 119
putty-putty 技術 114
Harrod
　——置塩型投資関数 114, 119, 121
　—的投資関数 112, 114
　—のナイフ・エッジ 113, 126, 200
　—の不安定性原理 112–114, 124, 132, 199, 200
　—モデル 93, 118, 121, 199
パワー・スペクトル 87, 154, 165, 166
繁栄期 4
非双曲型定常点 70, 71
Hicks の制約循環 8, 12, 114, 200
Hicks モデル 10, 12
微分方程式 16, 19, 27, 35, 36, 39, 42, 43, 50, 71, 73, 74, 76, 86, 88, 93
Feigenbaum 定数 61
Feigenbaum のシナリオ 88
van der Pol の方程式 23, 28–30
Phillips 曲線 48, 54, 55, 66, 67, 136, 141, 154, 173, 174, 180, 186, 193, 195
不規則衝撃 8, 10, 11, 13, 86
不況経路 187–190, 192, 193, 195, 196, 200
不均衡の累積過程 10, 113, 114, 126, 132, 200
Franke & Asada モデル 169
Frisch モデル 8, 11, 13
分岐図 61–63, 65, 70, 72, 108, 109, 146, 147, 166, 167
分布ラグ 136, 148, 150
閉軌道 39, 43, 47, 48, 51, 55
Hayes の定理 104
ヘテロクリニック軌道 37
Bendixson の判定条件 24, 43, 47
偏微分方程式 89
Poincaré–Bendixson の定理 23, 24, 31, 35, 38, 39, 41–43, 45, 57, 76, 199
Pohjola モデル 48, 60, 66, 199
保存系 50
Hopf 分岐 70, 71, 76–79, 83, 86, 87, 105, 112, 114, 125, 127, 133, 135, 136, 143, 145, 153, 184–186
　subcritical な— 83, 126, 145
　supercritical な— 83, 84, 126, 128,

　　　　　　　　　145, 184
　　単純な—　　83
ホモクリニック軌道　37, 93, 94

ま 行

MacDonald の linear chain trick　100, 150
窓　63, 65, 166
Medio モデル　55, 57, 59, 199

や 行

安井モデル　23, 32
Yamaguti & Matano の定理　16
有効需要　10, 132, 194, 196, 199, 200
　—管理政策　147
　—の原理　126, 170, 172, 195, 200
　—の不足　53, 54
床　114
　景気循環の—　10, 11
　粗投資ゼロの—　12, 114

ら 行

Routh–Hurwitz 条件　20, 21, 79, 83, 125, 133, 134, 144, 151–153
Landau のシナリオ　87
Liapunov
　—関数　50, 55
　—指数　65, 66, 165, 166

　—の安定性定理　49, 50
Liu の係数条件　83
Liénard の定理　29, 32
Liénard の方程式　23, 29, 30, 32
利潤原理　95
利子率　101, 135, 137, 139, 140, 168, 177, 179, 188, 190, 194
流動性の罠　188–190, 192–194, 196, 201
Li & Yorke の定理　48, 63–65
Luo–Chen の定理　32
Lebesgue 測度　65
Rayleigh の方程式　23, 28, 29
Rössler アトラクター　91, 92, 109, 166
Rössler 方程式　87, 88, 91, 166
Levinson & Smith の定理　23, 30–32, 34, 199
Levinson & Smith の方程式　23, 29–32, 34
労働分配率　52, 54, 58–60, 67, 137, 141, 143, 147, 166, 171
Lorenz アトラクター　89–91, 109
Lorenz 方程式　87–89, 91
ロジスティック方程式　16, 17, 48, 60, 62, 63, 65, 68, 98, 128
Lotka–Volterra 方程式　48–52, 54, 55

わ 行

Walras の法則　178

《著者紹介》

吉田博之（よしだ ひろゆき）

1970 年　岡山県に生まれる
1998 年　神戸大学大学院経済学研究科博士課程単位取得退学
現　在　名古屋学院大学経済学部助教授，経済学博士（神戸大学）

景気循環の理論

2003 年 9 月 30 日　初版第 1 刷発行

定価はカバーに表示しています

著　者　吉田博之
発行者　岩坂泰信

発行所　財団法人 名古屋大学出版会
〒 464-0814　名古屋市千種区不老町 1 名古屋大学構内
電話 (052)781-5027/FAX(052)781-0697

© Hiroyuki Yoshida, 2003
印刷・製本　クイックス
乱丁・落丁はお取替えいたします。

Printed in Japan
ISBN4-8158-0469-9

Ⓡ ＜日本複写権センター委託出版物＞
本書の全部または一部を無断で複写複製（コピー）することは，著作権法上での例外を除き，禁じられています。本書からの複写を希望される場合は，日本複写権センター（03-3401-2382）にご連絡ください。

植村博恭/磯谷明徳/海老塚明著
社会経済システムの制度分析
―マルクスとケインズを超えて―

A5・384頁
本体3500円

鍋島直樹著
ケインズとカレツキ
―ポスト・ケインズ派経済学の源泉―

A5・320頁
本体5500円

P. デビッドソン著　永井進訳
ケインズ経済学の再生
―21世紀の経済学を求めて―

四六・208頁
本体2500円

J.A. シュンペーター著　八木紀一郎編訳
資本主義は生きのびるか
―経済社会学論集―

A5・404頁
本体4800円

G.M. ホジソン著　八木紀一郎他訳
現代制度派経済学宣言

A5・368頁
本体5600円

高哲男編
自由と秩序の経済思想史

A5・338頁
本体2800円

松嶋敦茂著
現代経済学史 1870～1970
―競合的パラダイムの展開―

A5・304頁
本体3800円